ANDALUCÍA AYER Y HOY

Antonio Domínguez Ortiz

Esta obra ha sido publicada con la ayuda
de la **Consejería de Cultura** de la
Junta de Andalucía

Editorial SARRIÁ

Primera edición: agosto de 2002
Segunda edición: septiembre 2003

© Antonio Domínguez Ortiz
© EDITORIAL SARRIÁ
Avda. José Ortega y Gasset, 125
29006 Málaga, España
Teléf: 952326864/Fax: 952326879
E-mail: editorialsarria@telefonica.net
ISBN: 84-95129-67-1
D. L.: MA-1.093/02
Imprime: Imagraf Impresores, Málaga

ESTUDIO INTRODUCTORIO

Por Adela Tarifa Fernández

1.- Antonio Domínguez Ortiz, un andaluz universal

Desde que estreché por vez primera la mano de don Antonio Domínguez Ortiz hasta hoy ha llovido mucho. Durante este tiempo, sin dejar de admirarlo como historiador, he llegado a quererle como persona. A su lado he recorrido calles de Segura de la Sierra, Iznatoraf y de Cazorla. Hemos andado por Granada, Lanjarón y mi patria alpujarreña, Cádiar, llegando hasta Narila, donde dicen los del lugar que todavía resiste el olivo bajo el que coronaron los moriscos a Aben Humeya. Hemos caminado juntos por Alcalá la Real, Baeza, Úbeda, Sabiote y Villacarrillo. Y apoyada en su brazo, he visto Sevilla por dentro. En estos años he vivido cerca de él y he tenido el privilegio de escribir la primera biografía suya, que sirvió de prólogo a la reedición de su libro *Alteraciones andaluzas*, publicado por la Consejería de Educación y Ciencia de la Junta de Andalucía. Don Antonio no sólo me contó de viva voz retazos de su vida, sino que también me dio muchas lecciones sobre la vida de la humanidad, que eso es la historia; por eso sé bien que este catedrático de Instituto, que nunca se embriagó con los honores que le concedieron, permanece fiel a sus ideales y conserva sus afectos perennes, que son la familia, el trabajo y algunos sinceros amigos. Trabajando y gozando de lo que la vida le regala cada nuevo amanecer, este sevillano universal ve pasar las hojas del calendario en su casa granadina, acompañado de su hija Conchita, muy cerca de sus otros hijos, Magdalena y Antonio, y de sus nietos; en paz consigo mismo, porque no tiene deudas pendientes, ni rencores ni amarguras. Porque su mente permanece muy lúcida y su libertad de pensamiento y expresión le pertenecen a él solo, aunque el tributo que a veces tuvo que pagar por ejercerla fuera alto.

Sale diariamente a pasear por Granada, mezclarse con sus gentes, comprar la prensa y realizar encargos domésticos, como un ciudadano cualquiera. Aunque los vecinos del barrio saben muy bien que no es un hombre cualquiera ese caballero alto y delgado, elegante, tocado de sombrero, que toma un taxi o un autobús urbano para volver a casa cada medio día, y que les saluda cordialmente; que camina sin prisa pero sin pausa, y que no disimula su alegría cuando un antiguo alumno se dirige a él para recordarle con cariño los lejanos tiempos del instituto en que don Antonio le enseñó a valorar la Historia. Ya lo advirtió la reina Cristina de Suecia: la grandeza y el amor, como los perfumes, los que los llevan apenas los sienten.

La Sevilla en que nació: infancia y juventud (1909-23)

Algo especial debe de tener Sevilla para que los recuerdos de los primeros años allí vividos queden tan firmes en la memoria de quienes nos han dejado testimonio de ello. Las imágenes de su infancia le acompañan a Domínguez Ortiz permanentemente: amaneceres, olores, ruidos, luz y patios escolares. Aunque la Sevilla que lo vio nacer no fuera tan bucólica como la recordaba Machado, ni como la que hoy conocemos. Como buen historiador, don Antonio no padece el síndrome de la nostalgia idealizadora. Por ello recogió en un delicioso artículo titulado "La Sevilla de mi adolescencia" una visión más ajustada a la realidad sobre lo que era la ciudad del Guadalquivir en los primeros años del XX, cuando él recuerda con nitidez imágenes de su infancia y adolescencia, y las contrapone con el presente: "... el mercado de la Encarnación, con sus puestos y cuarteladas, las carnes palpitantes, los racimos de uvas cuajados de avispas, las mujeres con canastos entrechocándose en las estrechas callejas por donde el tranvía trata de abrirse paso. Mutaciones de escena; ahora es un callejón solitario donde un perro sestea al sol". Una visión realista que ya había expuesto en otras ocasiones, como fue el caso de una entrevista que publicó el diario *Ideal* de Granada en 1985, donde leemos: "Cuando yo comparo realidades pretéritas y presentes tengo que confesar que no todo tiempo pasado fue mejor. Quizás en eso me aparte de la línea que es usual en personas de cierta edad que tienden a glorificar el pasado. Pero yo no me dejo arrastrar por esa imagen tópica y creo que en conjunto la Andalucía que yo conocí en muchos aspectos estaba por debajo de la actual: en lo material y en lo intelectual".

Nace nuestro historiador en Sevilla el 18 de octubre de 1909, en una casa de la plaza Cristo de Burgos (antes Argüelles), que ya no se conserva, frente a la parroquia de San Pedro, en cuya pila recibió las aguas bautismales. Su familia abandonó la vivienda, ocupando otras casas de las parroquias de San Pedro y Santa Catalina, porque, como él mismo recuerda, en la segunda década del siglo las familias cambiaban de casa con bastante frecuencia, buscando mejores acomodos. Son sus padres Salvador Domínguez Gordillo, natural de Sevilla, y Antonia Ortiz Morilla, nacida en Morón. Después de él llegaron dos hijos más, Teresa y Francisco. En suma, una familia de clase media, cristiana, austera y profundamente unida, preocupada por la educación de los hijos, rasgos que marcaron la personalidad de Antonio Domínguez Ortiz.

Después de estancias breves en diversas viviendas del barrio de San Marcos (calle de San Luis), sus padres se instalaron definitivamente en una casa de la plaza Ponce de León, número 10, contigua a la primitiva iglesia de los Padres Terceros de San Francisco. Toda la familia vivía del trabajo del padre, que laboraba en su propio taller de tallista, continuando un oficio de larga tradición familiar. Este trabajo era más lucrativo que la otra alternativa que pudo haber seguido Salvador Domínguez Gordillo, quien obtuvo el título de maestro de escuela en la Normal sevillana después de realizar estudios primarios en el colegio de los Escolapios. En el taller familiar trabajaría también, como tallista y dorador, el hermano menor, Francisco, y el mismo Antonio, ayudando a su padre durante algunos años. Allí realizaban también tareas artísticas, especialmente pasos de la Semana Santa sevillana, como el del Calvario, y esculturas para varios pueblos con tradición pasional, como es el caso de Camas. Un trabajo que se incrementó en los años posteriores a la guerra del 36 por los numerosos encargos que hacían las cofradías que habían padecido expolios.

Antonio Domínguez Ortiz aprendió a leer tempranamente, por su cuenta, y en 1918, año en que perdió a su madre, ingresó en los Escolapios para hacer estudios de Primaria. Su buena preparación académica al llegar a este centro, con poco más de 8 años, le permitió superar los dos primeros grados de Primaria, por lo que sólo realizó los grados tercero y cuarto, que ya habilitaban a los alumnos para estudios secundarios. Los dos años que estuvo en los Escolapios no influyeron mucho en su formación porque ya era un autodidacta y un empedernido lector, que releía los pocos libros que había en la biblioteca familiar. Pese a su breve estancia en los Escolapios, don Antonio no ha olvidado aquel viejo edificio: el patio y la bella escalera principal, y sobre todo la iglesia.

En 1919, con 10 años y medio, Antonio Domínguez Ortiz tiene dos caminos a seguir: estudiar o aprender el oficio del padre, quien le consulta al respecto, optando por lo segundo. Don Antonio recuerda aquel momento de su vida, confesando que por esta decisión "perdió" cuatro años de su vida (1919-1924), que fueron los que estuvo trabajando en un oficio que no le interesaba.

Años de formación académica (1923-1932)

Antonio Domínguez Ortiz decidió en 1923 volver a los estudios. Con 14 años comenzó a asistir como oyente al primer curso de la Escuela Normal. Su padre le apoyaba porque le ilusionaba que su hijo fuera maestro de escuela como él, aunque fuese un oficio muy mal pagado. Por aquellos tiempos, como nos cuenta don Antonio, la Escuela Normal de Magisterio "desarrollaba sus actividades en una casa que aún existe en la calle Don Remondo, esquina a Sanz y Forés; buen edificio para vivienda particular, mezquino como centro de enseñanza. Después se trasladó a otro, no mucho mayor, en la calle Santa Ana. La escasa matrícula justificaba la modestia de las instalaciones, pues no pasaríamos en total los alumnos de medio centenar, todos varones, según era norma". Los estudios de Magisterio eran de cuatro años, pero don Antonio los realizó en tres al aprobar los dos últimos cursos en un solo año académico. La Normal sevillana era un centro de ideología avanzada; algo que debió de ser frecuente en la mayoría de Escuelas de Magisterio, y que acaso explica la saña con que fueron perseguidos los maestros que ejercieron durante la II República al término de la guerra del 36. Un tema que también aborda Domínguez Ortiz en *La Sevilla de mi adolescencia*: "Tengo entendido que el archivo de la Normal de maestros fue dañado o destruido en 1936, y eso me parece lamentable, pues a pesar de lo reducido de su profesorado y alumnado, era en aquella época un centro de ideología avanzada o progresista, como lo queramos denominar, que sería interesante poder estudiar con detalle (...). La fidelidad de estos hombres a su ideología les costó muy cara: unos sufrieron la depuración, otros el destierro y dos, por lo menos, la última pena en circunstancias terribles".

En 1927 Antonio Domínguez Ortiz ya tiene un título, pero ahora sí sabe que quiere continuar estudiando. Y no cualquier carrera. Por eso, aunque un tío suyo, sacerdote de la iglesia del Sagrario, le aconsejó estudiar Derecho, él pensaba en la Facultad de Filosofía y Letras, y en su vocación de historiador. No en vano el entonces joven Domínguez Ortiz era uno de los pocos sevillanos asiduo a casi todas las bibliotecas importantes de la ciudad, y que ya había hecho sus primeras incursiones en los archivos. Para seguir su camino en la universidad debía superar algunas asignaturas de Bachillerato que no había cursado en Magisterio. Lo hizo en el curso 1927-28, como alumno libre del único instituto nacional de bachillerato existente en Sevilla entonces: "San Isidoro", cuya historia ha publicado uno de sus catedráticos: Antonio Herrera García.

En 1929 comenzó Domínguez Ortiz sus estudios en la Facultad de Filosofía y Letras, y en 1932 obtenía el título de licenciado. Sus estudios los realizó en unos años de intensa tensión social, de la que se hizo eco escribiendo esto: "Cuando yo ingresé en la universidad ya se advertían los primeros síntomas de la agitación que había de derrocar a la Dictadura y un día presencié con asombro la disparatada idea del dictador de romper una huelga escolar haciendo ocupar el edificio por una compañía de infantería". Sin embargo, recuerda con agrado aquella etapa de su vida, cuando frecuentaba a diario el recinto universitario ubicado en el antiguo colegio de la Compañía de Jesús, donde el espacio reservado a la facultad de Filosofía y Letras era "de una pequeñez inverosímil". Reconoce que ni aquellos métodos de enseñanza, en los que el contacto entre profesores y alumnos era escaso, ni las pobres infraestructuras con que contaba la universidad sevillana de comienzos de los años treinta facilitaban la vocación investigadora del alumnado.

Precisamente fue durante los años de formación universitaria sevillana, mientras se especializó en Historia, cuando cumplió el servicio militar, como soldado de cuota, por lo que sólo sirvió en el ejército seis meses. Estando en el cuartel se enteró de la proclamación de la II República.

La etapa docente sevillana: 1932-1940

Terminada la licenciatura con Premio Extraordinario, se presentó a las primeras oposiciones que convocaba la II República, ganando una plaza de maestro de escuela en Écija, donde comenzó a trabajar con carácter interino en septiembre de 1932. Pero aquella apacible vida de pueblo no podía satisfacer sus inquietudes intelectuales. Aunque él, que suele buscar el lado positivo de la vida, guarda gratos recuerdos de los meses que allí pasó.

Pronto obtuvo una beca para asistir a unos cursos de verano en la recién creada Universidad de Santander. Eran los primeros alumnos de una larga y fructífera labor de cursos de verano que comenzó por iniciativa de la República en Santander. Don Antonio volvía así a conectar con el ambiente universitario, aunque no pudo completar la estancia prevista en Santander al convocarse aquel verano de 1933 unos cursillos con el fin de formar y contratar profesores para los nuevos centros estatales de Secundaria que sustituían a los colegios religiosos. Domínguez Ortiz fue destinado a la universidad Central de Barcelona, aunque él hubiera preferido otro lugar más cercano a Sevilla.

El curso en Barcelona duró un mes, con actividades muy variadas: asistir a conferencias, elaborar trabajos, realizar debates y mesas redondas, excursiones científico-didácticas, etc. De los 300 cursillistas aprobados en toda España, Domínguez Ortiz fue calificado el número siete, lo que le permitió elegir destino sin problemas, optando por el recién creado instituto "Murillo" de Sevilla.

Don Antonio comenzaba a ejercer como profesor de Historia en octubre de 1933, en la categoría de "Encargado de Curso", lo que equivalía a una interinidad, pues pese a que el Gobierno republicano programó estos cursos como una vía para acceder a la cátedra de instituto, el fracaso de la izquierda en las elecciones de noviembre de 1933 congeló gran parte de las iniciativas tomadas por el Gobierno anterior. Un hecho casual que, en palabras de don Antonio, "cambió mi vida". Poco después, en 1933, ganó por concurso-oposición una plaza como profesor auxiliar de Historia Universal Moderna y Contemporánea en la universidad de Sevilla. Así, el joven profesor Domínguez Ortiz se iba cargando de responsabilidades académicas, dado que algunos catedráticos de la universidad sevillana ocupaban entonces cargos políticos y estaban en situación de excedencia, por lo que eran los profesores auxiliares los que impartían casi todas las horas de clase.

Le sorprendió la Guerra Civil junto a su familia, en Sevilla, que sufre, como todas las ciudades, el drama de un enfrentamiento entre hermanos. La represión con los que se significaron políticamente en favor de la República fue brutal. Como era preciso "restablecer la normalidad académica", o dar apariencia de ello al menos, siguiendo los Decretos emanados de la Junta de Defensa nacional sobre el personal de los Institutos femeninos, se nombraron profesores en el instituto Murillo con la mayor urgencia. De este modo, Domínguez Ortiz pasó la guerra dando clases por la mañana en este centro y metido en el cuartel el resto del día, movilizado y adscrito al Cuartel General del Sur. Allí le dieron el cargo de archivero. Éste sería el final de su época docente en Sevilla, porque en 1940 se convocaron unas oposiciones para cubrir cátedras de instituto, en las que obtuvo el número dos. Llegada la hora de seleccionar destino, eligió el instituto femenino de

Palma de Mallorca. Pero antes de incorporarse a su nuevo centro contrajo matrimonio con Magdalena Iglesias, hija de un notario extremeño afincado en Sevilla. Magdalena fue también más tarde profesora de Literatura en institutos de Granada y Madrid.

La plenitud intelectual: docencia e investigación

Domínguez Ortiz sólo permaneció un año en Palma de Mallorca, volviendo a Andalucía en 1942, con destino en el instituto "Colmuela" de Cádiz durante el curso 1942-43. Su actividad investigadora era cada vez más intensa y su nombre comenzaba a sonar en el ámbito de la historiografía. La vida universitaria de Granada, sus bibliotecas y archivos, eran un aliciente para que solicitara traslado al instituto "Ganivet", centro en el que ha desarrollado su más larga etapa como docente. Allí trabajó hasta 1959, año en el que pasó al "Padre Suárez".

Compaginó siempre la docencia y la investigación, realizando su tesis doctoral, que defendió en la Universidad Central de Madrid en octubre de 1943 con la calificación de sobresaliente. También iban llegándole en estos años granadinos los primeros reconocimientos a sus méritos, siendo nombrado, por ejemplo, Académico Correspondiente de la Real Academia de Córdoba en 1952, y recibiendo premios de gran prestigio, como el premio de la Diputación de Sevilla por su *Orto y ocaso de Sevilla,* su primera obra importante, editada en 1945, y el premio Saavedra Fajardo de la Academia "Alfonso X el Sabio" de Murcia.

Entre 1959 y 1966 Domínguez Ortiz fue profesor del emblemático instituto "Padre Suárez", además ejerció un año como profesor adjunto de Historia de España en la Universidad de Granada, al obtener esta plaza por concurso-oposición (1965). En estos años intensificó su actividad investigadora y estableció contactos en el extranjero, colaborando con otros historiadores de notable prestigio, como Jaime Vicens Vives. En el curso 1966-67 ejerció la docencia en el recién creado instituto "Padre Manjón", trasladándose el curso siguiente a Madrid.

En la capital recorrió una etapa de intensa actividad creadora. Tras un breve paso por el instituto "Tirso de Molina", se trasladó al "Beatriz Galindo", donde impartió clases hasta la jubilación, en 1979. Don Antonio recuerda con mucho cariño este Centro. También en los ámbitos culturales del Madrid de aquellos años tuvo nuestro historiador una acogida calurosa: el Instituto de Estudios Madrileños, la fundación Juan March, la Casa de Velázquez, o la Real Academia de la Historia, por citar algunos ejemplos, le abrieron sus puertas. Se sumaban premios y reconocimientos, mientras se hacía cada vez más frecuente su imagen en los medios de comunicación, convertido así en un historiador de renombre internacional. Cuando en 1974 leyó su discurso de ingreso como Académico de Número en la Real Academia de la Historia aún vivía su padre: Salvador Domínguez, casi centenario (falleció con 102 años). Para don Antonio ése fue uno de los días más felices de su vida, que le compensó de otros momentos de tristeza, como cuando murió su esposa en 1978.

Su vuelta a Granada en 1981, tras la jubilación, abrió otra página de su vida, seguramente la más fructífera en el campo de la investigación. Los premios y distinciones seguían llegándole: Hijo Predilecto y Medalla de Oro de las ciudades de Sevilla y de Granada, el "Príncipe de Asturias" de Ciencias Sociales (1982); el "Menéndez Pidal" de Investigación Histórica (1986), Doctor "Honoris Causa" en numerosas Universidades; Gran Cruz de la Orden de Alfonso X, "Andaluz Universal" e "Hijo Predilecto" de Andalucía, por designación de la junta de Andalucía, "Oficial de las Artes y las Letras de Francia" (1985), etc. Los encargos desde editoriales, universidades y otros centros de investigación tampoco le dieron mucho tiempo a resentirse de su soledad íntima, serenando lentamente el ánimo y cicatrizadas viejas heridas con el cariño constante de sus familiares y amigos. Los docentes de instituto tampoco le olvidaron nunca, dando su nombre a un centro en Madrid y otro en Sevilla (el antiguo instituto Sureste, que pasó a denominarse Domínguez Ortiz por decreto de 21 de enero de 1981).

Granada ha sido al fin el lugar que don Antonio ha elegido para vivir en paz estos años, y aquí es feliz porque tiene todo lo que siempre quiso tener. La misma "Universidad de los geniales", como muy acertadamente escribió en 1990 el profesor Gay Armenteros, que se permitió antaño el lujo de prescindir de él, hoy tiene que reconocer que historiográficamente don Antonio es imprescindible. Su éxito sobre la mediocridad sólo se lo debe a él mismo, a su inmensa capacidad de trabajo, su tesón y a su dignidad. Por eso, en Granada como en su Sevilla nativa se le admira y se le quiere. En Granada tiene también muchos alumnos que recuerdan todavía sus magníficas clases de Historia, y evocan su inconfundible imagen, su pausado caminar, desde Cartuja a la antigua avenida de Calvo Sotelo, con un abrigo azul y una bufanda, camino del instituto, o esperando con paciencia el tranvía nº 10, que recorría la calle de San Juan de Dios (lo cuenta en un artículo de *Ideal* Mª Luz Escribano). En la ciudad de la Alhambra sigue recibiendo honores y distinciones que llegan de todos lados, y que él agradece y acepta con llaneza, aunque confiesa que le parecen excesivos.

Estoy plenamente segura de que no existe honor que pueda cambiar los ideales profundos que mueven a este historiador sevillano, andaluz y universal, que siempre supo gobernar su alma más allá de cualquier ambición efímera. Don Antonio es uno de los pocos hombres libres de veras que conozco, porque la única libertad que nadie nos puede quitar es la que llevamos dentro.

2.- *Andalucía ayer y hoy:* un libro para comprender nuestra historia

Este trabajo fue publicado por primera vez en 1983, cuando don Antonio gozaba ya de su jubilación en Granada. Se trata de una historia de Andalucía que abarca desde los tiempos remotos hasta el momento presente. El autor lo tituló llanamente *Andalucía ayer y hoy,* pero el lector sabrá apreciar la amplia dimensión de su contenido.

El libro, que en esta edición incluye "unas palabras preliminares" del autor, se estructura en nueve capítulos más un apartado con bibliografía y el índice onomástico. Se abre con una cita que reproduce parte del discurso pronunciado por Castelar en Cádiz, el 26 de abril de 1897, que comienza así: "Yo admiro con admiración inextinguible a Andalucía, cabeza del europeo continente, descubridora del Nuevo Mundo". Aquella Andalucía evocada por Castelar nos resulta bien remota hoy, como nos permiten ver especialmente los apartados dedicados al problema agrario y al fracaso de nuestra industrialización.

El primer capítulo es una magnífica síntesis del marco natural, que sólo podía hacer quien nunca abandonó el sentido unitario de la ciencia histórica. Quien entiende que no debe un árbol hacernos perder la visión del bosque, el origen geológico, el clima, riquezas naturales, etc. unifican y diversifican la realidad geográfica andaluza, y son el fundamento sobre el que se asientan muchos de sus principales eventos históricos. Un ejemplo de elemento geográfico unificador de esta gran región es sin duda el mar, sobre el que dice Domínguez Ortiz que "los destinos de Andalucía no se comprenden sin su enorme fachada marítima, fuente de riqueza y medio de apertura de todas las rutas del orbe". Otro factor a destacar, que "siempre jugó y seguirá jugando a favor de Andalucía", es su privilegiada posición geográfica, como "punto de contacto de dos continentes y de cara al Nuevo Mundo". En definitiva, toda una lección de Geografía.

El capítulo segundo, dedicado a "Las Gentes", nos presenta a todos los pueblos que pasaron por nuestra tierra, desde los tiempos más remotos a nuestros días. Un aporte de sangre y de cultura que enriquece a Andalucía, y toda una lección contra las nefastas interpretaciones nacionalistas excluyentes. En este sentido, don Antonio nos deja bien claro que la mejor educación en valores es la que se asume en la familia y en la escuela. Y la que los intelectuales capaces de influir en la sociedad transmiten en sus escritos, presentando como una riqueza añadida a la historia andaluza el paso y la mezcla de tantas razas, reprobando la intolerancia que existió en algunas épocas.

El capítulo tercero está dedicado al fenómeno urbano: sus orígenes, su evolución, sus funciones, sus problemas y sus peculiaridades en cada periodo de la historia. Por estas apretadas páginas el lector verá desfilar muchos retazos de historia urbana; grandiosos unos, como sería el caso de la Córdoba califal, la Sevilla de los descubrimientos, o la Granada nazarita; otros más humildes, como Úgijar, en plena Alpujarra, o la Línea de la Concepción, de protagonismo más reciente, vinculada a la historia colonial de Gibraltar. Un capítulo que concluye con una crítica al "vandalismo urbanístico" contemporáneo, señalando que es Sevilla una de las ciudades que más lo ha padecido, ya desde el siglo XIX "por la falta de sensibilidad hacia el pasado e incluso por una positiva agresividad hacia todo lo que recordara el Antiguo Régimen".

No es de extrañar que el autor dedique un capítulo a hablar de Andalucía y el Islam, demostrando así su visión global de nuestra historia, y poniendo de relieve algunos de los muchos errores que la historiografía antigua había cometido al abordar esta importante etapa de la historia de España. Don Antonio destaca el hecho de ser la Bética "la región más pronta y más profundamente islamizada y arabizada, en el sentido convencional que se da a este nombre", pero evita adoptar las posiciones extremas de los que niegan el decisivo peso que tuvo para Andalucía este largo periodo de presencia musulmana, o de los que pretenden terminar aquí la historia de España, pasando sin solución de continuidad de Boabdil a Blas Infante. De lo que no nos deja duda alguna es de que hubo mezcla racial en los primeros tiempos de la presencia musulmana; de que todavía mayor que la influencia étnica es la cultural, una de cuyas manifestaciones fundamentales estuvo en el masivo cambio de religión que se produjo en la población hispanogoda, y de que por un tiempo se impuso la tolerancia hacia los vencidos, sin confundir este término con el de igualdad de derechos. Los avatares de los tiempos, que rompieron esta tolerancia, acabarían poniendo en evidencia, cuando la situación cambió con los cristianos dominando, que la comunidad musulmana en Al-Andalus en general, y en la Bética en particular, tenía sus días contados. Un capítulo, pues, muy interesante, en el que se hace también eco de la dura política seguida contra los moriscos en tiempos modernos, y que acaba comentando las actuales relaciones del Estado con los pueblos norteafricanos, tema en el que "Andalucía puede y debe convertirse de nuevo en el punto de encuentro de dos áreas culturales", atrayendo también a la antigua comunidad hebrea que un día salió de nuestra tierra por la política de los Reyes Católicos. Sobre esta política añade al fin que "el acercamiento (de Andalucía) al Islam es un proceso que ya está en marcha. La recuperación de las raíces hebraicas está, por ahora, limitada a un estrecho círculo de especialistas, pero la patria de ben Ezra y Maimónides debe atender con más cuidado con más cariño, a esta parcela de su rico pasado".

El capítulo quinto es una excelente síntesis de las relaciones que vinculan a Andalucía con América Latina: sus orígenes, los factores en que se asientan, su evolución en el tiempo, y, sobre todo, las infinitas repercusiones que tuvo en nuestra historia, desde el ámbito humano al económico o cultural. Concluye deseando que los actos del V Centenario y la Exposición universal de Sevilla de 1992 sirvan para estrechar los viejos lazos que nunca debieron debilitarse.

Los capítulos sexto y séptimo abordan dos lacerantes cuestiones de la historia andaluza, porque son dos fracasos ancestrales: el problema agrario y el retraso industrial. Seguramente son los dos capítulos más técnicos, más completos y más controvertidos de la obra. Realizados con la visión de síntesis que caracteriza cada uno de los apartados del libro, desde ellos puede seguirse el hilo a la historia de Andalucía, con la única variante de ser ahora otros los ejes conductores. Y es que en este libro hay una historia de Andalucía, pero contemplada desde distintos ángulos. Por ello, cada capítulo guarda unidad en sí mismo y permite realizar lecturas selectivas. Una metodología que nos recuerda los trabajos colectivos que proliferan en estos años, encargados a diferentes especialistas, pero que en este caso tiene la ventaja de proceder de la misma pluma, por lo que no se rompe el estilo literario ni se cae en reiteraciones inútiles o peligrosas contradicciones. Son pues dos magníficas lecciones de historia socioeconómica, que incluyen aclaraciones de terminologías no al uso actualmente, y que nos conducen desde tiempos antiguos hasta casi nuestros días, incidiendo especialmente en las causas y consecuencias de estos dos fracasos seculares, afortunadamente hoy en vías de solución. Además, de un lado rompen con tópicos largamente acuñados sobre la indolencia y la resignación del bracero andaluz, y de otro ponen el dedo en la llaga al señalar, por ejemplo, que las clases medias andaluzas que acumularon capitales durante el XIX "al contrario que en el norte, sentían la tentación de la inversión rústica, fácil, segura, promotora de prestigio social"; algo que frenó mucho el desarrollo industrial, de lo que se aprovecharon a la postre capitalistas extranjeros.

Un sugerente capítulo dedicado a "La Cultura andaluza", penúltimo del libro, nos deja abiertas muchas interrogantes, como la dificultad de definir el mismo concepto de "cultura", y nos siembra inquietudes, dada la actual tendencia a uniformizar las peculiaridades culturales de los pueblos, en un mundo dominado por la avasalladora "cultura electrónica". En todo caso, es evidente que el autor prefiere hablar de "culturas" que de "cultura" andaluza (que no es un mero trasplante de la castellana), porque se conoce muy bien la historia de Andalucía. Nos recuerda que existen muchas "hablas andaluzas" ("Andalucía aparece, desde el punto de vista lingüístico, no como un mosaico, sino como un calidoscopio: sus imágenes, sus líneas divisorias varían según los puntos de perspectiva..."); que tampoco existe, una "raza andaluza", y que son muchas las variantes que todavía quedan por investigar para llegar a un punto de encuentro que defina los elementos comunes de la variada y compleja identidad cultural de Andalucía. Aunque advierte que siempre llamó la atención de los que nos visitaban nuestra "tendencia a utilizar elementos populares en los ambientes cultos", sacando de ello conclusiones apresuradas y superficiales, que han sido la base de tantos tópicos sobre "lo andaluz". Sin duda, nuestra cultura, que es diversa, que tiene rasgos de universalidad y acaso de cierto "populismo", sobre todo posee la gran virtud de ser dinámica. Porque, como escribió Domínguez Ortiz, siendo el dinamismo algo normal en toda cultura viva, esta característica "en la andaluza resulta especialmente acusada, por ser producto de mezclas y encuentros culturales y raciales".

El autor cierra este interesante libro con un capítulo titulado "Andalucía para sí misma y para España", que es una invitación a la reflexión íntima sobre cómo nos vemos los andaluces, y cómo nos ven los demás. En él nos hace partícipes de sus propios pensamientos en temas tan controvertidos como la "identidad andaluza" (término que utilizó para dar título al discurso que pronunció en su investidura como Doctor "honoris causa" por la Universidad de Granada), y del "hecho andaluz". Nos explica los momentos claves de la historia en los que se van fraguando las peculiaridades andaluzas, y nos sitúa en los orígenes del nacionalismo andaluz, en el que influyeron numerosos factores, como la ocupación napoleónica. También aporta detalles sobre hechos históricos que pusieron en riesgo la unidad de Andalucía, caso de la Primera República, cuando "de haberse puesto en vigor la Constitución de 1873 la unidad de Andalucía se hubiera roto, puesto que preveía la formación de dos Estados: la Alta y la Baja Andalucía". Incluye, además, un interesante recorrido por "el andalucismo literario y político", para recalar al fin en la figura de Blas Infante, de quien dice que le ocurrió "lo peor que puede ocurrirle a una figura histórica: ser objeto de mitificación por parte de indiscretos entusiastas", finalizando con una síntesis sobre la evolución histórica del nacionalismo andaluz hasta el actual Estatuto de Autonomía. Un nacionalismo que no es excluyente "ni comporta ninguna agresividad o insolidaridad con los demás pueblos que conviven en la piel de toro". La vigencia de la obra que ahora edita la *Editorial Sarriá* demuestra que los andaluces sí hemos elegido el camino adecuado para construir nuestro futuro en paz.

Úbeda, 18 de octubre de 2001,
en el 92 cumpleaños de don Antonio Domínguez Ortiz.

Bibliografía sobre Antonio Domínguez Ortiz

DOMÍNGUEZ ORTIZ, A. "La Sevilla de mi adolescencia", en VV.AA. *Mi Sevilla*, Ed. Focus. Sevilla, 1995, pp. 105-114.
CORTÉS PEÑA, A.L. *Antonio Domínguez Ortiz. Bibliografía.* Ed. C.E.H. "Carmen Juan Lovera" y *Hespérides*. Alcalá la Real, 2000.
MARTÍNEZ SHAW, C. ALFONSO MOLA, M. Y TARIFA FERNÁNDEZ, A. "El Maestro don Antonio", en *Diario Sevilla*, suplemento Cultural (16 de noviembre de 2000), pp. 1-3.
TARIFA FERNÁNDEZ, A. "Antonio Domínguez Ortiz: semblanza de un historiador andaluz" (Biografía y estudio preliminar), en DOMÍNGUEZ ORTIZ, A. *Alteraciones Andaluzas*. Colección Educación XXI. Consejería de E. y C. de la Junta de Andalucía. Sevilla, 1999, pp. 15-74.

Unas palabras preliminares

Durante los años de la Transición (palabra ya consagrada que designa el paso del régimen dictatorial de Franco a la normalidad democrática) se produjo una gran floración de historias regionales que respondían a las expectativas despertadas por las esperanzas que abría el nuevo régimen a una configuración del Estado más acorde con la rica diversidad de España. Andalucía no se mantuvo al margen de esta tendencia; la Editorial Planeta, una creación que desmiente la supuesta incapacidad de los andaluces para crear grandes empresas, me hizo el honor de confiarme la dirección de una Historia de Andalucía, que sustituyó, con inmensa ventaja, a la pobre y acartonada que un siglo antes escribiera Joaquín Guichot. La acogida que tuvo, tanto en el aspecto comercial como en el científico, fue increíble. Un día que estábamos reunidos en el domicilio social de PLANETA, en una estancia cuyas paredes estaban revestidas de estantes conteniendo historias regionales de toda España, pregunté al gerente de la empresa cuáles se vendían mejor y me contestó: la Historia de Andalucía con gran diferencia.

Esta contestación no me sorprendió porque tiene su lógica: no se trata ya de la competencia de los autores sino del asunto mismo: desde Tartessos hasta hoy las comarcas meridionales de la Península han sido el núcleo de la milenaria Hispania. Verdad es que a veces el centro de gravedad se ha situado en la Meseta, pero siempre ha terminado por bascular hacia el Sur, por la riqueza del país, por la confluencia de gentes de todos los orígenes, por su poder integrador y asimilador; Andalucía ha sufrido tremendos trasvases de población, pero quienes han llegado a llenar los vacíos producidos por emigraciones y destierros han asimilado rápidamente el *genius loci*. Por citar un ejemplo, recordemos aquellas dinastías de comerciantes y artistas que en todo tiempo se han asentado en esta tierra y se han convertido en andaluces de pura cepa. Andalucía es un espacio geográfico y una cultura (o un conjunto de culturas) no un pueblo en el sentido racial de la palabra.

Esas culturas han sido múltiples y brillantes; ese espacio ha sido escenario de hechos cuya resonancia ha traspasado sus fronteras, algunos de ámbito europeo e incluso universal. Aquellos confines del universo conocido excitaron la fantasía de fenicios y griegos; aquella provincia Bética dio a Roma algunos de sus ciudadanos más esclarecidos; aquel califato cordobés extendió su fama por Europa. Cuando Elcano regresó a Sevilla, terminada la circunnavegación del Globo, vacilaron los cimientos de la ciencia de la época; Bailén reanimó las esperanzas de las naciones que dudaban de poder sacudir el yugo de Napoleón. La Constitución de Cádiz suscitó las esperanzas de los liberales de toda Europa y a la vez la reacción de la Santa Alianza.

Por eso una historia de Asturias tiene un mercado en ese Principado, y una de Valencia se vende sobre todo en Valencia. Pero una Historia de Andalucía incluye la mayor y mejor parte de la historia de España y no poca de la europea; de aquí el interés que despierta.

De aquí también el imperativo ético de que sea tratada con imparcialidad y rigor, y me complace decir que la mayor parte de las aparecidas en estos últimos años cumplen con estas condiciones; pero todavía quedan y circulan residuos de interpretaciones fantásticas, pueriles y que demuestran un partidismo inaceptable y un desprecio absoluto de la verdad histórica. Antonio Luis Cortés Peña recuerda por ejemplo en un artículo reciente que todavía quedan seguidores de la teoría (por llamarla de alguna manera) de Ignacio Olagüe de que los árabes, tras conquistar a sangre y fuego el norte de África, al llegar a España se trocaron en mansos corderos, acogidos amistosamente por los hispanorromanos y visigodos, que pasaron sin necesidad de presión alguna del Cristianismo al Islam.

La divulgación de tales despropósitos (no sin sospechosos apoyos exteriores) fue uno de los motivos que me impulsaron a recoger la invitación que me hizo Baltasar Porcel en nombre de la Editorial PLANETA para redactar un compendio de ciertos aspectos esenciales de la historia andaluza para la colección TABLERO que publicaba la misma editorial. Y así nació esta hermana menor de la amplia Historia de Andalucía, impulsada por la misma ola de interés que en el público había despertado el conocimiento de nuestra identidad, de nuestro pasado. La llamada *transición* había dado vía libre a muchas aspiraciones antes encorsetadas, y aún perseguidas por la Dictadura. Un concepto férreo y equivocado de lo que debe entenderse por unidad de

España, desconociendo su rica variedad interna, enconó el problema en vez de resolverlo. Si la solución adoptada en la Constitución no es la mejor, a lo menos es la que mejor compagina la unidad de España con el necesario autogobierno regional, porque las competencias estatales han crecido de tal manera que, dejando aparte sentimientos regionalistas y nacionalistas, una división de funciones se imponía, so pena de hacer del Estado un ente de dimensiones monstruosas. Creo que es una buena, solución y quienes ahora sermonean por un cambio constitucional introducen un factor de discordia muy dañoso. Deberíamos en este punto aprender de los norteamericanos y su adhesión visceral a la Constitución primitiva, única que han tenido en toda su historia y a la que profesan una adhesión casi religiosa. Si es preciso se introduce una *enmienda*, pero se mantiene ese símbolo de solidaridad e identidad.

En el caso de Andalucía tampoco me parece feliz la propuesta de sustituir o superponer a nuestra división provincial una comarcalización que no haría más que introducir en el proceso administrativo un nuevo escalón con frondosa burocracia e incremento de nuestra tendencia al localismo. La comarca, desde el punto de vista humano e histórico, es, o fue, una realidad. La Iglesia lo tuvo en cuenta; diócesis como Guadix, Plasencia, Astorga o la Seo de Urgell responden a realidades seculares. Las capitales comarcales respondían a una necesidad; abastecían en servicios y productos infrecuentes a los pueblos situados en un radio de ocho o diez leguas, que era lo más que podía recorrer en un día una mula o un carromato; pero hoy, con el progreso de las comunicaciones, los vecinos de esos pueblos acuden a la capital provincial en busca de diversión, de productos, de servicios de todas clases. ¿Y qué papel desempeñarían tantas comarcas pequeñas, pobres, cuya personalidad es indiscutible pero que no tienen capacidad de autogobierno?

En cambio, el sentimiento de pertenecer a una provincia no sólo no decae sino que se refuerza, y en varios casos se identifica con la adhesión a la capital tradicional, aunque hay variedades cuyo estudio resulta de mucho interés; me limitaré a decir que las dos provincias extremas, Huelva y Almería, reflejan, en el incremento de sus capitales, el progreso general de la región. Porque ha habido un progreso notable en estos últimos veinte años. Progreso material y también cultural, social. Los que hemos vivido la crispación tremenda que sufría la sociedad española en la primera mitad del siglo apreciamos en lo que vale esta paz. Paz política; los dos partidos que pugnan por el poder se combaten porque ése es su oficio y la razón de su existencia; uno trata de acentuar sus inclinaciones al centro izquierda, otro al centro derecha; a veces, el salón de Cinco Llagas da la impresión de un campo de batalla pero a los que conocen la historia más bien le recuerdan aquellos campos de batalla de la Italia renacentista donde las bandas de condottieros combatían ferozmente toda una jornada y al final quedaba en el suelo algún muerto y unos cuantos contusos para justificar la paga.

Que al cabo de un cuarto de siglo no haya podido consolidarse un partido andalucista es la mejor demostración de que el andalucismo, que en ciertos aspectos es un sentimiento arraigado, para el ciudadano corriente no tiene dimensión política, y mucho menos sentido excluyente; se siente a la vez andaluz, español y cordobés o gaditano, es decir, asume las fidelidades múltiples y rechaza las opciones unitarias, excluyentes del nacionalismo, una palabra de nobles raíces que se ha degradado últimamente por el comportamiento violento y excluyente de muchos que la han acaparado.

Andalucía hasta ahora se ha librado de esa plaga, pero hay brotes que hay que vigilar y una incipiente quinta columna que trata de hacer de Andalucía la cabeza de puente en Europa de un islamismo radical, que aspira a recuperar el Paraíso Perdido, identificado con poco rigor histórico con el Califato cordobés y aún con los siglos que los precedieron y siguieron.

La relativa calma que vive Andalucía en el aspecto político se incrementa gracias a su peso específico en el conjunto del Estado español, porque su primacía demográfica le autoriza a enviar al Parlamento más representantes que ninguna otra comunidad, y por el notable protagonismo de Felipe González, quien sin duda cometió errores, algunos de gran magnitud, pero también aciertos indiscutibles. Sin su autoridad no hubieran votado los socialistas el ingreso de España en la OTAN y ya sabemos las ventajas que para España se han derivado de su integración plena en los organismos internacionales.

La paz política que (desdeñando episodios de interés muy secundario), disfruta hoy Andalucía deriva también de la paz social; un aspecto que apreciamos mucho quienes vivimos la insoportable crispación que sacudía pueblos y ciudades andaluzas en la primera mitad del pasado siglo. La revolución agrícola acabó con el paro, los jornales de miseria, la emigración forzada, el terrorismo anarcosindicalista, las respuestas desmesuradas de quienes detentaban el poder. El incremento del sector terciario (servicios) compensa hasta cierto punto la debilidad de una industria que no acaba de consolidarse. Este sigue siendo un punto flaco de la realidad andaluza. Y hay más aspectos negativos, unos generales a toda España y aún a toda Europa; otros específicamente andaluces. En un giro cuya profundidad y rapidez no tienen semejante en la Historia se ha pasado del excesivo rigor a la excesiva permisividad tanto en el orden familiar como en el penal, en los comportamientos sexuales... Y una enorme confusión de ideas y comportamientos acompaña el ocaso de las ideas y comportamientos que caracterizaban nuestra cultura occidental, sin que acertemos a ver cómo se llenará el vacío dejado el *Entwertung aller Wert* que Nietzsche profetizó a fines del siglo XIX.

Si esa profecía la vemos cumplida, poco, en cambio hemos tardado en comprobar el fracaso de otra mucho más reciente: "El fin de la Historia", término en sí mismo absurdo, porque la historia es inherente al dinamismo humano, que tiende no a estabilizarse sino a crecer; crecer en muchos sentidos, unos positivos, otros que abren perspectivas aterradoras. Si el siglo XX se cerró con la esperanza de un término al conflicto Este-Oeste y a la amenaza nuclear, el XXI se abre con el recrudecimiento de la contraposición Norte-Sur con visos de guerra religiosa y en el que España podría verse implicada. Hay referencias tan significativas como la alusión de Bin Laden a la pérdida de Al Andalus, como precedente del actual conflicto, como tragedia que el Islam debería vengar.

La presente reedición de *Andalucía Ayer y Hoy* no entra en la actualización de estos problemas. Tampoco actualiza el estado y las perspectivas de la economía andaluza, tan ligado a otro problema actual, la inmigración. Actualizar estos capítulos, añadir algunos nuevos sería tarea superior a mis fuerzas, y tarea más bien inútil, porque dentro de pocos años volverían a quedar obsoletos. Estamos sumergidos en una crisis de evolución rapidísima y resultados impredecibles. No hay, pues, que pedir a este libro más que lo que ofrece, entendiendo el HOY de la portada como el de la Andalucía de la transición. La comparación con la Andalucía del 2000 se echa de ver sin esfuerzo; está al alcance de todo lector avisado.

... Yo admiro con admiración inextinguible a Andalucía, cabeza del europeo continente, descubridora del Nuevo Mundo, en la posición más feliz y en el más vivificante clima de todo este orbe, con su corona de metales preciosos al Norte y con el enlace de sus dos mares al mediodía, en esa gigantesca esmeralda que llamamos el hercúleo Estrecho: a un lado África, y enfrente América, cual si le debieran pagar tributo los mundos más contrarios; revestida de cultura, mencionada en la memoria universal, en Homero, en la Biblia, llevada sobre las multicolores alas de artistas como no hay otros en los anales históricos...

(CASTELAR,
en discurso pronunciado en Cádiz
el 26 de abril de 1897).

I. EL MARCO NATURAL

El territorio que hoy constituye Andalucía se formó a través de una evolución geológica que abarcó incontables millones de años. Al comenzar la Era Secundaria el borde sur del macizo herciniano, que constituye la osatura fundamental del suelo hispano, se prolongaba por lo que hoy es la llanura del Guadalquivir. Más al sur se extendía un gran brazo de mar que comunicaba el Atlántico con el Mediterráneo y separaba el macizo hispánico del norteafricano. En el fondo de ese mar se acumularon sedimentos arrancados por la erosión a las tierras circundantes: arenas procedentes de la descomposición de los granitos, arcillas, luego transformadas en pizarras, calizas de variada textura y margas.

Desde fines del Secundario y a través de todo el Terciario se produjeron fenómenos de gran amplitud que cambiaron totalmente la faz de aquellos espacios y les dieron, poco a poco, su actual configuración. El desplazamiento hacia el norte del zócalo norteafricano comprime aquellos sedimentos marinos elevándolos a grandes altitudes, y con ellos también emergieron viejos núcleos que hoy forman la zona axial de Sierra Nevada. A la vez, por compensación isostática, se hundían las zonas situadas al norte y al sur de la nueva cordillera: el borde sur del macizo herciniano y el mar de Alborán. Donde antes había un brazo de mar ahora se elevaban las serranías béticas; el mar quedaba ahora más al norte, en lo que hoy es el valle del Guadalquivir. Pero los empujes procedentes del sur no cesaban; eran tan violentos que alcanzaron el sureste del macizo herciniano, lo que hoy llamamos la Meseta, e incluso algunos mantos de corrimiento cabalgaron sobre ella, taponando la boca oriental de aquel brazo de mar. Lo que fue un estrecho se convirtió en un golfo.

Este golfo, no sólo era profundo, sino que, conforme recibía sedimentos de las viejas tierras paleozoicas y de las nuevas montañas emergidas, se hundía cada vez más, por lo cual los sedimentos miocenos y pliocenos alcanzaron espesores de millares de metros. Un movimiento de signo contrario, de emersión, comenzó a registrarse desde fines del Terciario y continúa hasta hoy. Como consecuencia, los fondos marinos subieron a la superficie, el mar se retiró y la penetración marítima se hizo cada menos acusada, hasta quedar reducida al actual golfo de Cádiz. En tiempos ya recientes una fractura abrió el estrecho de Gibraltar, con lo que la comunicación entre Mediterráneo y Atlántico, siempre mantenida, aunque por sitios distintos, adquirió la forma actual y Andalucía, sin perder su condición de puente entre Europa y África, quedó adscrita al espacio europeo. Las transformaciones que de modo muy esquemático acabamos de reseñar aún no han terminado; continúa el relleno del golfo gaditano, cuya porción terminal, la zona de las marismas, era todavía un lago en la época romana *(Lacus ligustinus)*. La intensa erosión sigue ampliando las vegas, hoyas y deltas de la costa penibética, y el carácter inestable de toda la región se manifiesta en frecuentes terremotos, prueba de que las diversas placas que forman la zona cortical de nuestro suelo aún no han llegado a su definitivo equilibrio y asentamiento. Un foco sísmico de gran intensidad se encuentra en pleno Atlántico, y fue el responsable, entre otros, del gran seísmo de 1755 que produjo la destrucción de Lisboa y numerosas pérdidas materiales y humanas en Andalucía. Otro foco de menor intensidad, pero más próximo, se ubica en el mar de Alborán, y a él hay que atribuir los frecuentes terremotos de la Andalucía Oriental. En relación con esta actividad sísmica hay que poner la de origen volcánico; aunque hoy no haya volcanes en actividad, hay en diversos lugares del sur de Andalucía, singularmente en Almería, rocas de esta procedencia de fecha reciente.

La evolución geológica explica la muy distinta naturaleza de las tres unidades básicas que integran el suelo andaluz: un viejo macizo de rocas muy antiguas (Sierra Morena) y dos áreas sedimentarias: una recién emergida y llana (depresión Bética) y otra, la más extensa de las tres, enérgicamente plegada hasta alcanzar grandes alturas, integrada por las serranías béticas. De aquí sacamos una primera conclusión: Andalucía es una región montuosa, aunque el centro de gravedad de su economía se sitúe en la zona llana.

De estas tres grandes unidades estructurales Sierra Morena es la que tiene menor personalidad. Extendida de este a oeste, en los confines con Castilla la Nueva y Extremadura, con anchuras variables entre cincuenta y cien kilómetros, carece por su propia configuración de un centro en torno al cual pudiera organizarse; no ha habido nunca una capitalidad de la sierra ni un sentimiento de solidaridad entre sus distintas comarcas. Los habitantes de Los Pedroches gravitan hacia Córdoba, los de la sierra de Aracena hacia Huelva y Sevilla. En general, la sierra mira hacia el valle. Las solidaridades se organizan en el sentido de los meridianos, no de los paralelos.

Este fenómeno tiene fácil explicación, no sólo por la configuración a que antes hemos aludido sino por la pobreza de aquellas tierras, que determina un poblamiento humano escaso, en forma de oasis separados por terrenos desiertos e incultos. La naturaleza del terreno es refractaria a una explotación agrícola intensiva. Las altitudes no son grandes; los pliegues hercinianos están casi arrasados por la erosión. Sólo las rocas muy duras, como las cuarcitas, han resistido mejor y hoy se elevan unos cientos de metros sobre el terreno circundante. Los contragolpes de los empujes orogénicos terciarios han levantado algunos bloques, pero la cota más alta, en Sierra Madrona, límite con la provincia de Ciudad Real, no sobrepasa los 1.300 metros. La mayoría de estas tierras están por debajo de los 700 metros, y en El Andévalo onubense por debajo de los 500.

Sin embargo, estas tierras de mediocre altitud pueden aparecer muy quebradas. Salvo la meseta de Los Pedroches no hay planicie de extensión considerable. El aspecto quebrado y montuoso es, en parte, producto de las fallas; en unos sitios, el viejo zócalo se flexionó suavemente; tal sucede en tierras de Sevilla y Huelva, en las que el contacto de los terrenos antiguos y modernos se produce con suavidad, sin apenas ruptura de pendiente. Pero en otros el macizo herciniano se quebró, produciéndose un escalón de más de 200 metros de desnivel, como ocurre en Despeñaperros, y en Córdoba, donde la sierra, vista desde la ciudad como un abrupto murallón, parece una auténtica cordillera, impresión que desaparece en cuanto se llega a la parte superior, desde donde se divisa una meseta alomada. Pero la proximidad del nivel de base del Guadalquivir ha acentuado la potencia erosiva de ríos, arroyos y torrentes, que se han encajonado en hondas gargantas.

Sin embargo, no es tanto el relieve montuoso como la naturaleza de los suelos la responsable de la pobreza agrícola de Sierra Morena. En Los Pedroches la descomposición de los granitos ha dado unos suelos arenosos muy pobres. Casi en todas partes la roca desnuda aparece en la superficie o está cubierta por sedimentos muy someros; sólo en algunos valles hay suelos de mediana calidad que permiten el cultivo. El paisaje más extendido y más típico de la sierra es la penillanura cubierta en algunos sitios de olivares, con más frecuencia de encinas y en amplias extensiones de espeso matorral, con predominio de las jaras. No cabe duda de que, con trabajo y adecuadas inversiones, este panorama podría mortificarse en cierta medida. Como escribió hace medio siglo Hernández Pacheco, son tierras malas, pero no debían estar tan abandonadas. Pero desde entonces nada se ha hecho, y el paisaje más bien se ha deteriorado. La vocación de estas tierras es silvopastoril; nunca ha tenido importancia el ganado vacuno, que no encuentra en ella pastos adecuados pero sí el lanar y el porcino, alimentado con bellotas, y que en algunas comarcas (Jabugo) alcanza calidad insuperable.

También ha tenido fama desde la Antigüedad Sierra Morena por sus riquezas mineras. Los minerales cupríferos del Andévalo onubense fueron explotados desde tiempos prehistóricos; el plomo argentífero de Córdoba y Jaén fue en el siglo pasado una fuente de riqueza importante; incluso se valoraron modestas reservas de carbón. No eran, sin embargo, suficiente para constituir la base de una economía autóctona. En el terreno económico, como en el político, Sierra Morena ha sido siempre un anejo del valle bético. Por eso no puede hablarse de tres, sino de dos Andalucías.

La segunda de las grandes unidades es esa depresión Bética de forma triangular, cuyos lados son Sierra Morena, la gran masa de plegamientos terciarios y el Atlántico. Tiene grandes similitudes con otra depresión triangular, la del Ebro, aunque con notorias ventajas en favor de la Bética, más baja, más meridional (por tanto, más templada), abierta hacia los vientos húmedos del Atlántico, en vez de tener el acceso marítimo cerrado por una cadena montuosa que, además, imposibilita la navegación del Ebro; libre, además, de las grandes masas de yesos y otras y tierras salinas que se acumularon durante la fase lagunar en la depresión aragonesa. Los suelos de la campiña bética son muy variados; junto a las magníficas *tierras negras* que se encuentran en el sur de la provincia de Sevilla, residuos de un clima más húmedo, productor de rica vegetación, tenemos los mediocres de los alcores, los encharcados y salinos de las Marismas y otros de difícil explotación. La mayoría son deficitarios en materia orgánica.

Sin embargo, el promedio de los suelos béticos es de calidad superior al del resto de España; el enorme espesor de sus sedimentos posibilita las labores profundas, la meteorización de capas vírgenes y la renovación de las agotadas. El relieve, absolutamente plano desde Sevilla al océano, facilita la única vía de penetración fluvial profunda de toda España. Más al este, el terreno se hace alomado por efecto de la erosión, pero la cumbre de las lomas, de suave pendiente, nunca está cubierta de esa dura costra caliza que reviste los páramos castellanos. No hay obstáculos serios ni para las labores mecánicas ni para las comunicaciones. No hay un solo túnel en los 400 kilómetros que recorre el ferrocarril Madrid-Cádiz después de salvar el desfiladero de Sierra Morena. Unidas estas ventajas a las que proporciona un clima que, dentro de su irregularidad, es en promedio muy templado y suficientemente húmedo, se explica la riqueza agrícola de que ha gozado esta región durante milenios.

El Guadalquivir es el eje del valle y, en cierto modo, de toda Andalucía, pues drena las aguas de Sierra Morena a través de sus afluentes de la margen derecha, y por la izquierda recibe al Guadiana Menor y al Genil, que le tributan gran parte de las precipitaciones caídas en las serranías béticas. Marcha el gran río andaluz muy próximo al escarpe mariánico hasta que, poco antes de llegar a Sevilla, tuerce rumbo al sur, y, al carecer de pendiente, divaga en meandros, se divide en brazos que abarcan islas, en un paisaje anfibio de tierras inundables, lagunas y *caños* por los que penetra la onda salada de la marea alta. Poco antes de desembocar, el río recupera su unidad, pero en aquel ancho cauce que desemboca por Sanlúcar de Barrameda hay un choque de aguas dulces y saladas, un vaivén, unos remolinos que producen la antes tan temida *barra,* los fondos de arena de emplazamiento cambiante, responsables de tantos naufragios. Los defectos del Guadalquivir como vía navegable dimanan de estas circunstancias, que los modernos medios sólo en parte pueden corregir, y de su escaso caudal. Aunque tiene una cuenca muy amplia, el caudal medio a su paso por Sevilla es sólo de 185 m^3 inferior al del Ebro, el Duero y el Miño. Los numerosos embalses han regularizado bastante este caudal; el espectro de las *riadas* ya no preocupa a los sevillanos, pero la profundidad de la lámina de agua resulta pequeña para el tonelaje actual de los buques.

El valle bético tiene dos prolongaciones que desde el punto de vista hidrográfico no pertenecen al área del gran río: al oeste las tierras del Condado, prolongación del Aljarafe sevillano, cuña de tierras fértiles encajada entre las dunas y marismas de la costa onubense y los suelos pobres del Andévalo; al sur, la campiña jerezana, atravesada por el Guadalete, con una réplica a pequeña escala en el valle del Barbate y la planicie de la Janda, antigua laguna hoy desecada.

La riqueza mineral del valle es casi nula, puesto que se trata de terrenos sedimentarios: sólo hay que señalar algunas calizas, arcillas cerámicas, las salinas gaditanas, hoy decadentes, y la esperanza de los hidrocarburos, hasta ahora sólo confirmada en muy modesta medida. El bosque ha desaparecido casi en todas partes, aunque es verdad que los extensos olivares suplen sus funciones edáficas, sobre todo en orden a moderar la erosión. En los suelos arenosos de Huelva se han realizado repoblaciones de pinos y eucaliptos. La ganadería siempre ha sido importante, aunque con un papel subordinado a la agricultura. La lucha entre el labrador y el pastor, típica de la España seca, apenas se dio aquí, porque la potencia de las oligarquías urbanas cerró el paso a la Mesta.

La vocación agrícola del valle es antiquísima y explica la temprana urbanización y el denso poblamiento de la región, así como su capacidad atractiva sobre gentes procedentes de tierras próximas o lejanas. Mucho ha cambiado el mapa de cultivos en el transcurso de los siglos; hay, sin embargo, ciertas constantes físicas que favorecen la ubicación, no exclusiva pero sí preferente, de ciertos cultivos en determinadas tierras; en las margas y arcillas que ocupan las más amplias superficies, los cereales (trigo y cebada) y leguminosas; en las zonas onduladas que marcan la transición a las cadenas béticas internas, el olivar, que llega a ser exclusivo en ciertas comarcas de Jaén. El viñedo tiene su tierra de elección en las calizas margosas de la campiña cordobesa, las albarizas (alusión a su color casi blanco) de Jerez y en el Condado de Niebla. Sobre esta trilogía (pan, vino, aceite), reforzada con amplias zonas ganaderas allí donde por abundancia de humedad o mala calidad del suelo el yerbazal era preferible al cultivo, se asentaba la economía tradicional andaluza. Hoy, la introducción de plantas industriales, la extensión del regadío, la parcial desecación de las marismas y otras innovaciones han dado nueva fisonomía, como veremos más adelante, a la agricultura bética.

La tercera gran unidad, tan extensa por sí sola como las otras dos reunidas, está integrada por un conjunto muy complejo de montañas a las que se atribuyen denominaciones variadas que introducen cierta confusión. Prevaleció en tiempos el nombre de Penibética para todo el conjunto; hoy se reserva para la zona interior, costera, llamando Prebéticas y Subbéticas a las alineaciones que la envuelven por el norte y oeste, y Béticas a todo el conjunto. No resulta muy clara ni muy adecuada esta terminología, porque a pesar de sus estrechas relaciones con el río Betis y su valle, estas cadenas forman un mundo distinto, y además no son exclusivamente andaluzas; se prolongan por tierras de Murcia y Alicante hasta el cabo de la Nao.

La cadena Penibética, integrada por macizos muy antiguos, rejuvenecidos y elevados por los movimientos terciarios, corre paralela al litoral mediterráneo; en la serranía de Ronda predominan los materiales eruptivos que originan tierras muy pobres; el macizo de Sierra Nevada incluye las mayores alturas y se prolonga hacia Almería por la sierra de Filabres, con predominio de relieves abombados, a pesar de la intensa erosión; en su declive meridional, los materiales paleozoicos (pizarras, cuarcitas), en ocasiones muy metamorfizados, se mezclan con calizas triásicas en un relieve caótico que constituye la comarca de las Alpujarras, formando un surco entre la alineación principal y la serie de cadenas costeras: Contraviesa, Lújar, Tejeda, Mijas...

Las sierras pre y subbéticas están formadas por rocas más recientes, con predominio de las calizas, desde el Peñón de Gibraltar hasta las sierras de Cazorla y Segura, en el límite de Jaén con Albacete y Murcia. La combinación de calizas y margas con sedimentos modernos depositados en el fondo de las vegas produce una variedad de vegetación y paisajes mucho mayor que en la Penibética.

En total, este conjunto formidable de sierras y macizos béticos abarca la mayor parte de la provincia de Cádiz, casi toda la de Málaga, en la que la vega de Antequera ha jugado siempre el papel de eslabón entre la sierra y el valle; el sur de Córdoba (sierras de Cabra, Lucena, Priego y Rute), la totalidad de las provincias de Granada y Almería y casi la mitad de la de Jaén, donde los límites son difíciles de precisar.

Prescindiendo de los aspectos pintorescos, es indudable la desventaja que para la Alta Andalucía representa esta complicada orografía, lo mismo en el terreno de las comunicaciones que en el aprovechamiento del suelo; un aprovechamiento que siempre ha sido más intenso que en la Baja y ha exigido un gran esfuerzo humano: regadíos, cultivos en graderío, etc. Un correctivo parcial a tales inconvenientes lo tenemos en las fracturas longitudinales (este-oeste) y transversales (norte-sur) que han compartimentado todo el sistema, facilitando, sólo hasta cierto punto, las comunicaciones y proporcionando terrenos aptos para el aprovechamiento agrícola. Sobre un mapa es fácil seguir la dirección de estas depresiones. La alineación principal es la que parte de la vega de Antequera y por Archidona y Loja llega a la vega de Granada. Aquí hay una interrupción hasta las hoyas de Guadix y Baza; desde esta última puede seguirse, bien la ruta norte que por el Guadiana Menor conduce al valle del Guadalquivir, bien el estrecho surco del Almanzora que comunica con tierras murcianas.

Los surcos transversales, menos acusados, proporcionan un precario acceso a la costa siguiendo los valles excavados por los ríos penibéticos: el Guadiaro, entre Málaga y Cádiz, el Guadalhorce, que atraviesa la hoya de Málaga, el Guadalfeo y el Andarax o río de Almería. Vegas interiores y deltas y hoyas penibéticas proporcionan suelos aptos para una agricultura intensiva, pero el problema del agua reviste aquí mayor gravedad que en la Andalucía Baja. Como los vientos predominantes, los que proporcionan las lluvias, son los del Oeste, el arco montañoso, con su convexidad vuelta hacia el Atlántico, hace papel de pantalla, recoge precipitaciones cuantiosas, hasta el punto de que muchos años las sierras de Ubrique y Grazalema ostentan el récord de pluviosidad peninsular, pero conforme marchan hacia el Este los vientos atlánticos se empobrecen en humedad, causando problemas graves de sequía en Málaga y Granada, muy graves en las depresiones situadas al norte de Sierra Nevada (hoyas de Guadix, Baza y Huéscar) y gravísimos en Almería, la tierra más seca de Europa, dominio de las ramblas y del esparto, el *Campus Spartarius* de los romanos, que, no sin cierta lógica, segregaron estas comarcas de la provincia Bética y las agregaron a la Cartaginense.

Esta motivación física, unida a otras históricas, humanas, explica el temprano desarrollo del riego en la Andalucía Alta. En este aspecto cobra todo su sentido la simbiosis montaña-vega; la primera es el reservorio de agua, la segunda, el receptáculo. Sin el agua que acumula Sierra Nevada sería impensable la prosperidad de la vega granadina, que es el centro natural de la región, además de proporcionar al viajero que llega por las revueltas de la carretera de Murcia un espectáculo incomparable, uno de los más bellos que pueden disfrutarse (J. Sermet). La vega, que se prolonga hasta la de Loja, es una cubeta rellena de calizas arcillosas, margas y, en las orillas del Genil, sedimentos recientes. Antes de la mejora y ampliación de los regadíos tenía una fisonomía distinta de la actual, pero siempre ha sido un gran oasis, polo de atracción humana, predestinado a convertirse en el centro político de la región. La hoya de Málaga tiene también ventajas naturales, pero es más excéntrica, depende más de las relaciones exteriores que le facilita su condición portuaria. En Almería y en la zona Guadix-Baza el carácter de oasis que crean los regadíos es más acusado por la extrema sequedad de las tierras circundantes.

En resumen, las tres Andalucías se reducen a dos, por la falta de personalidad de Sierra Morena, verdadera dependencia de la Baja. El examen de la costa nos confirma la impresión de las profundas diferencias entre las dos Andalucía. Toda la amplia fachada marítima de las seis provincias (la de Sevilla también tiene la consideración de tal) concuerda con el panorama costero español en la pobreza de articulaciones y penetraciones profundas, lo que origina una gran escasez de buenos puertos naturales. Pero dentro de esta imagen global hay grandes diferencias entre la costa atlántica y la mediterránea; la primera llevó en tiempos pasados el nombre de costa de Andalucía por antonomasia, aunque, en realidad, correspondía sólo al reino de Sevilla, mientras la segunda era la costa de Granada; cada una estaba sometida a una autoridad distinta y tenía su propio sistema defensivo. La Geografía sanciona totalmente esta distinción histórica. La costa atlántica es baja, arenosa, con estuarios y marismas, como corresponde a un litoral que está aún en proceso de emersión y relleno. También con dunas vivas y fósiles, formando cordones que dificultan la evacuación de las aguas y crean un paisaje lacustre en la época lluviosa. Estas circunstancias se dan, sobre todo, en el litoral onubense, en cuyo ángulo sureste, en relación con la zona de marismas, se encuentra uno de los raros espacios de naturaleza virgen que subsisten en nuestra vieja y superpoblada Europa: el coto de Doñana, hasta hace bien poco olvidado y desconocido. En contraste, la bahía gaditana siempre ha sido una comarca profundamente humanizada, sede de un intenso tráfico.

La costa andaluza mediterránea andaluza es de tipo totalmente distinto; las cadenas montañosas no sólo discurren muy próximas al mar sino que lanzan espolones que aíslan las llanuras litorales, de distintas denominaciones (hoyas, deltas, vegas, llanos), casi todas muy reducidas, con alguna que otra excepción, como los llanos de Dalías. Una ventaja tiene, sin embargo, esta disposición del relieve: resguardadas de los vientos fríos del Norte, alimentadas por los ríos y torrentes que bajan de las montañas, estas pequeñas planicies pueden sustentar una agricultura intensiva de tipo subtropical, incluyendo la caña azucarera, frutas exóticas y productos tempranos.

A la vista de tan acusadas diferencias podría dudarse de la unidad natural de Andalucía, tanto más cuanto que esos contrastes geográficos han sido reforzados por los avatares históricos. Tal deducción sería engañosa. Andalucía es grande, mayor que muchos estados y no hay que pedirle una homogeneidad que no existe en ningún país de Occidente y que, además, le restaría atractivo y encanto. Sin necesidad de acudir al ejemplo de España, una y varia, tenemos el de Portugal, de un tamaño equivalente al de Andalucía, de una personalidad indiscutible a pesar de los enormes contrastes que separan el norte y el sur.

Para dar más plasticidad a la exposición hemos hablado de dos y de tres Andalucías y no hemos ocultado las diversidades que separan, en ciertos aspectos de forma muy tajante, la Alta de la Baja. También los hombres la han fraccionado durante siglos, pero así como el curso de la historia impuso su reunificación, la Geografía también aporta elementos unificadores; uno es su gran río, colector de las aguas del 70 por ciento de su superficie, arteria vital de todo el conjunto; otro es la curiosa mezcla de rasgos atlánticos y mediterráneos que observamos en el clima y la vegetación; a primera vista Andalucía parece más atlántica que mediterránea; hacia el Atlántico se abre su gran valle central, y de él nos llegan las lluvias que con más o menos generosidad riegan nuestro suelo, pero la sequía total del verano, incluso en las zonas más húmedas, es un rasgo típicamente mediterráneo, y mediterránea es la flora de una punta a otra; la jara, la encina, el lentisco y la chumbera se encuentran en Huelva y Sevilla, en Granada y Almería.

El mar es otro gran elemento unificador. Los destinos de Andalucía no se comprenden sin su enorme fachada marítima, fuente de riqueza y medio de apertura a todas las rutas del orbe. Diversas como son las costas mediterránea y atlántica, coinciden en su función básica de vías de comunicación; los avatares de la historia han dado predominio a una o a otra, mas nunca con exclusividad. En los tiempos protohistóricos y durante las colonizaciones procedentes de pueblos mediterráneos *(Ex Oriente lux!)* toda la costa oriental, desde Málaga hasta Almería, registró una intensa actividad, pero aquellos pueblos forzaron muy pronto el paso del Estrecho y se establecieron también en las costas atlánticas. En las edades Antigua y Medieval las relaciones exteriores se hicieron indistintamente desde los puertos de ambas costas. En la Moderna la apertura del Atlántico y el Descubrimiento inclinaron la balanza hacia el sector atlántico sin anular el Mediterráneo; la prosperidad de Cádiz tuvo su correspondencia en el crecimiento sostenido de Málaga.

Igualmente unificador es el papel de la frontera norte de Andalucía. Sierra Morena siempre ha sido un límite muy claro, no tanto en función de su relieve, más bien modesto, como del vacío humano y el contraste climático. Quien atraviesa la sierra tiene la impresión de un cambio radical de horizonte; sobre este punto los testimonios de los viajeros antiguos y modernos no dejan lugar a dudas. La sierra fue siempre una frontera, no en el sentido moderno, lineal, de raya que se inscribe en un mapa, sino en el más antiguo de *marca,* zona intermedia, indecisa, con zonas de dudosa y cambiante atribución, y en este sentido no debe extrañar que la divisoria entre Andalucía occidental y Extremadura sea problemática, que haya pueblos como Fregenal de la Sierra y Alanís que han cambiado de atribución, que las afinidades entre el norte de Córdoba y las tierras contiguas extremeñas sean patentes, hasta el punto de que algunos geógrafos las han englobado en una región *bético-extremeña*. Este difuminado fronterizo es normal; lo excepcional es la división tajante.

No se puede negar que el que aborda Andalucía desde Levante tarda más en darse cuenta de que entra en un mundo distinto: las afinidades de Almería y las tierras septentrionales de Granada con la región murciana son patentes, sobre todo por las consecuencias derivadas de un clima excepcionalmente seco. Sin duda alguna, aquí ha sido la Historia más que la Geografía la que ha señalado los límites de Andalucía. Algo parecido ocurre al oeste, donde la línea divisoria ha venido impuesta por una serie de acontecimientos y decisiones políticas cuya última expresión fue, en tiempos bien recientes, la delimitación de las *contiendas*, tierras fronterizas en la Sierra de Aroche de atribución mucho tiempo imprecisa y de aprovechamiento común por españoles y portugueses.

Ni siquiera el mar ha sido siempre una frontera bien definida, por la tendencia secular a ocupar puntos de apoyo en la orilla opuesta. Melilla es una creación andaluza, pues cuando Pedro de Estopiñán la conquistó en 1497 por encargo del duque de Medina-Sidonia la población anterior no era más que un montón de ruinas. Melilla fue durante siglos un centro de intercambio y un foco de influencia de amplio radio, con ventajas mutuas, y a pesar de sus actuales problemas sigue ofreciendo el aspecto de una ciudad andaluza trasplantada a la otra orilla del Mediterráneo. El caso de Ceuta es distinto; por su posición en el Estrecho siempre desempeñó un papel clave en las relaciones entre españoles y berberiscos, ilustrado por la leyenda (con base real, sin duda) del conde don Julián. Ceuta fue portuguesa desde 1410; al ocurrir la separación de Portugal en 1640 eligió seguir unida a la Corona española y las dificultades actuales han reforzado aún más su vinculación con España en general y con Andalucía en particular. Estos dos enclaves andaluces en tierra africana constituyen una herencia secular y no deberían ser fuente de conflictos sino bases de una política de amistad entre dos pueblos llamados a entenderse.

En sus límites actuales, Andalucía tiene 87.000 km^2, un sexto de la total superficie de España. Dentro de tan vasto espacio hay fuertes contrastes regionales y comarcales; al parecer, nada hay de común entre la sierra de Aracena y el Campo de Dalías, entre la vega de Motril y la Loma de Úbeda. Hay que tener una gran sensibilidad para compaginar estas enormes diferencias con el sentido unitario de Andalucía. Lo mismo que estamos *regionalizando* la historia de España para comprenderla mejor hay que *comarcalizar* la historia andaluza, una tarea que apenas está iniciada pero que es indispensable si no queremos caer en la generalización y el tópico. Hay problemas que afectan a toda la región, pero casi todos hay que encararlos de manera muy flexible para adaptarlos a las circunstancias de cada una de sus partes, y esta fórmula vale no sólo para entender los problemas pretéritos sino para abordar los presentes. No hay una receta para solucionar los que plantea la agricultura andaluza porque esa expresión, *agricultura andaluza,* es una abstracción, y tampoco hay una receta única para industrializar Andalucía.

Por la misma razón resultan bastante tópicas las discusiones sobre la riqueza de Andalucía. Como veremos en páginas sucesivas, siempre tuvo nuestra región fama de rica, y hasta fines del pasado siglo esta fama estaba justificada por las estadísticas. Pero no hay que perder de vista que el concepto de riqueza es relativo; en Andalucía siempre hubo comarcas estructuralmente, definitivamente pobres. Al hablar de la riqueza del suelo andaluz se generalizaba en sentido optimista, como hoy se generaliza en sentido peyorativo. Incluso tomadas globalmente, las apreciaciones cambian según el punto de referencia; lo que a un hombre de la Meseta tenía que parecer un edén, a un viajero procedente de la Isla de Francia o de Lombardía tenía que parecerle menos paradisíaco.

A esta relatividad espacial hay que añadir la temporal; en el transcurso de los siglos, las tierras mejoran o desmerecen, los minerales se agotan, la tecnología progresa, los gustos cambian. Mientras la agricultura fue la principal fuente de riqueza, Andalucía, bien dotada en este sector, tuvo una primacía que se vio amenazada cuando quedó relegada a un segundo puesto por la industria, con su exigencia de medios energéticos de los que el sur está escasamente dotado. Por eso, definir Andalucía como región rica o pobre en términos absolutos tiene poco sentido. Lo que podemos decir es que tiene grandes recursos y que debe hacer un esfuerzo para superar las desventajas que en los últimos tiempos le han acarreado factores socio-políticos y cambios tecnológicos.

Hay, sin embargo, un elemento que siempre jugó y seguirá jugando a favor de Andalucía: su posición geográfica privilegiada, en el punto de contacto de dos continentes y de cara al Nuevo Mundo. A través de la historia, e incluso de la evolución geológica, Andalucía ha sido unas veces el borde septentrional de África y otras el meridional de Europa; cuando la decadencia de África se acentuó y parecía que Andalucía se iba a convertir en un finisterre el Descubrimiento le devolvió su posición central, su papel de eje comercial y encrucijada de pueblos y culturas. Esta vocación histórica es la que, por encima de todo, hay que conservar y potenciar, porque en ella está la clave de la grandeza de Andalucía.

II. LAS GENTES

Andalucía fue una tierra muy tempranamente poblada y cuyos efectivos humanos han sufrido enormes avatares. La fama de sus riquezas la convirtió siempre en polo de atracción, aunque con signos diversos; los foráneos llegaron unas veces como fieros conquistadores, otras como pacíficos inmigrantes. Las etapas de paz y prosperidad la situaban en un punto cercano al óptimum poblacional y las épocas de crisis se traducían en penuria demográfica y abandono de lugares habitados. En las siguientes páginas intentamos hacer una síntesis de la población global, su procedencia étnica y sus tipos de distribución.

La Bética romana tenía unos límites distintos de la Andalucía actual; su superficie era casi equivalente, compensándose lo que al este pertenecía a la provincia Cartaginense con lo que avanzaba en tierras hoy extremeñas hasta el río Guadiana. No puede hacerse ningún cálculo sobre su demografía; todo hace creer que su nivel sería elevado dentro de los patrones de la época; así lo sugieren la abundancia de ciudades, de villas o explotaciones agrícolas y de restos arqueológicos, cuyo inventario se acrecienta cada día con nuevos descubrimientos. Al sustrato indígena, que ya debía ser racialmente heterogéneo, vino a sumarse, tras la conquista, una fuerte inmigración de mercaderes orientales (sirios, judíos), funcionarios y hombres de negocios romanos y, sobre todo, soldados que, al terminar el tiempo de servicio recibían un lote de tierra, se casaban con indígenas y formaban nuevos hogares. Se sabe que Carteya, en las proximidades del Estrecho, se pobló el año 171 d. J.C. con cuatro mil hijos de estas uniones. Hispalis, Itálica, Corduba y otras ciudades nacieron o se engrandecieron a consecuencia de esta corriente migratoria que parece haber tenido su foco principal en la Italia meridional.

Nada sabemos acerca de las repercusiones demográficas que la conquista visigótica tuviera en la Bética. Lo que sí puede afirmarse es que la implantación de los germanos fue mínima en estas tierras meridionales. Habría tal vez retroceso y ruralización, como corresponde a una época de crisis, pero no cambios étnicos significativos.

La conquista islámica sí supuso un trauma profundo cuyas consecuencias duraron siglos y cuyas consecuencias todavía percibimos. Hasta hace no muchos años era dominante la opinión de que los conquistadores no representaron un volumen humano considerable ni, por tanto, alteraron de forma sustancial la composición racial de la Península, y esto parece cierto en cuanto a las zonas septentrionales, no tan seguro para las centrales y más que problemático para las meridionales. El número de invasores en el siglo VIII ha sido calculado por especialistas eminentes como Pierre Guichard y Jacinto Bosch en 40.000-50.000 árabes y 350.000 bereberes, a los que siguió, en los siglos posteriores un goteo continuo de bereberes, mientras que sólo aportaban algunos árabes a título individual o en pequeños grupos. Por lo tanto, el aporte de sangre árabe fue muy pequeño, pero muy grande el norteafricano, hasta el punto de alterar completamente la etnia primitiva, puesto que la mayoría de los recién llegados se establecieron en tierras andaluzas en grupos compactos, como lo demuestra la toponimia.

Los hispanorromanos que habitaban Andalucía, en parte se convirtieron al Islam y se fundieron con los invasores tanto desde el punto de vista cultural como racial, a causa de los matrimonios mixtos y las uniones informales. Otros, sobre todo en las zonas rurales, trataron de mantener su identidad permaneciendo fieles a su religión cristiana. Muy pronto empezaron a emigrar estos *mozárabes* hacia los reinos cristianos del norte, en parte para poder practicar su fe sin discriminaciones, y también en busca de las tierras vacantes que abundaban en las comarcas fronterizas; hay topónimos en el centro y el norte de España que pueden ser testimonios de estas emigraciones. Otros fueron llevados por Alfonso el Batallador en su famosa incursión por tierras andalusíes, o deportados a Marruecos durante la represión almorávide. Es lógico que la continuidad étnica quedara, si no totalmente rota, profundamente alterada por estos acontecimientos.

Aumentó la complejidad racial del espacio andalusí por la intervención de otros factores, como los esclavos de procedencia extranjera y los judíos. En la Bética romana ya había judíos; en la Hispania visigótica su número creció, a pesar de las persecuciones. Actuaron como quinta columna en el momento de la conquista islámica, y esto les valió un trato relativamente favorable que, sin duda, influyó en el crecimiento numérico de esta minoría. Hubo poblaciones, como Lucena, casi totalmente judías, y en otras formaban comunidades numerosas. Parece probable que muchos no fueran de sangre semítica sino que su número se incrementara mediante conversiones.

Al producirse la conquista cristiana de la Baja Andalucía ésta debía atravesar una etapa depresiva porque en los repartimientos hay muchas referencias a *villares,* o sea, despoblados, pero se estaba muy lejos del vacío humano que se produjo después. Ya en el momento de la conquista muchos andalusíes optaron por expatriarse. Los que se quedaron fueron expulsados después de la revuelta de 1264; el número de mudéjares que permanecieron en su antigua patria fue reducidísimo, y algunos procedían de Castilla; es el caso de Palma del Río, repoblada con mudéjares de Gumiel y que llegó a contar con 120 familias de este origen, mientras en Sevilla y Córdoba apenas serían la mitad. Los mozárabes, que podían haber asegurado la continuidad, ya habían desaparecido. Hubo, pues, una ruptura clara y preñada de consecuencias; la población anterior, producto de complicadas mezclas, desapareció de los reinos de Jaén, Córdoba y Sevilla en el siglo XIII, y lo mismo ocurrirá en el de Granada en el XVI.

Aquel reino nazarí o granadino recibió parte de los expulsados y llegó a lo que, dentro de los niveles de la época, puede calificarse de superpoblación, aunque es probable que dentro de su área de 30.000 km^2 nunca vivieran más de medio millón de personas. En aquel recinto cerrado, con escasos movimientos migratorios, la población granadina debió evolucionar hacia una mayor homogeneidad. Mientras tanto, en los territorios conquistados por los reyes castellanos la falta de hombres era notoria y dificultaba tanto la explotación como la defensa del suelo. A pesar de las ventajas ofrecidas a los repobladores muchos abandonaron sus lotes y regresaron a sus lugares de origen. El incremento vegetativo debía ser pequeño, y en el transcurso del siglo XIV se vio contrarrestado por las calamidades y epidemias que azotaron de forma universal aquella centuria, y ello a pesar de que, según A. Collantes, no parecen haber sido en Andalucía tan duras como en otras regiones de Europa. Tal vez quepa hablar más de estancamiento que de regresión. Lo que sí parece seguro es que se entró en el siglo XV con unas ciudades demográficamente depauperadas (Sevilla tendría entre 15.000 y 20.000 habitantes) y un agro no mejor provisto, en el que abundaban los despoblados y no arraigaron muchas de las fundaciones previstas en el momento de la repartición; por ejemplo, en el extenso término de Écija, de las 32 aldeas proyectadas en el Repartimiento sólo llegaron a consolidarse tres. Accesoriamente, esta penuria de hombres tuvo un efecto beneficioso: los señores, la Iglesia y las órdenes militares, que controlaban grandes superficies, se vieron forzados a ofrecer condiciones ventajosas a los que se asentaran en ellas, puesto que era la única forma de valorizar sus propiedades.

El siglo XV fue de franca recuperación, lo mismo para Andalucía que para Castilla, y ello a pesar de que no faltaron factores negativos. Las curvas de población que tenemos señalan una progresión viva y sostenida, lo mismo en las ciudades que en los campos. No son pocas las poblaciones que entre 1430 y 1480 duplicaron su censo (Utrera, Fregenal, Aracena...). No es posible achacar este fuerte crecimiento al solo impulso vegetativo; debió haber también una corriente inmigratoria propiciada por la mayor disponibilidad de hombres en una revitalizada Castilla y por la disminución del peligro islámico. La estancia en la frontera seguía siendo azarosa, pero en el interior ya no había que temer que una súbita algara redujera una aldea a cenizas y sus habitantes a duro cautiverio.

La procedencia de los repobladores primitivos, los repobladores del siglo XIII, la conocemos bastante bien a través de muestras amplias y significativas; en un 85 por ciento llegaron de los reinos de Castilla y León, incluyendo gallegos, asturianos y cántabros, aunque con total predominio de las gentes de la Meseta; los catalanes, aragoneses y navarros representaban juntos poco más del 10 por ciento y los extranjeros (sobre todo portugueses) el 5 por ciento restante. En el surco de estos repobladores llegaron algunos grupos de mudéjares y judíos. El absoluto predominio castellano escondía, pues, cierta variedad interna, detestable a través del monumental *Atlas lingüístico de Andalucía* elaborado por M. Alvar y sus colaboradores y que aún no ha sido analizado en profundidad en el aspecto histórico. Su enorme complejidad se deberá, en buena parte, a la propia complejidad del fenómeno repoblador y de las sucesivas oleadas de inmigrantes.

Los años finales del siglo XV y los iniciales del XVI no debieron ser positivos para la población de la Andalucía Baja; sufrió, de una parte, los efectos de la guerra de Granada, en la que llevó el peso principal; luego, la repoblación de los territorios vacantes; B. Vincent cifra en 35.000-40.000 la cifra de emigrantes por este concepto. La crisis de 1504-1507 (hambre y epidemias) fue en toda Andalucía gravísima, y también se sintió con fuerza el tirón del Descubrimiento, que arrastró a miles de personas, en su mayoría jóvenes en edad de procrear, hacia la gran aventura. Añadamos a todo esto la expulsión de judíos y musulmanes y las persecuciones de la Inquisición, muy duras en su primera etapa, que afectaron a multitud de familias de progenie conversa.

El balance del reinado de los Reyes Católicos no pudo, pues, ser favorable. Sin embargo, cuando en 1534 se realiza la primera estadística fiable encontramos en la Andalucía occidental una población de más de 700.000 almas, la mitad de ellas en el reino de Sevilla; cifra por muy bajo de las posibilidades de un país tan rico pero superior a la de tiempos medievales. Tal ganancia sólo se explica por una intensa vitalidad de aquella población, reforzada por la llegada de gentes procedentes de otras tierras.

La evolución divergente de las dos Andalucías es uno de los hechos más salientes del siglo XVI. Mientras en la Baja la continuación de la ola de prosperidad motivaba un aumento del 50 por ciento entre 1534 y 1591, es decir, casi el 1 por ciento anual, que resultaba excepcional en aquella época, el reino granadino sufría un auténtico hundimiento a causa de la guerra de 1568-1570 y subsiguiente deportación de los moriscos. Los tremendos huecos sólo en parte fueron rellenados, a pesar de los esfuerzos hechos por la Corona para atraer repobladores hacia las zonas devastadas. Una leyenda tenaz pretende que los gallegos representaron una proporción importante entre los repobladores; en realidad, éstos procedían en su mayoría de las regiones limítrofes, sobre todo, la Andalucía Baja; en menos cantidad, de La Mancha y el reino de Murcia.

El papel de polo atractivo de Andalucía llegó entonces a cotas muy elevadas, sobre todo en el área sevillano-gaditana, revalorizada en sumo grado por el comercio de Indias. Las oportunidades que ofrecía llevaron a ella elementos de la más varia procedencia y condición: grandes comerciantes genoveses, alemanes y flamencos; franceses del Macizo Central y otras zonas pobres que se dedicaban a humildes menesteres; emigrantes del norte de España. Muchos de estos recién llegados se naturalizaban y acababan por integrarse plenamente. Otro elemento humano era de más difícil integración: los esclavos negros y berberiscos, de los que llegó a haber en Andalucía más de 25.000, tanto como en todo el resto de España. Las dificultades que hallaban para contraer uniones regulares y las penalidades propias de la vida servil frenaban el incremento y aun la simple conservación de este grupo, que se hubiera extinguido de no renovarse continuamente por el aporte de nuevos esclavos. A pesar de todo, muchos alcanzaron la libertad, fundaron familias y hubo un extendido mestizaje del que hasta hace muy poco tiempo quedaban testimonios en los grupos negroides supervivientes en algunos pueblos del litoral onubense.

El cambio en la tendencia demográfica no comenzó en todas partes a la vez; en la Castilla interior fue precoz, en otras regiones más tardío, en algunas sencillamente no existió. A pesar de las recientes investigaciones queda mucho por averiguar acerca de la población española en el siglo XVII. En el caso andaluz las cosas parecen claras si nos mantenemos en un plano muy general: hubo una clara tendencia regresiva en los reinos de Jaén, Córdoba y Sevilla y una lenta recuperación en el de Granada. Los factores que presidieron esta evolución divergente son conocidos: hambres periódicas, presión fiscal excesiva, marasmo económico y, sobre todo, epidemias terribles, entre las que hay que destacar por su generalidad las de 1599-1601, 1648-1651 y 1679-1684. Esta última fue más persistente en la Andalucía oriental, mientras que la occidental padeció más en las dos primeras. Nunca se sabrá cuántos andaluces perecieron en estos grandes morbos, pero si tenemos en cuenta que sólo en el reino de Sevilla causó la peste bubónica de 1648-1651 más de 120.000 víctimas, en el conjunto de Andalucía y en todo el siglo XVII el número de fallecidos debió ser triple o cuádruple. Son cifras terribles para la escasa población de la época, incomparablemente mayores que las bajas habidas por causas militares o por emigración a América.

Una parte de los huecos producidos fueron cubiertos con la llegada de emigrantes de la empobrecida Castilla y de las comarcas fronterizas de Extremadura, muy perjudicadas a partir de 1640 por la guerra de Portugal; y seguían afluyendo gentes del norte peninsular, e incluso de Francia, a pesar del estado de guerra casi permanente que desde 1635 sosteníamos con aquella nación. Disminuyó, en cambio, la entrada de esclavos por variados motivos que no podemos aquí explicar. No hubo, pues, cambios notables en la etnia andaluza, que seguía siendo de fondo castellano (en el sentido amplio de la palabra) con aportaciones de variada procedencia.

No restañaron del todo estas entradas las tremendas heridas sufridas por la Andalucía Baja, que entró en el siglo XVIII con unos efectivos humanos inferiores a los que tenía en 1600. En el reino de Granada sí apuntaba una recuperación. Hay que tener en cuenta que se partía de niveles más bajos; los contagios epidémicos, salvo en Málaga, no fueron tan virulentos; la expulsión de los moriscos, que arrebató a los reinos occidentales contingentes de cierto volumen (ocho mil expulsados de la ciudad de Sevilla), apenas afectó a Granada, donde la expulsión de aquella minoría se había realizado en el siglo anterior. Aun así, sorprende el fuerte impulso biológico que duplicó la población del reino granadino: 49.000 vecinos en 1591; 105.000 en 1714, o sea, calculando 4,3 personas por familia, 440.000 habitantes. Las comarcas que más habían sufrido (como las almerienses) eran las que mostraban más vitalidad. También hay que hacer constar que esta recuperación era más rural que urbana, porque las ciudades siguieron manteniéndose dentro de unas cifras muy modestas. ¡Cuánto trabajo humano oscuro, tenaz, se esconde bajo estas cifras impersonales! Parcelas ganadas al monte, a la maleza, al pantano, construcción de bancales en las laderas, busca de venas subterráneas de agua, una labor de hormigas incansables, que se proseguía con más vigor en la Andalucía Alta porque era más abundante allí el colonato y la pequeña propiedad.

Recuperado el equilibrio entre las dos Andalucías, el siglo XVIII tuvo para ambas un signo claramente positivo. No es que faltaran los años negros; entre el de 1709, dramático en todo el ámbito occidental, hasta el de 1804, en el que se combinaron los estragos del hambre y de la *fiebre amarilla,* los andaluces conocieron amargas experiencias. Si, a pesar de todo, el progreso fue notable no se debió a un aporte foráneo que, aunque siempre cuantioso, no alcanzaba ya los niveles de tiempos anteriores. Ni siquiera el episodio, tan comentado, de la colonización de Sierra Morena tuvo el volumen demográfico que se le atribuye. De los seis mil colonos alemanes que se comprometió a traer Gaspar de Thurriegel apenas llegarían la mitad, y hubo que completar el cupo previsto con españoles de Cataluña, Valencia y otras regiones. Aquel experimento tuvo más trascendencia sociológica que demográfica. Más incidencia tuvieron otros hechos: la relativa paz, la mejor alimentación, una emigración casi nula y ciertos progresos médicos (introducción de la vacuna contra las viruelas y del uso de la quinina para combatir las fiebres palúdicas).

Ésta parece ser la explicación de que, a pesar de mantenerse un modelo demográfico *antiguo*, caracterizado por altas tasas de natalidad, en gran parte anulada por muy altos índices de mortalidad, sobre todo infantil, en la centuria *ilustrada* los avances poblacionales fueran muy destacados: un 50 por ciento de aumento en el reino granadino entre 1714 y 1787, un porcentaje parecido en el sevillano y menor en el de Córdoba. La excepción a la euforia general fue el reino de Jaén, cuya pérdida de vitalidad es visible y se traduce en un estancamiento poblacional, con caídas dramáticas, como la experimentada por Úbeda.

Dentro de la inseguridad causada por una documentación estadística imperfecta, estos datos nos ponen en guardia contra una consideración unitaria de la demografía andaluza. Si en el siglo XVIII registró un fuerte avance, este resultado global es una media que encierra situaciones muy distintas, quedando el estancamiento de unas comarcas compensado con el extraordinario incremento de otras, entre las que hay que destacar el auge de la bahía gaditana, máximo centro de prosperidad y atracción en la España de entonces; o la de los deltas y hoyas penibéticas, favorecidos a la vez por el avance a costa del mar de suelos magníficos, la disminución de la piratería berberisca y la introducción de nuevos cultivos.

Llegamos en esta rápida reseña a la Edad Contemporánea, y resulta curioso comprobar que estamos peor informados de la evolución demográfica en sus décadas iniciales que en el siglo anterior. Guerras y revoluciones desorganizaron el aparato burocrático, de suerte que las estadísticas de la primera mitad del siglo XIX merecen muy poco crédito. Hay que llegar a la de 1857 para encontrar un punto de apoyo firme. En dicho año España contaba quince millones y medio de habitantes de los que correspondían casi tres millones a las ocho provincias andaluzas, o sea, el 18,9 por ciento, proporción muy ligeramente superior a la que encontramos en los censos anteriores y que responde a la situación comparativamente favorable que, a pesar de todo, Andalucía seguía ostentando.

Estas cifras globales enmascaraban situaciones muy diversas Y cambiantes. La Andalucía oriental, en la que podemos incluir Jaén, conservaba el ímpetu ascensional, estimulado por hechos coyunturales como el apogeo de la minería almeriense, mientras que en la región occidental es patente la recesión de Cádiz, muy afectada por la pérdida del mercado americano; es la provincia que menos crece entre 1787 y 1857. Las que más, Jaén y Almería, que casi duplican su población anterior en setenta años; un resultado notable teniendo en cuenta que aún vivían en un régimen de demografía antigua, con altísimos porcentajes de mortalidad, más algunas crisis de mortalidad extraordinaria debidas a la fiebre amarilla y el cólera morbo. La única explicación estriba en una natalidad muy alta, pues la corriente migratorio que tradicionalmente llegaba de las regiones septentrionales, aunque no se interrumpió, perdía volumen; seguían llegando gallegos, asturianos y montañeses para ejercer ciertos oficios duros que no requerían especialización profesional, o bien el pequeño comercio. En las ciudades andaluzas, especialmente las occidentales (pues se trataba de un fenómeno urbano), el pueblo identificaba en el lenguaje corriente al gallego con el cargador, al montañés con el tabernero. Unos quedaban en la tierra, otros volvían al punto de origen con los ahorros logrados tras una vida de privaciones. Había también una inmigración más diversificada en su origen y de más alto rango: comerciantes, profesionales, sacerdotes (los cabildos catedralicios siempre han tenido una gran proporción de elementos foráneos). En conjunto no era un hecho de masas; la población andaluza, tras el enorme trauma sufrido en el paso de la Edad Media a la Moderna, ha conservado una gran estabilidad y las sucesivas aportaciones humanas han modificado poco su etnia y han sido integradas sin dificultades.

Desde mediados del siglo XIX hasta el estallido de la guerra civil el ritmo demográfico andaluz mantuvo las características apuntadas sin grandes variaciones. Hubo, como en toda España, un crecimiento paulatino, más acelerado conforme mejoraban las condiciones sanitarias, pero, en todo caso, más débil que en los países del resto de Europa. La población andaluza se mantenía en el quinto, aproximadamente, de la población española, pasando de 2,9 millones en 1857 a 4,6 en 1930. Era un aumento modesto y, sin embargo, superior a lo que podía soportar una economía en paulatino deterioro. El PIB crecía con menos rapidez que los habitantes y aumentaba el drenaje de recursos hacia el exterior. Consecuencia: una superpoblación que podía, hasta cierto punto, explicarse, en las resecas tierras de la Andalucía oriental cuando cayó el *boom* minero, pero que en las comarcas feraces era un absurdo, explicable sólo por una pésima organización social, por el estancamiento del sector secundario y el insuficiente aprovechamiento de las riquezas potenciales.

Una situación de este tipo suele desembocar en una emigración masiva, como medio de contrarrestar un crecimiento vegetativo que seguía siendo elevado. Sin embargo, la emigración andaluza fue de escaso volumen, con la única excepción de Almería, que suministró mucha mano de obra, inicuamente explotada, a la Argelia conquistada por los franceses. Almerienses, murcianos y alicantinos trasplantaron un trozo de España a la región de Orán, donde la huella española tenía tradición secular. En la Andalucía occidental la salida obvia era hacia la América hispana, y no pocos tomaron ese camino; menos de lo que podría esperarse, porque el andaluz, acostumbrado a ver llegar gentes a su tierra, no estaba mentalizado para la emigración. No tenía las bases, los apoyos familiares que facilitaban a los hombres del norte de España la gran aventura; y las masas de jornaleros, cada vez más densas, cada vez más pobres, se apelotonaban en la plaza del pueblo a la espera de quien comprara su esfuerzo, sin medios y sin ánimos para venderlo más caro en lejanas tierras. Cádiz fue la única provincia que mantuvo una corriente emigratoria de cierta intensidad, y aun ésta cayó a niveles mínimos a partir de la primera guerra mundial: 0,36 emigrantes ultramarinos por 1.000 habitantes (10,09 en la provincia de Pontevedra).

A pesar de la sangría de la guerra civil el censo de 1940 registró un aumento importante: 5,2 millones, 600.000 más que en 1930, lo que, en parte, habrá que atribuir a un mayor rigor censal, incluso a una inflación artificial; contrasta este enorme crecimiento, real o aparente, con el muy escaso de los últimos cuarenta años; el censo de 1981 señala para el conjunto andaluz 6,4 millones; sigue siendo la más numerosa comunidad de España, con escasa ventaja sobre la catalana (5,9). El incremento acumulativo anual se ha reducido a menos del medio por ciento, no por agotamiento biológico: el exceso de nacimientos sobre defunciones se ha mantenido hasta estos últimos años en promedios superiores al 1 por ciento gracias a una disminución drástica de la mortalidad, sobre todo infantil. Si Andalucía no ha llegado ya a los ocho millones se debe a la inversión de la tendencia migratoria: de polo receptor se ha convertido en emisor. Las causas de este fenómeno son complejas: en el fondo está la caída, relativa, de la economía andaluza; pero hay también factores mentales; la guerra, con sus desarraigos y trasiegos, arrancó a las masas campesinas de su inmovilidad, les animó a recorrer las rutas de España y de Europa. La extensión de los medios de comunicación y de transporte potenció la atracción del óptimo. Y una vez comenzado el movimiento se alimentó de su propio impulso; los que partían llamaban a los que se habían quedado. La emulación y el ejemplo contagiaban a muchos que de otra manera no hubieran abandonado su medio de vida tradicional; porque no sólo partieron los parados y los que laboraban por un jornal de hambre sino bastantes aparceros, pequeños propietarios rurales y empleados urbanos descontentos con su ocupación.

Los polos de atracción fueron tres: primero, las ciudades más próximas. Por ejemplo, Sevilla fue ya desde la década de los cuarenta la meta de un gran número de andaluces. En la década siguiente permanece este factor y se le une otro: las grandes zonas industriales, sobre todo, Madrid y Barcelona; en menor cuantía, el País Vasco y Asturias. El tirón de una Europa occidental que entraba en una etapa de prosperidad espectacular se sentía ya, sobre todo en Almería, la provincia de más tradición emigrante, pero es en los años sesenta cuando se produce la gran riada hacia Francia, Alemania, Suiza, Holanda. Un hecho de tal volumen no se había producido nunca en la historia de Andalucía; casi dos millones de andaluces han abandonado su tierra, y aun descontando los retornos el impacto ha sido profundísimo. Como las capitales y las comarcas prósperas por el turismo, por la creación de nuevos regadíos o por otras causas, han aumentado su población, todo el peso de la emigración ha recaído sobre los pueblos y comarcas de pobre agricultura; villas y pequeñas ciudades antes animadas están hoy totalmente decaídas. No suelen verse aquí, como en Castilla, pueblos totalmente abandonados, pero sí muchos en los que sólo quedan personas mayores, pueblos arruinados, sin esperanzas ni futuro.

El ciclo de la emigración exterior parece ya completo, e incluso se inicia un retorno, motivado por la crisis nacional e internacional a partir de 1973. El balance de los últimos diez años es positivo pero desigual: entre 1970 y 1981 dos provincias han perdido habitantes, a pesar del aumento de sus capitales: Córdoba, que pasa de 724 a 716 millares, y Jaén (de 661.000 a 627.000); dos registran muy leves aumentos: Almería, que tiene en la actualidad 385.000 habitantes, Granada (761.000) y Huelva (414.000). Todas ellas pierden si hacemos abstracción de la capital. Por último, otras tres muestran un crecimiento vigoroso: la de Sevilla, que pasa de 1.327.000 a 1.477.000 habitantes; Málaga, de 867.000 a 1.036 000, y Cádiz, de 885.000 a 1.001.000, ocupando, respectivamente, el cuarto, octavo y noveno puesto entre las provincias españolas. El aumento global de habitantes de Andalucía ha sido de medio millón en estos últimos diez años, contra 700.000 en los treinta anteriores.

Puede hablarse, pues, de un cambio de tendencia. Un capítulo se cierra y otro se abre en nuestra historia milenaria. Una fuga de andaluces tan copiosa como la que hemos presenciado en el último cuarto de siglo no es probable que se repita en un futuro previsible porque no se dan ya las causas que la engendraron; como en todas partes, también en nuestras provincias caen las tasas de natalidad apuntando hacia un crecimiento cero (y quién sabe si negativo) cuando el envejecimiento de la población aumente la tasa de mortalidad, hecho que no puede tardar en producirse, sobre todo teniendo en cuenta que la emigración se ha nutrido de modo preferente de hombres y mujeres en plena juventud. La reanudación de la tradicional corriente inmigratoria no se producirá mientras no se invierta el signo de la economía andaluza, y la fijación de turistas de modo permanente sólo repercute hoy de forma apreciable en ciudades y comarcas muy restringidas, concretamente en la Costa del Sol.

Parece, pues, que Andalucía se encamina hacia una situación de equilibrio, con crecimiento moderado y posterior estabilización. El éxodo rural perderá fuerza porque el sector campesino ha aligerado mucho su excedente de mano de obra. Este excedente, que ya era grande, se incrementó hasta límites que hubieran sido insostenibles de no existir la válvula de seguridad de la emigración. Era una consecuencia inevitable y beneficiosa: menos hombres en el campo y mejor pagados; tractoristas en vez de yunteros. Con ese excedente se han inflado las ciudades, con un crecimiento entre normal y malsano. Los contrastes regionales y provinciales se han ahondado hasta lo inverosímil; urbes tentaculares confinan con espacios desertizados, que, en el mejor de los casos, sólo podrán servir como terreno de esparcimiento de los hombres de la ciudad. Sin desconocer lo inevitable y beneficioso que hay en estas gigantescas transformaciones hay que lamentar que se hayan realizado sin planificación alguna y con saldo humano negativo para el conjunto andaluz; muchos de sus hombres se han perdido ya de manera irremediable, formando en tierras extrañas islotes destinados a una tardía o temprana absorción. Importa recoger las lecciones de estos hechos, remediar en lo posible sus consecuencias y evitar su repetición en el futuro.

III. ANDALUCÍA, PAÍS DE CIUDADES

Desde los comienzos de su historia, Andalucía se nos aparece como un área de cultura urbana. No estamos haciendo un estudio histórico; no vamos a rememorar las urbes tartésicas (las más antiguas de Occidente) pero es insoslayable mencionar las espléndidas ciudades de la Bética romana, unas, como Hispalis, adaptaciones y ampliaciones de los centros urbanos primitivos, otras, como Itálica, creadas para residencia de colonos, antiguos soldados, administradores y comerciantes de lejano origen, pero pronto fundidos todos en el crisol de su nueva patria. La ciudad romana era grandiosa y a la vez monótona; repetía su esquema general y sus monumentos desde Britania hasta África y desde Siria hasta Hispania con sus foros, templos, termas y acueductos sin concesiones a la variedad geográfica y climática o a las tradiciones indígenas. Los teatros al aire libre y las estatuas semidesnudas se encontraban lo mismo en las soleadas ciudades mediterráneas que en las frías y lluviosas de Bretaña o el Bajo Rin. Aquel esquema urbano inmutable era el símbolo de un poder sobrehumano que tendió a unificar pueblos diversísimos, que lo logró en gran parte y que, al fin, sucumbió bajo el peso de sus propias contradicciones, no sin dejar tras sí una estela inmortal.

El poder de la ciudad no dependía de su tamaño, que, salvo los casos excepcionales de Roma, Alejandría, Antioquía y, más tarde, Constantinopla, siempre fue pequeño. Hasta el advenimiento de la Revolución Industrial no hay nada comparable a los monstruos demográficos de nuestros días. La ciudad antigua, la medieval, incluso la moderna, era un organismo proporcionado y bien delimitado; no cabían las dudas actuales sobre dónde empieza y acaba la ciudad; o bien el recinto urbano estaba rodeado de murallas o, aunque faltaran, el conjunto estaba claramente individualizado, como un islote en el mar, como un oasis en el desierto. Y esa área urbana nos resulta hoy sorprendentemente pequeña. A la Córdoba romana se le han calculado unas setenta hectáreas de superficie, la mitad de las que tiene el madrileño parque del Retiro. Carmo (Carmona), entonces urbe importante, no llegaba a cincuenta. Hispalis quizá pasara de cien, aunque su perímetro no está bien determinado.

Estas suntuosas ciudades crecieron y declinaron con el Imperio, sobre todo donde no existía una tradición urbana anterior. En la Bética del Bajo Imperio debieron conservarse mejor, e incluso en la época visigótica, aunque la verdad es que nuestras noticias sobre aquellos tres siglos que median entre la llegada a la Bética de los germanos y la irrupción araboberberisca son mínimas. No se vuelve a oír nada acerca de las que fueron florecientes ciudades comerciales, Gades, Baelo, Malaca, Sexi... unas despobladas, otras reducidas a la condición de villorrios por la ruptura de los grandes ejes de la economía occidental. Las ciudades del interior, de base agraria, se mantuvieron mejor, aunque los grandes monumentos se desmoronaban lentamente, lo mismo que las viviendas de los patricios, que ahora preferían habitar en sus posesiones campestres, donde llevaban una existencia que prefiguraba la de los señores feudales. Sólo la Iglesia mantuvo su presencia en los centros urbanos, a través del obispo y su séquito, y el obispo era en la época visigoda personaje de la más alta categoría. La Sevilla de san Isidoro debió ser una supervivencia, y aunque quizá no pasara de veinte mil habitantes, eso era mucho para la época. Disminuidas las actividades económicas, disminuidos o desaparecidos sus poderes políticos, la ciudad altomedieval también vio en peligro su monopolio cultural, porque la cultura se refugió en la Iglesia, en las catedrales y, de preferencia, en los monasterios, cuya ubicación era más rural que urbana.

La conquista musulmana significó un renacimiento de la ciudad andaluza, que volvió a ser morada de autoridades y grandes propietarios, y al quedar integrada en una área cultural y económica más avanzada que la de un postrado Occidente, ligada a viejos focos que irradiaban a gran distancia, hasta Mesopotamia, hasta la India, volvió a ser campo de actividades variadas, desde la alta cultura hasta la artesanía más refinada. La expresión suprema de este renacimiento urbano fue la Córdoba califal, acerca de la cual se han escrito muchas exageraciones, mas, incluso y sometiéndolas a la más rigurosa crítica, queda la imagen de una ciudad de por lo menos cien mil habitantes, hecho entonces absolutamente excepcional en Europa. Córdoba, más populosa que París o Roma, sólo era superada (ampliamente, sin duda) por Bizancio, en el otro extremo de una Europa cuyo corazón casi había dejado de latir. Ambas eran ciudades fronterizas y se beneficiaban de la proximidad de un Oriente cuyo pulso seguía siendo vivo.

Las turbulencias que acompañaban la caída del califato fueron desastrosas para sus ciudades; Córdoba perdió los barrios exteriores que la enlazaban con Medina Azzara, la ciudad regia, quedando reducida a una ciudad provinciana. Elvira (entre Atarfe y Pinos Puente) fue también arruinada por los bereberes; su población pasó a engrosar la de Iliberri, luego llamada Garnata. Comenzó así su prodigiosa ascensión, paralela a la conquista de la Baja Andalucía por los cristianos. Gran número de emigrados crearon nuevos barrios: los de Baeza, el Albaicín, los de Antequera, la Antequeruela. Almería tuvo también su momento de esplendor ("Cuando Almería era Almería, Granada era su alquería") cegado luego por el brillo creciente de Granada, que en pleno siglo XIV, el más dramático de la Baja Edad Media, se enriquecía con las soberbias construcciones de la Alhambra. En un tono menor, Málaga, segunda ciudad del reino nazarita, debía su prosperidad a su condición de puerto cosmopolita, frecuentado por diversidad de naciones, ante todo, por los genoveses, presentes en todo lugar, cristiano o musulmán, donde hubiera perspectivas de ganancia. Almería, Guadix, Baza, Loja eran centros comarcales, pequeñas ciudades de unos cinco mil habitantes. A la Málaga musulmana se le calculan quince mil. Respecto a la Granada nazarí corren las mismas fábulas que sobre la Córdoba califal; la población se aglomeraba en la parte alta, en las colinas de la Alcazaba, el Albaicín y la Alhambra; en la parte baja no sobrepasaba los límites de las plazas de Bib-Rambla y Mariana de Pineda. Por muy apiñada que estuviera la población no es posible que encerrara más de cincuenta o sesenta mil habitantes, aunque se sobrepasó esta cifra en las etapas finales de la lucha, cuando buscaron refugio tras sus muros los vencidos, los expulsados por el avance de las tropas de Isabel y Fernando.

Las ciudades del reino granadino sobrevivieron a la conquista; los cristianos se instalaron de preferencia en ellas; antes de desaparecer de la escena la población morisca se había ruralizado en gran parte. Desde Huelva hasta Almería se impuso un modelo urbano con grandes reminiscencias de su pasado mediterráneo, romano y morisco. El patio, de tan vieja tradición, dominaba en el occidente, mientras en las comarcas de más tardía cristianización la vivienda era más concentrada. Persistían las divisiones internas de la ciudad; el ghetto judaico, aun después de la conversión o expulsión de los hebreos, era y es aún reconocible en el aprovechamiento máximo del espacio, en las callejas, rinconadas y saledizos que hoy resultan pintorescos (¡ay, barrio de Santa Cruz!) pero que, en su origen, denotaban una situación material angustiosa. Las alcaicerías seguían siendo recintos comerciales con fisonomía propia, con muros, puertas y guardas nocturnas para seguridad de las mercaderías que encerraban. La de Granada se conservó en buen estado hasta el incendio del pasado siglo. Las de Sevilla (alcaicerías de la seda y de la loza) sólo conservan pobres vestigios de su pasado.

La plaza mayor era un rasgo castellano que las ciudades andaluzas adoptaron; espacio abierto en medio de un caserío congestionado, ejercía la función de centro de la vida urbana, escenario de las fiestas comunitarias, en el que, durante unas horas, sin olvidar la distinción de clases (lugares preferentes para las autoridades y los caballeros) se materializaba la unidad de la comunidad urbana, ya con ocasión de una corrida de toros o de un auto de fe. La separación de la fiesta religiosa y la profana seguía una frontera tan indecisa como todas las que intentaban separar los dominios de lo temporal y lo espiritual. Otras plazas de menos empaque tenían un significado meramente económico, comercial, como los antiguos zocos; eran mercados al aire libre, o servían de expansión a ciertas profesiones, como sucedía en el granadino Campo del Príncipe, frecuentado por los maestros y oficiales del Arte de la Seda.

El precapitalismo se inició con fuerza especial en las costas andaluzas y en ciertas comarcas privilegiadas del interior. Las ciudades siguieron estando ausentes de comarcas puramente rurales como la Alpujarra o el Andévalo. En aquellas otras preferentemente agrícolas, con cierto desarrollo de la artesanía y de la comercialización agraria predominó un tipo de concentración humana de difícil clasificación; urbana por sus efectivos demográficos, rural porque, a pesar de la existencia de artesanos, comerciantes, rentistas y profesionales, había, y hay todavía en muchos casos, un predominio de población activa en las tareas agrarias. Es un rasgo que Andalucía comparte con La Mancha, Murcia y parte de Extremadura, un fenómeno típicamente meridional, con notorias semejanzas en el sur de Italia.

Para estas concentraciones a mitad de camino entre lo rural y lo urbano se han propuesto varios nombres; el de *agrovillas* parece preferible al de *ciudades campesinas,* que implica en sí una contradicción. Por supuesto, los límites de este fenómeno son difusos. ¿Cómo podremos negar el carácter de ciudades a Jerez, Écija, Baeza o Guadix aunque tuvieran en el campo su principal y casi única razón de existir, aunque la mayoría de su censo estuviera formado por propietarios y jornaleros agrícolas? Guadix era sede episcopal, y este solo rasgo le confería carácter urbano. Baeza poseía una de las mayores concentraciones nobiliarias de Andalucía, agrupada en la cofradía de los Doscientos Ballesteros, y además tenía universidad. Écija tuvo siempre un censo mayor que el de muchas capitales, cierto grado de industrialización y una nómina de escritores, algunos de rango nacional, como Vélez de Guevara. Marchena, mientras en ella residieron los duques de Arcos, tenía cierto aire de capital, y lo mismo Lucena, Priego y Osuna, esta última, además, con universidad e iglesia colegial. Antequera, cruce de importantes rutas, era la capital comarcal de una extensa y rica llanura agrícola, mientras Ronda era el centro indiscutido de una amplia zona montañosa. En otros casos, como Utrera, Baena, Martos, a pesar de su considerable tamaño, predominaban las características rurales.

En las regiones costeras el carácter urbano de poblaciones como Ayamonte, Sanlúcar de Barrameda o El Puerto de Santa María resulta indiscutible por el predominio de las actividades secundarias y terciarias. En el caso de Sanlúcar se sumaba, además, como en los de Lucena y Osuna, la presencia de una corte señorial, generadora de empleos, mando, prestigio. Estos rasgos aparecen más diluidos en la Andalucía Oriental, donde la costa no tuvo el excitante poderoso del comercio americano. Es dudoso que se puedan señalar rasgos urbanos bien definidos en Marbella, Vélez, Málaga o Motril, que vivían esencialmente de sus vegas. Las cortes señoriales en el reino granadino, o no existieron, o tuvieron poco brillo. El bellísimo palacio de Vélez Blanco, hoy lastimosamente mutilado, pocas veces fue albergue de los marqueses, y menos aún el de La Calahorra, capricho de un noble que no se había enterado de que vivía en los tiempos modernos, en tiempos en que no se podía desafiar a los reyes; en cambio, sí estaba informado de que se había producido una revolución arquitectónica. El altivo Mendoza que edificó el castillo-palacio de La Calahorra al pie de Sierra Nevada "para que sirviera de refugio a nobles agraviados por sus reyes" estaba al día en materia artística, pero vivía en pleno anacronismo político. La dificultad de comunicaciones imponía, sin embargo, la existencia de capitales comarcales; en Granada mismo tenemos dos muy definidas, pequeñas, con gran porcentaje de ruralismo, pero no por ello destituidas de carácter urbano: Ugíjar, en plena Alpujarra, y Huéscar, en la hoya más septentrional y más aislada del reino.

Dejemos este tema tan apasionante como resbaladizo para decir unas palabras acerca de las grandes, de las indiscutibles ciudades andaluzas en la Edad Moderna. Todas habían sido dotadas de términos amplísimos por los reyes a raíz de la conquista. Aunque roídos por las exenciones de villas y los enclaves señoriales, siguieron siendo muy grandes; el de Córdoba todavía hoy supera los mil kilómetros cuadrados. La *Tierra* de Sevilla, al comenzar la Edad Moderna, comprendía un centenar de lugares distribuidos entre la sierra y la campiña. Las *comunidades* de Castilla la Vieja y Aragón en las que la ciudad compartía su autoridad con los *sexmos* rurales, no tuvieron equivalente en Andalucía; Sevilla, Córdoba, Jaén, más cerca del modelo toledano, *mandaban* en el campo. Eran verdaderos señoríos colectivos, aunque reconocieran algún grado de autonomía a sus aldeas. Conforme la autoridad municipal, el *ayuntamiento,* se fue haciendo más concentrada y exclusivista la nobleza comprendió el interés que tenía entrar en aquellas poderosas oligarquías. La aristocratización de los cabildos de regidores o *veinticuatros* fue un fenómeno muy temprano, que en el siglo XV ya había triunfado completamente. El contrapeso que representaba el cabildo de *jurados* era débil; los jurados, electivos en su origen, sufrían de un complejo de inferioridad; artesanos o mercaderes, con frecuencia de estirpe judaica, simples caballeros en el mejor de los casos, no tenían el prestigio de los regidores y se esforzaban por imitarlos; acabaron olvidando su origen y aristocratizándose también.

En lo que unos y otros estaban de acuerdo era en aprovechar las ventajas que ofrecía la administración municipal, de una amplitud desmesurada; en sus manos estaba casi todo lo que hoy es competencia del Estado: ordenanzas laborales, sanidad, orden público, reclutamiento militar, entretenimiento de puentes y caminos y hasta, en gran medida, la recaudación de contribuciones. El nivel que alcanzaba en la nación el poder municipal no era el más alto pero sí el más extenso; las luchas políticas no se ventilaban a nivel nacional sino local. El eclipse del poder real en la Baja Edad Media tuvo como resultado la lucha por todos los medios, incluso armada, para apoderarse del gobierno de los grandes municipios. Donde no había un linaje lo bastante fuerte para imponerse surgía la pugna entre dos clanes rivales, cada uno de los cuales tenía su clientela propia, lo que conllevaba una división vertical de la población en *bandos*. Los episodios más importantes se desarrollaron entre las casas de Medina Sidonia y Arcos por la posesión de Sevilla.

Los Reyes Católicos pusieron fin a este estado de cosas; rescataron Cádiz de manos de los Ponces, acabaron con las pretensiones de los Fernández de Córdoba sobre Córdoba, dejaron bien claro que Sevilla era y seguiría siendo una ciudad realenga: los bandos desaparecieron o se convirtieron en turnos pacíficos entre las familias influyentes; quedaron, sin embargo, rescoldos, y Bennassar ha demostrado cómo en pleno siglo XVII aún seguía viva la pugna en Andújar entre dos linajes que polarizaban la casi totalidad de la población.

El orden impuesto por los *corregidores,* representantes de la autoridad real, no era incompatible con la explotación por parte de la oligarquía de las inmensas oportunidades que brindaba la administración de los municipios, pero la alta aristocracia prefirió refugiarse en sus dominios antes de emprender, ya avanzado el siglo XVII, la emigración a la Corte. Aunque los palacios que los Medina Sidonia y Medinaceli tenían en Sevilla superaban mucho en magnificencia a sus mansiones solariegas rara vez residían en ellos y los cargos que ostentaban en el ayuntamiento hispalense los arrendaban o los servían por medio de tenientes. En Sevilla, Córdoba, Cádiz, Jerez, Granada, Jaén, Úbeda, en todas las ciudades andaluzas importantes no eran los grandes sino los simples titulados y, más aún, la nobleza media, los *caballeros,* los beneficiarios de un poder compartido con los advenedizos que compraron cargos a la Corona y formaron parte de la oligarquía municipal junto con los apellidos de rancio abolengo. Ellos manejaban las rentas de Propios, imponían su ley en el mercado, explotaban, con mano dura o blanda, según las ocasiones, los lugares y aldeas de su término, tenían las alcaldías de sus castillos, compraban fincas aprovechando las oportunidades y se las arreglaban para pagar lo menos posible y sacar de apuros a sus familiares y amigos. Las escasas y desordenadas revueltas urbanas nunca amenazaron seriamente el poder de estas oligarquías. Incluso en Cádiz, la ciudad burguesa por excelencia, se impuso la ideología dominante, y en el siglo XVIII alcanzó del rey la facultad de que solamente quienes pudieran probar nobleza pudieran ostentar el cargo de regidor.

El aspecto exterior de estas ciudades cambió poco o mucho, según las circunstancias de cada una. Estaban amuralladas, pero mientras las que corrían verdadero peligro no sólo las tenían bien conservadas sino que procuraban reforzarlas, en las situadas tierra adentro las fortificaciones, sin objeto ya a causa de la paz interior, estaban cada vez más descuidadas. Cádiz se convirtió en una plaza inexpugnable después del asalto y saqueo inglés de 1596. Al intentar la misma aventura en 1625 fracasaron, y lo mismo durante la Guerra de Sucesión. En 1810 los ejércitos de Napoleón se estrellaron ante su posición privilegiada, reforzada con todos los medios de la ingeniería militar. En menor grado, Almería, Málaga y otras ciudades amenazadas conservaban en buen estado sus murallas y castillos. En cambio, en Sevilla las murallas, muy descuidadas, sólo servían para vigilar la entrada de personas y artículos de consumo, percibir derechos en las puertas, aislarse del contagio en caso de peste y de las inundaciones en las crecidas del Guadalquivir. El Alcázar sevillano, más que fortaleza, era morada real en las escasas visitas de los reyes, y residencia ordinaria del asistente, que era el nombre que allí tenía el corregidor. En el Alcázar cordobés se había instalado el tribunal de la Inquisición. La Alhambra granadina era sede de la Capitanía General del Reino y tenía guarnición; había conservado su carácter militar, como también las alcazabas de Málaga y Almería. Todavía en la guerra de la Independencia murallas y castillos desempeñaron algún papel, a pesar de que estaban ya, salvo el caso de Cádiz, anticuados y mal entretenidos.

En el interior del recinto urbano los cambios eran escasos; no había ensanches interiores; la introducción de los coches, desde fines del siglo XVI, en aquella maraña de calles estrechas y retorcidas, causó no pocos piques por encuentros entre personas de alto rango que se disputaban la precedencia, hasta el punto de que llegó a prohibirse temporalmente su uso en Granada. Aprovechando la falta de vigilancia, los vecinos usurpaban trozos de vía pública, cerraban callejas, se anexionaban esquinazos y rinconadas. Sólo las principales vías tenían un pavimento de losas, ladrillos de canto o puntiagudos guijarros; en la mayoría reinaban el polvo en verano y el lodo en las estaciones lluviosas, y ésa era una de las razones por las que las personas de alto rango querían tener coche propio a pesar de su elevado coste. Las que tanto no podían circulaban en caballo o mula. Los servicios sanitarios eran de calidad detestable; el nivel que habían alcanzado en el Imperio romano no se superó hasta épocas muy recientes. No había alcantarillado, y las calles eran vertederos comunes. Hasta fines del siglo XVII no se hicieron los primeros ensayos de alumbrado nocturno por medio de faroles de aceite. De noche sólo se circulaba por motivos de necesidad o de vicio, y se estaba expuesto a tropiezos desagradables con los malhechores o con las rondas de la justicia. Después del toque de queda la ciudad quedaba silenciosa y oscura. Había obligación de apagar luces y fuegos porque los medios de combatir los incendios eran rudimentarios. El abastecimiento de agua también era muy deficiente; sólo las comunidades y los palacios tenían canalizaciones propias; la mayoría de la población se abastecía de agua de pozo, o pagaba a los aguadores para que se la suministraran de las fuentes públicas, en las que constantemente había filas de mujeres y niños esperando turno para llenar sus cacharros. Hoy se considera indispensable una dotación de trescientos o cuatrocientos litros diarios de agua por persona; entonces la mayoría se las arreglaba con un par de cántaros.

Sin embargo, esta ciudad, tan defectuosa desde el punto de vista urbanístico, tan incómoda en muchos aspectos, tan poco sana, no carecía de encantos. La piqueta y la excavadora no hacían estragos como en la actualidad; las construcciones se acumulaban en un desorden pintoresco, y era corriente ver una casa hidalgo, con dintel blasonado, junto a una vivienda morisca, una iglesia medieval precedida de una placeta, que servía de camposanto a los que no habían podido cobijar sus restos en el interior, porque la sepultura en el interior de la iglesia, y más aún, en capilla propia, era un privilegio caro, pero los alrededores del templo eran también *tierra sagrada*. No había barrios de ricos y barrios de pobres, urbanizaciones residenciales ni ciudades dormitorio. Las casas nobles se diseminaban por toda la ciudad, y era frecuente la coexistencia del palacio y el corral de vecindad. Imágenes, cruces y pequeños retablos se veían de trecho en trecho, ya por motivos de devoción, ya recordando una muerte violenta o, simplemente, con la esperanza de que su presencia evitara las actividades mingitorias y otras de mayor calibre.

Dentro de estas notas generales cada ciudad andaluza tenía fisonomía propia. Cádiz podía decirse que era la única de fundación reciente, ya que la herencia medieval era mínima; su expansión comenzó hacia 1640, cuando el comercio americano derivó hacia ella, desertando cada vez con más rapidez de Sevilla. De ocho mil habitantes que tenía en 1600, reciente aún la catástrofe que cuatro años antes la había arruinado, saltó a cuarenta mil a principios del siglo XVIII, momento en el que su primacía mercantil se oficializa con el traslado de la Casa de Contratación (1717). Junto con Bilbao (pero mucho más activa que la villa del Nervión) vivía exclusivamente de la actividad comercial, con modesta industria y casi nula riqueza agrícola. Muy fuerte la presencia extranjera, aunque con una enorme capacidad de integración; ninguna ciudad podía presumir de ser más andaluza y más española que Cádiz, aunque fuera una Babel de lenguas y razas. Aquella dependencia estricta del mar le imponía altibajos en relación con la coyuntura político-militar. Cada guerra con Inglaterra significaba un alto o un retroceso en su expansión. El cenit se alcanzó a fines del reinado de Carlos III con algo más de setenta mil habitantes; luego, bajo Carlos IV, se inició una decadencia relacionada con las guerras y las epidemias que marcaron el comienzo del siglo XIX. Fruto de un crecimiento acelerado, el plano de Cádiz es el único geométrico y racional de Andalucía, si exceptuamos algunas villas de creación moderna, como Puerto Real o La Carolina. Su catedral fue la última de las grandes catedrales, la única concebida dentro de los cánones de un alegre barroquismo, costeada, en gran parte, con el producto de un derecho sobre los caudales que llegaban de Indias.

Málaga también creció, aunque no en tales proporciones; también tenía una población cosmopolita, con gran proporción de negros y berberiscos, esclavos o libertos, medio apto para una picaresca que tenía su centro en los Percheles, el lugar donde el pescado se ponía a secar en perchas o bastidores, y aun antes que allí, en las atarazanas, donde, en palabras de Bejarano, "los milites de la fortaleza, los barqueros, pescadores, rufianes, esportilleros, trabajadores de la palanca [o sea, de la grúa para las faenas portuarias] y calafates pondrían una abigarrada y castiza nota de color, y este playazo sería cátedra libre de fullerías y engaños, plantel de bizarrías y vivero de pendencias".

Málaga comerciaba con toda Europa, expendiendo los frutos de su tierra, vinos, pasas, almendras. Era, pues, una ciudad de economía mixta, con riqueza agrícola nada despreciable, en la que también hay que incluir la caña de azúcar. En otoño, navíos ingleses, franceses, holandeses y alemanes recalaban en su puerto para cargar; a esto se llamaba la *vendeja*. Sus aspiraciones a comerciar directamente con América no obtuvieron satisfacción hasta una fecha muy tardía, hasta la promulgación del decreto de libre comercio (1778). Pero sí era puerto de escala, y tuvo hornos de bizcocho, fábrica de pólvora y fundición de cañones. Desde ella se abastecían Ceuta, Melilla y los Peñones. Para una ciudad mercantil disponer de un buen puerto era esencial, pero la inoperancia de la administración era tan grande que, comenzadas las obras en 1588 todavía duraban dos siglos más tarde. Por su situación y tráfico Málaga fue la ciudad española que sufrió más epidemias, pero las bajas que producían se rellenaban con una inmigración constante. El terremoto de 1680 fue en ella particularmente demoledor; la mayoría de sus cuatro mil edificios quedaron destruidos o dañados. En el siglo XVIII hubo una intensa actividad constructora que amplió la ciudad sin por ello darle una apariencia monumental; mientras en las cercanías del puerto la catedral, la aduana y las viviendas de los grandes mercaderes le proporcionaban cierto empaque, al otro lado del río proliferaban míseras viviendas proletarias carentes de las mínimas exigencias sanitarias y urbanísticas.

Granada sufrió hondas transformaciones en el siglo XVI; la expulsión de los moriscos vació la parte alta, el Albaicín, donde muchas viviendas, derruidas, se transformaron en jardines y huertos, los cármenes, que no son herencia morisca, sino creación cristiana. La población se extendió por el llano, y añadió, a los importantes restos arquitectónicos musulmanes, otros inspirados en los cánones renacentistas y barrocos: la catedral, la audiencia, los numerosos monasterios y algunas casas nobles que no llegaban a la categoría de palacios. A pesar de los profundos cambios, los fundamentos de la prosperidad granadina eran los mismos; la fertilidad de su vega y la presencia de órganos de mando de todo orden: civiles, militares, judiciales, eclesiásticos. Granada era, en gran medida, una ciudad burocrática en la que se codeaban y disputaban los militares de la Alhambra, los oidores de la Chancillería, los eclesiásticos del arzobispado y la Inquisición, cuya jurisdicción se extendía a todo el antiguo reino. Superaba en algo a la Málaga burguesa, mercantil y cosmopolita; cincuenta mil contra cuarenta mil habitantes en la segunda mitad del siglo XVIII. La rivalidad entre ambas ciudades era la de dos ideologías y dos modos de vida.

Córdoba, de un tamaño semejante, pasó como ellas de un estancamiento y aun retroceso en el siglo XVII (no tan acusado, sin embargo, como el de Sevilla) a una modestísima recuperación en el XVIII. Centro de Andalucía y perfecta encarnación de su espíritu, Córdoba combinaba su privilegiada posición central entre la sierra y la campiña, en la ruta Madrid-Cádiz, con una actividad industrial variada (textiles, cueros, platería) que fue decayendo, sin que los intentos hechos a fines del siglo XVII la sacaran de su atonía. La Córdoba que describió Ponz en la segunda mitad del siglo XVIII era una urbe adormilado, que en dos siglos nada había adelantado, e incluso en algunos aspectos había perdido.

Tampoco en tierras de Jaén se detecta la modesta recuperación urbana del Siglo Ilustrado. No tenía el Santo Reino un centro indiscutible; la supremacía de Jaén era meramente administrativa; no tenía más vitalidad que Úbeda o Baeza. Incluso centros menores, como Andújar y Alcalá la Real escapaban a su radio de atracción. Pero la decadencia o estancamiento de Jaén, denunciado por Martínez de Mazas en una de las mejores monografías locales del tiempo, no se debía al crecimiento de sus rivales, afectadas de la misma parálisis. Veamos cómo hablaba del estado de Baeza en 1786 el intendente Jorge Astrandi: "Habiendo sido una de las ciudades más poderosas y pobladas de Andalucía hoy no presenta más que esqueletos de edificios suntuosos, caminando con rapidez a su desolación en la ruina de sus casas y vecinos, reducidos hoy a dos mil quinientos llenos de miseria".

El año siguiente, el corregidor de Úbeda emitía un informe de iguales tonos sombríos: la ciudad, como todo el reino, se ruralizaba, perdía industrias, retrocedía el comercio, sin que, en contrapartida, la situación de la agricultura, convertida en casi única riqueza, fuese nada brillante. No solamente los priores platerescos del siglo XVI no se habían enriquecido con nuevas aportaciones, sino que gran parte del caserío estaba ruinoso; los huecos dejados por la terrible hambre de 1735 y otras posteriores no se habían colmado. La industria textil se había reducido a las labores más bastas, faltaban maestros bataneros y tundidores. La metalurgia estaba reducida a "cuatro herreros con sus oficiales que empleaban doscientas arrobas de hierro y treinta de acero en labrar rejas, hoces y azadas, dos caldereros con cinco oficiales, dos maestros armeros y un cuchillero... El comercio pasivo se reduce a seis mercaderes que hacen sus compras de géneros extranjeros en Sevilla".

Es difícil explicar esta decadencia de las ciudades de la Andalucía interior en contraste con el auge de las ciudades costeras. Quizá succionaban éstas la vitalidad de aquéllas. Quizá habría que tener en cuenta factores psicológicos, humanos, y recordar que tanto en Córdoba como en Jaén había una aristocracia muy exclusivista, no renovada, como en Málaga y en la bahía gaditana, por un incesante aporte de sangre nueva, de elementos dinámicos. Las explicaciones, hasta ahora parecen insuficientes pero los hechos son inconmovibles.

El crecimiento y la renovación de los centros urbanos en el siglo XIX fueron consecuencia de hechos políticos, económicos y sociales. A los cuatro reinos sucedieron las ocho provincias; esto significó la promoción de cuatro nuevas capitales: dos, que ya tenían una brillante tradición urbana: Málaga y Cádiz. Una, que lentamente salía del pozo en que había caído cuando la expulsión de los moriscos la dejó medio despoblada: Almería. Y otra, cuya capitalidad tardó en afirmarse porque tenía poca tradición y poco arraigo: Huelva. El aumento de la burocracia representó para todas las capitales provinciales un discreto estímulo; cada una recibió un gobernador civil, un instituto de segunda enseñanza, una escuela normal, una delegación de Hacienda, a veces una guarnición militar. Sí, era provechoso y prestigioso convertirse en capital provincial; por eso hubo luchas, piques, rivalidades locales.

Écija y Jerez, entre otras, ambicionaron sin fruto aquella promoción. Otros tipos de capitalidad desaparecieron, barridos por el soplo de los nuevos tiempos; tras las desvinculaciones, de las antiguas cortes señoriales no quedó ni rastro. A veces, hasta las piedras emigraron; la portada del palacio ducal de Marchena está hoy en Sevilla, el patio renacentista de Vélez Blanco en un museo de Nueva York. Osuna conserva la tumba de sus duques, pero es sabido que el artista que labró el mausoleo del último, el fantástico don Mariano, se quedó sin cobrar. Más profunda aún fue la caída de las rentas eclesiásticas; desaparecieron las iglesias colegiales, y las episcopales experimentaron una fuerte reducción de ingresos; para una ciudad pequeña como Guadix esto era una pérdida muy grave.

Si en el juego de poderes, básico en toda ciudad, hubo estos cambios de equilibrio, en el aspecto residencial parece que hubo pocos cambios. Los antiguos mayorazgos y los nuevos propietarios, no pocos nacidos de las desamortizaciones, siguieron viviendo en sus lugares preferidos, que no siempre era la capital. No hubo en aquel siglo un éxodo rural masivo; sólo una discreta aceleración de la eterna corriente que encaminaba hacia la ciudad ambiciosos o fracasados, unos buscando oportunidades, otros alivio a sus miserias.

Más determinantes fueron los cambios de carácter económico. La ciudad clásica rara vez fue industrial; su papel era más bien mercantil y financiero, pero desde mediados del siglo XIX la industrialización llevó a ella masas de proletarios procedentes de las transformaciones que estaba sufriendo el campo. En Andalucía, como en casi toda España, este fenómeno se manifestó de forma aislada y débil. Cádiz hizo esfuerzos por paliar la pérdida del comercio americano por medio de la industrialización. Málaga llevó varios decenios la iniciativa, sostenida por algunos de los pocos grandes empresarios que hemos tenido: Larios, Heredia. En Sevilla los Pickman, de origen británico, crearon una prestigiosa fábrica de loza, y Bonaplata una fundición, a la vez que se incrementaban las tradicionales industrias estatales: tabaco, armas... Granada, hacia fines del siglo, también contaba con algunas industrias nuevas, en parte producto de la renovación de los cultivos de la vega. La industrialización urbana era una forma de convertir a la ciudad parásita en ciudad productora de riqueza. Es uno de los rasgos fundamentales de nuestro tiempo. Sin embargo, por los motivos apuntados en otro capítulo de este libro, el impulso estaba hacia 1900 casi agotado, tras obtener unos frutos más bien escasos.

El desarrollo comercial de la ciudad andaluza fue más espectacular que el industrial. La lucha por el ferrocarril, el nuevo y revolucionario medio de transporte, es una característica de la segunda mitad del siglo XIX; al terminar el mismo, todas las capitales provinciales estaban enlazadas por los *caminos de hierro,* símbolo del progreso, nuncio de venturas que sólo se cumplieron en pequeña parte. El ferrocarril benefició algunas ciudades y perjudicó otras poblaciones al suprimir antiguas etapas, de la época en que sólo se podían hacer cinco leguas en carromato o veinte en diligencia. Los trenes andaluces, mal negocio, deficitarios, no causaron la revolución que de ellos se esperaba. En cambio, añadieron toques inéditos al paisaje rural y a la fisonomía urbana: la estación, los pitidos, los penachos de humo que lanzaban aquellas primitivas locomotoras de larga chimenea. Las estaciones se colocaron muy cerca del casco urbano, ciñéndolo con sus raíles sin pensar en los problemas que ello traería más tarde, con la inconsciencia y falta de planificación que fueron pecados capitales en toda España, salvo algún que otro caso, como fue en Madrid el barrio de Salamanca, o el plan Cerdá para el ensanche barcelonés, tanto tiempo denostado y al cabo de siglo y medio reconocido y ensalzado como ejemplo muy raro de acertada futurología urbana.

Meter el ferrocarril en la ciudad significaba abolir su aislamiento, fundirla con el paisaje de su entorno. Ya desde fines del siglo XVIII comenzaron intendentes y munícipes a preocuparse de dotar de paseos y alamedas a los congestionados e insalubres núcleos urbanos. Algo hizo la administración francesa o afrancesada durante los dos años que reinó en Andalucía. Ensanche interior y ensanche exterior fueron de par en el transcurso del siglo XIX, modificando muy sustancialmente el aspecto externo de nuestras ciudades, en consonancia con las transformaciones sociales. La gran perdedora de aquellos cambios fue la Iglesia, que fue la que hubo de soportar mayores destrucciones; la totalidad de los conventos de frailes, no pocos de monjas y bastantes iglesias y capillas fueron víctimas de las desamortizaciones y de ciertas *alegrías* revolucionarias, especialmente durante el Sexenio. En unos casos, entre sus ruinas surgieron plazas, muy necesarias para la aireación y para atender a las necesidades de una circulación que iba en aumento. En otros muchos sirvieron para atender a la demanda de edificios públicos: cuarteles, hospicios, cárceles, mercados... Eran remedios precarios, porque los viejos edificios no reunían las condiciones necesarias, y en no pocos casos las pérdidas para el tesoro artístico fueron incalculables. Los museos y las bibliotecas provinciales de nueva creación sólo recogieron una parte de los despojos.

La transformación de la sociedad de jerárquica en clasista tuvo también sus naturales repercusiones. Muchas viviendas nobles, integrantes de un mayorazgo, quedaron abandonadas, degradadas, convertidas en casas de vecindad. Se intensificó la zonalización, surgieron barrios proletarios, formados por viviendas pequeñas, insalubres, fruto de la ley de libertad de alquileres de 1842, un producto típico de la nueva mentalidad liberal. En muchos casos, se ubicaron en el extrarradio. No faltaban suburbios extramuros en la ciudad del Antiguo Régimen, pero eran núcleos pequeños, en relación con actividades económicas especiales. En Sevilla, los barrios del Baratillo, Carretería y Cestería se relacionaban con la actividad portuaria, San Bernardo con las fábricas militares, San Roque y la Macarena con el trabajo en las huertas del cinturón urbano. El ensanche exterior posrevolucionario tuvo más amplitud, en consonancia con el incremento demográfico y la creación de nuevas industrias. El clamor por la demolición de las murallas tenía justificación, y además de las razones materiales tenía resonancias ideológicas; era una manifestación del odio y desprecio al pasado que formaba parte de la mentalidad progresista; por eso no se acompasó la demolición, que, en cierta medida, era inevitable, con una adecuada protección a los aspectos historicoartísticos; de las numerosas puertas del recinto sevillano sólo una, de las menos interesantes, la de la Macarena, junto con el postigo del Aceite, se salvó de la demolición, y hechos análogos hay que lamentar en otras ciudades. La Alhambra granadina y el Alcázar sevillano se conservaron porque a su valor intrínseco inestimable unían los servicios de carácter civil que prestaban; en cambio quedaron totalmente abandonados y sin protección monumentos egregios de arquitectura militar como las alcazabas de Jaén, Málaga y Almería.

La ciudad de los vivos y la de los difuntos, que coexistían en la ciudad tradicional, se separaron en el siglo XIX, y éste es otro rasgo en el que los rasgos utilitarios se mezclan con los ideológicos. La formación de cementerios extramuros por motivos sanitarios fue un empeño de los gobernantes *ilustrados;* plasmado en la Real Orden de 1787 encontró resistencias tan fuertes que sólo hasta bien entrada la siguiente centuria se acostumbraron las poblaciones a inhumar sus seres queridos lejos de la ciudad, en parajes en los que anteriormente sólo se daba tierra a las víctimas de alguna desoladora epidemia. Junto con la estación de ferrocarril, la plaza de toros y el teatro formaron parte de la fisonomía de la ciudad contemporánea. En ambos casos también subyacían fuertes corrientes ideológicas, aunque de distinto signo. La Ilustración había propiciado el teatro contra una corriente de rigorismo religioso que lo reprobaba por motivos morales. Olavide, después de haber gastado mucho dinero en restaurar el teatro de Sevilla vio su proyecto por tierra. Casi a la vez, o poco después, quedaron suspendidas las representaciones en Córdoba y Granada. Málaga, que había suprimido el teatro en 1741, lo restableció en 1767, pero por pocos años. Cádiz fue una excepción: debido a su carácter cosmopolita siempre tuvo teatro abierto, y a veces, dos, llegando a representarse algunas tragedias de Voltaire.

El auge del teatro en la era liberal tuvo, por ello, cierto aire de revancha contra la ideología anterior. Toda ciudad de alguna importancia edificó uno o más teatros, y es lástima que hayan desaparecido ya los más característicos. La génesis de las plazas de toros fue distinta. La Monarquía borbónica no era amiga de aquel espectáculo; sólo por tratarse de corporaciones privilegiadas consiguieron las maestranzas de Sevilla y Ronda permiso para edificar plazas de toros, como medio de captación de fondos, pues si en las alturas no gozaban de predicamento, eran, en cambio, un espectáculo enormemente popular. Tras la revolución liberal, no hubo ya ningún obstáculo para que las plazas se multiplicaran.

En vísperas de la primera guerra mundial, que es el verdadero término del siglo XIX, las ciudades andaluzas habían crecido en proporciones muy fuertes si se las compara con la atonía anterior, pero moderadas si tenemos en cuenta el fortísimo impulso urbanizador acarreado en toda Europa por el proceso de industrialización; proceso que, como veremos, se quebró en Andalucía tras unos inicios prometedores. No es de extrañar que Córdoba pasara a duras penas de 40.000 a 60.000 habitantes, Granada de 55.000 a 75.000, Jaén de 15.000 a 26.000. Incluso se dio un retroceso, el de Cádiz, que en 1900 tenía menos habitantes que en 1800. Sevilla aparece en situación intermedia: 80.000 habitantes en 1800, 122.000 en 1857, 158.000 en 1910, duplicando su población en un crecimiento lento pero continuo, paralelo al de la población total de España. Málaga creció con más fuerza (140.000 en 1910). Las dos capitales extremas, Huelva y Almería, progresaron con gran rapidez, sobre todo la primera, que al ser elevada a la categoría de capital era un pueblecito de seis mil habitantes y en 1900 pasaba de veinte mil. Como en el caso de Almería, la elevación de su rango administrativo había ido acompañada de una gran actividad portuaria a causa del enorme volumen que tomaron las exportaciones de los minerales extraídos en sus retrotierras. Añadamos una tercera ciudad minera, también de rápido crecimiento: Linares.

Caso aislado pero muy curioso es el crecimiento de una auténtica ciudad-hongo: La Línea de la Concepción, ligada a las actividades legales e ilegales, pero siempre crecientes, que se desarrollaron en la segunda mitad del siglo XIX en torno al enclave británico de Gibraltar. La decisión de las autoridades inglesas de no permitir la residencia a los trabajadores españoles en la Roca, para que no perdiera su carácter británico, llevó a un crecimiento inaudito de lo que, en un principio, sólo era una aldea de San Roque. En 1870, al ser proclamada municipio, sólo tenía medio millar de habitantes; en 1873 se instauró la parroquia; cuatro años después los linenses eran nueve mil, y en 1900 ¡sesenta mil!

El siglo XX ha visto un desarrollo de la población urbana como no pudieron imaginar ni los más audaces extrapoladores; lo que es más insólito, no se ha limitado a los países industrializados; hay también un urbanismo tercermundista de caracteres muy distintos y sin apenas precedentes. Andalucía no ha escapado a esta ley universal; sus progresos urbanos, en parte inevitables y positivos, en parte malsanos, son, ante todo, los que inevitablemente llevan consigo aparejado el desmesurado crecimiento de los sectores secundario y terciario, aquél por los avances industriales, éste por el desbordamiento del funcionariado y de los servicios de todo orden, incluyendo, en lugar preferente, los derivados del turismo, de tan extensa implantación en Andalucía. La ciudad actual tiene muy pocos puntos comunes con la del Antiguo Régimen y cada vez más se aparta del modelo del pasado siglo. En muchos aspectos es un fenómeno inédito, que ha burlado todas las previsiones y ha dejado estrechos o inservibles los planes preestablecidos. La ciudad andaluza actual sigue, en esencia, el modelo del mundo industrializado, aunque no carece de rasgos tercermundistas, en dosis variables de uno a otro lugar. Anotemos, de modo escueto, algunas de sus características.

1º. Crecimiento en etapas, por saltos. Avances bruscos separados por tramos de escaso incremento. Uno de éstos fue justamente la década inicial del siglo. Limitándonos, para mayor claridad, a las capitales de provincias, la población de éstas sumaba, en 1900, 575.000 habitantes, que representaban algo menos de la sexta parte (el 16 por ciento) de la totalidad de la región. Los volúmenes absolutos y relativos se habían modificado muy poco en 1910, pero en 1920 la proporción de las ciudades había subido al 18 por ciento. Causa, la guerra europea, con su apresurada industrialización. En la década siguiente hay un primer trienio (1920-1923) de fuerte crisis económica, seguido del septenio expansivo de la Dictadura de Primo de Rivera, con un balance final modesto; las capitales crecen a un ritmo poco superior al de la región. Este modesto crecimiento se atenúa durante la Segunda República y se acelera a consecuencia de la guerra civil, con su aumento de los controles burocráticos, la inseguridad en el campo y los numerosos desarraigados que buscan refugio de las ciudades. El total de éstas aglomeraba en 1940 más de un millón de personas (1.125.000), o sea doble que en 1900. Entretanto, el conjunto de la población andaluza sólo había crecido algo menos del 50 por ciento.

Los fenómenos economicosociales ocurridos en la posguerra son bien conocidos: mecanización del campo, que se vacía de hombres, concentración de las actividades productivas en un corto número de centros urbanos, creación de innumerables organismos estatales y paraestatales que se ubican en las ciudades; más otros factores que dependen más bien de la psicología de las masas y que también contribuyen a engrosar el éxodo rural. La consecuencia, un crecimiento desordenado de los núcleos urbanos, en un crescendo que alcanza su paroxismo en los comienzos de la década de los sesenta. Consecuencia: de los casi seis millones de andaluces que en 1970 habitaban esta región, 1.772.000 vivían en las ocho capitales provinciales. El 29 por ciento. A pesar de la desaceleración producida desde que la crisis comenzó a generar sus efectos, a mediados de la década de los setenta, en 1981 aquella cifra se había elevado a 2.193.000, el 34 por ciento de la población regional, cifra que sobrepasa el 50 por ciento si tomamos en cuenta las ciudades que carecen de capitalidad.

2º. Fuertes diversidades provinciales. Es lógico que el impacto de la urbanización haya sido proporcional a los cambios socioeconómicos. No resulta extraño que Jaén, "farolillo rojo", no tenga ninguna urbe de 100.000 habitantes, aunque es verdad que Linares se aproxima a los 60.000. Jaén es un caso de capitalidad disputada y compartida, aunque en los últimos años se haya despegado de las demás ciudades de la provincia.

Almería y Huelva no tienen, en cambio, contrincante serio y albergan cada una la tercera parte del contingente provincial, aunque ambas tienen fisonomía muy distinta; Huelva es una urbe industrial y Almería es una capital burocrática y de servicios.

Granada y Córdoba también reúnen la tercera parte de sus censos provinciales. Han sido beneficiarias del éxodo rural y no tienen competidoras. No hay en el ámbito cordobés ninguna ciudad secundaria en claro ascenso; solamente Lucena ostenta una modesta ganancia: 30.000 habitantes, con algo más de dos mil de aumento en la última década. Las demás (Cabra, Priego, Rute, Baena, Montilla, Puente Genil...) permanecen estancadas o decadentes. Lo mismo puede decirse de Granada, donde sólo Almuñécar y Motril muestran una clara tendencia alcista, sin amenazar en lo más mínimo la preponderancia de la ciudad de la Alhambra (Motril, 40.000 habitantes).

Caso muy notable de descentralización urbana es el de la provincia de Cádiz. Es tradicional la competencia entre la "tacita de plata" y Jerez, que la supera algo en población; pero es mucho más claro el carácter urbano de la población gaditana; entre los 175.000 habitantes de Jerez hay un alto porcentaje agrícola diseminado en su vasto término. En los últimos años se detecta además del fuerte impulso de otras poblaciones de la bahía, como Puerto Real y El Puerto de Santa María, la aparición de un tercer núcleo urbano en el Campo de Gibraltar; mientras el crecimiento de La Línea quedó frenado hace tiempo, Algeciras aparece como la máxima beneficiaria del polo industrial y de las crecientes relaciones con Marruecos a través de su puerto; de un centro de 25.000 en 1940 ha pasado a 85.000 en 1981, sustituyendo a La Línea, con más sólidas bases, en el papel de ciudad-hongo del extremo sur de España.

Tenemos, por último, dos casos más claros de macrocefalia: Málaga y Cádiz. La primera alberga 502 000 de los 1.025.000 habitantes de la provincia, mientras Ronda y Vélez Málaga vegetan y Antequera ve reducido su censo de 41.000 a 35.000. Los fundamentos geográficos de la prosperidad de Málaga son muy complejos; une sus papeles tradicionales de capitalidad burocrática, portuaria y agrícola con algún despliegue manufacturero y un fuerte impulso turístico, mientras que Marbella, hoy el segundo núcleo de la provincia, es meramente un centro turístico de primer orden, lo que impone severas limitaciones a su crecimiento.

Sevilla tiene dentro de su provincia el mismo peso y aun mayor que Málaga en la suya, porque si a sus 645.000 habitantes se agregan los de los pueblos dormitorio y apéndices industriales de su entorno, se llega a una conurbación de más de 800.000, a enorme distancia de los demás centros provinciales, con distanciamiento progresivo. La relación Écija-Sevilla que era de 1 a 7,5 en 1930 es ahora de 1 a 20.

3º: Los problemas urbanísticos. El municipio liberal instaurado por la Constitución de Cádiz se puso en marcha a través de muchas vicisitudes. La herencia que recibía era pesada; tenía que hacer frente a los problemas planteados por las nuevas exigencias sociales, sanitarias, culturales, con escasos recursos. La desamortización civil no afectó a los grandes municipios tanto como a los pequeños; sus bienes de Propios, comprometidos por las deudas, disminuidos por las enajenaciones, rentaban muy poco. Hubo que arbitrar impuestos, siempre insuficientes para las múltiples atenciones. El Estado había asumido muchas de las antiguas atribuciones municipales, pero tenía que proveer a las nuevas necesidades de una población creciente: construcción y entretenimiento de edificios públicos, alumbrado nocturno, saneamiento, abastecimiento de agua, servicio contra incendios, cementerios, escuelas... No pocas de estas atenciones estaban antes cubiertas por la Iglesia, por fundaciones y organismos autónomos. Al hacerse cargo de ellas el Estado, las diputaciones y los ayuntamientos la calidad de los servicios ganó poco y en ocasiones perdió.

Al comenzar el siglo XX se habían registrado progresos en múltiples aspectos, por ejemplo, las obras públicas; Sevilla había sustituido el puente de barcas por otro metálico, Málaga también unía las dos orillas del Guadalmedina, Granada iniciaba el cubrimiento del Darro... Pero estas mismas ciudades tenían fallos tremendos. En Granada se bebían aguas contaminadas que producían fiebres; en Sevilla la tasa de defunciones alcanzó algunos años el 40 por mil, a causa de las pésimas condiciones sanitarias.

La situación mejoró durante la dictadura primorriverista y la Segunda República. Después, el tremendo empuje demográfico de la posguerra desbordó todas las previsiones, surgieron las barriadas improvisadas y las construcciones clandestinas, se acentuó la contaminación, y el crecimiento incontrolado, productor de barriadas absolutamente banales en el extrarradio y de verdaderos desastres urbanísticos en el casco antiguo. No todas nuestras ciudades han sufrido en la misma medida los ataques de la especulación inmobiliaria conjugada con la insensibilidad o complicidad de los llamados a defender los valores tradicionales y artísticos de nuestras ciudades. El núcleo antiguo de Córdoba, por ejemplo, a pesar de destrucciones parciales, se conserva en lo esencial, y aún destila ese aroma centenario, milenario casi, que hace de su caserío el más íntimamente andaluz. Aún se reconoce perfectamente el límite entre la Medina y la Axarquía, aún es posible perderse en las callejas de la Judería, vagar por rúas solitarias que tan pronto conducen a las murallas del recinto como a plazas recoletas, rodeadas de viejas iglesias y moradas blasonadas; incluso puede desembocar de modo imprevisto en las ruinas de la basílica romana, porque en Córdoba todas las edades y todas las culturas se confunden, separadas por unos pocos metros de distancia.

Cádiz ha realizado su extensión reciente en el istmo, y gracias a ello ha preservado su perfil dieciochesco. El caserío antiguo de Málaga no presenta demasiado interés; aun así, hay lugares y rincones típicos que, pasada ya la furia iconoclasta, y en un ambiente de más responsabilidad, parecen fuera de peligro. En cambio, las destrucciones en Granada han sido muy graves; comenzaron ya en el tránsito de un siglo a otro con la apertura de la Gran Vía, en la que se invirtieron parte de los caudales obtenidos con la renovación de los cultivos de la vega, sobre todo la introducción de la remolacha azucarera. Horadar el compacto caserío de Granada por medio de una vía transversal era quizá inevitable en vista del incremento circulatorio y las necesidades funcionales que plantea una ciudad moderna, pero ello es sólo un consuelo relativo para la pérdida de múltiples testigos del pasado. Y ha tenido esta vía doble desgracia, porque después ella misma, que en sí guardaba cierto encanto, con su aire *belle époque,* ha sido erosionada y degradada con nuevas y absurdas construcciones. De los horrores perpetrados en otras partes de la ciudad vale más no hablar, aunque la imaginación vuele hacia ese carmen de los Mártires en el que se aliaban la poesía y los encantos naturales con los recuerdos históricos más venerables y que las excavadoras convirtieron en un caos informe.

Pero sin duda es Sevilla la que ostenta el triste récord del vandalismo urbanístico andaluz. Muchas destrucciones se operaron en el pasado siglo, y suele explicárselas por la falta de sensibilidad hacia el pasado e incluso por una positiva agresividad hacia todo lo que recordara el Antiguo Régimen, pero que en las últimas décadas continuara el proceso aniquilador, cuando ya se habían dado voces de alerta y se había sensibilizado la opinión es una responsabilidad muy grave para las personas e instituciones que pudieron haberlo impedido. Calles, barrios enteros han quedado banalizados; en ocasiones basta la inserción de unos cuantos edificios atípicos para desnaturalizar todo el conjunto. Las destrucciones operadas en el patrimonio civil no son menos graves que las que en el pasado siglo se registraron en el eclesiástico; por ejemplo, de los numerosos palacios señoriales sólo dos quedan en pie de primer orden: el de las Dueñas, hoy patrimonio de la Casa de Alba, y la Casa de Pilatos, de los Medinaceli, que allí tienen su archivo. El contrapunto a tantas pérdidas son los acrecentamientos que el patrimonio artístico sevillano ha tenido gracias a los arquitectos que como Aníbal González aliaron corrientes modernistas y tradicionales, con su máximo exponente en los edificios de la Exposición, y a la reacción que actualmente se advierte y que se traduce también en algunos edificios bastante logrados.

El deterioro ha sido mucho menor en esa categoría indecisa de las *agrovillas,* esas ciudades medias o pequeñas que han quedado al margen de las recientes transformaciones, que mantienen trabajosamente sus efectivos humanos o los pierden, en cantidades a veces considerables. Las contrapartidas del estancamiento o regresión, con los inconvenientes que llevan aparejados, son una conservación casi perfecta de sus valores urbanísticos y de formas de vida más humanas, alejadas de ciertas servidumbres caras e incómodas, como son, por ejemplo, las grandes distancias que hay que recorrer en la ciudad moderna, o la pérdida del sentido comunitario en una vasta aglomeración en la que, paradójicamente, el individuo puede sentir toda la tragedia de la soledad y la incomunicación. Ronda, Écija, Baeza, Guadix, Arcos y bastantes otras son poblaciones cuya fisonomía, entre rural y urbana, se ha conservado en lo sustancial y cuya integridad hay que preservar a toda costa porque en ellas parece haberse remansado, huyendo del estrépito infernal de las grandes urbes, lo mejor del espíritu secular de Andalucía. Lo que en éstas es tarea difícil, a veces imposible, de recuperación y restauración, en aquéllas otras se reduce al simple mantenimiento, a la efectividad de normas que eviten los males ya conocidos y experimentados. No se plantean en ellas los conflictos que hoy se dan en las capitales entre los intereses legítimos de los propietarios de fincas monumentales o simplemente típicas, de nula rentabilidad, y la conveniencia de mantenerlas con su carácter tradicional; o los que se producen cuando la pala excavadora saca a luz restos milenarios. Éstos son problemas que la administración aún no ha encontrado la manera de resolver en las grandes ciudades de manera satisfactoria. En las pequeñas ocurren pocas veces, pero bueno será tener en cuenta los errores ya cometidos para evitarlos en el futuro.

IV. ANDALUCÍA Y EL ISLAM

Uno de los rasgos que configuran la imagen de Andalucía es su antigua y estrecha relación con la religión islámica y con la cultura que solemos llamar árabe; luego matizaremos la posible impropiedad de esta palabra. Puede discutirse acerca de la intensidad de esa influencia, pero no puede negarse su presencia; el mismo nombre de Andalucía lo está pregonando. Aunque no asistiéramos hoy a un renacimiento del interés por aquellas relaciones no podríamos prescindir de aludir a ellas.

¿Cómo han visto los andaluces esa relación? Sería un buen tema para un libro que debería ser escrito por alguien capacitado para ello. Aquí sólo trazaremos una somerísima línea de tendencia. Mientras el Andalus islámico fue un peligro no había lugar para una consideración amistosa, y menos aún para el reconocimiento de intereses y valores comunes. Después de la batalla del Salado (1340)· y el dominio del Estrecho por los reyes castellanos, la situación cambió; el reino de Granada, mero residuo a la defensiva, ya no era un peligro, aunque las poblaciones fronterizas tuvieran que defenderse de las algaras. Este cambio en la relación de fuerzas facilitó una apreciación más objetiva, en la que no faltaban elementos de admiración y aprecio hacia el *sabio moro,* experto en saberes médicos y admirables artesanías, hacia el campesino que fecundaba tierras áridas y montuosas con su trabajo y sus técnicas agrícolas, hacia el caballero granadino, adversario valiente, leal, caballeroso. En aquellos años finales de la Edad Media no pocos castellanos emigraron de forma temporal o definitiva al reino de Granada huyendo de persecuciones o buscando oportunidades. Tan numerosos fueron que luego sus hijos, los *elches,* plantearon un problema al producirse la conquista, sobre si debían ser o no tratados como cristianos.

En este ambiente se crean los *romances fronterizos,* primer paso de una *maurofilia literaria,* bien conocida, aunque no estudiada de manera completa. Pero antes de ser un producto literario, refinado y artificioso, esas obras germinaron en un sentimiento auténtico, popular. Hay que resistir a la tentación de idealizar las relaciones entre moros y cristianos cuando se hace historia y no literatura. Los cristianos se sentían distintos; más aún, opuestos. Nada más lejos del pensamiento de los andaluces occidentales del siglo XV, que la idea de una comunidad de origen y destino con los andaluces orientales, islámicos; sin embargo, la convivencia secular, incluso conflictiva, guerrera, había creado unos lazos en los que al odio secular se mezclaban algunas dosis de simpatía e incluso de admiración.

Terminada la conquista, reducidos los musulmanes a la condición de moriscos, perseguidos y finalmente expulsados, estas producciones literarias se multiplicaron ya sin apenas contacto con la realidad, y sin que pueda decirse que los andaluces tomaran parte principal en aquella literatura. Es probable que el anónimo autor de la *Historia del Abencerraje y de la hermosa Jarifa,* que además de sus valores estéticos es una indirecta apología de la tolerancia en una época intolerante, recogiera un hecho real que permanecía vivo en la tradición andaluza; pero Ginés Pérez de Hita, que en sus *Guerras civiles de Granada* recogió todo el mundo poético que en torno a ellas se había forjado, era murciano; madrileño era Lope de Vega, que explotó con su genialidad acostumbrada el tema morisco entre otros infinitos, y madrileño también Calderón de la Barca, quien, en *El Tuzani de la Alpujarra,* delineó lo que puede tomarse por una reivindicación de los vencidos.

Entretanto, las escuelas poéticas andaluzas apenas tocan el tema. Pasada la moda (pues, en realidad se trataba de una moda) sobrevino un largo silencio. Desde 1633, fecha probable de *El Tuzani,* según J. Alcalá Zamora, hasta el siglo XIX hay muy poco que señalar. Y si en la esfera culta el hilo del recuerdo parecía haberse cortado, en la popular esta interrupción era un hecho consumado; para el andaluz de los siglos XVII-XVIII su antepasado musulmán era una figura borrosa de la que se habían ido desprendiendo aquellos toques atractivos que aparecían en los romances fronterizos para quedar sólo la imagen del infiel, el enemigo secular, reforzada por la noticia de los episodios piráticos. Sólo se percibe un leve destello admirativo en la atribución de saberes ocultos y la anacrónica paternidad de monumentos romanos o incluso prehistóricos, que, en la opinión de nuestros abuelos, eran "cosas de moros". En este aspecto la tormenta romántica pasó sin calar las capas populares; esta segunda ola de *maurofilia* se originó lejos de España, aunque, por razones obvias, se centró muy pronto en ella, con preferencia en los últimos episodios de la presencia islámica, en el reino nazarí, sin duda por la existencia de precedentes literarios. Goethe se inspiró para su *Diván* en la poesía persa, pero, con toda lógica, los franceses pensaron que no había que ir tan lejos para hallar aquellos temas exóticos y brillantes de los que el público estaba ansioso; surge así, reincidiendo en un argumento muy conocido, *El último Abencerraje* de Chateaubriand. La recuperación del tema morisco (que antes rara vez había traspasado las fronteras) fue tan rápida que ya en 1829 el escritor americano Washington Irving escribió su *Conquista de Granada,* seguida, en 1832, de los *Cuentos de la Alhambra,* que ha sido el éxito más persistente de esta literatura.

Ya para entonces, Andalucía se había incorporado al movimiento en la persona del granadino Martínez de la Rosa, autor de la tragedia *Aben Humeya,* cuyo estreno en París, en 1830, tuvo múltiples resonancias; de un lado, siguiendo a pocos meses de distancia al *Hernani* de Victor Hugo, remachaba la entrada triunfal del drama romántico en el ámbito europeo, a la vez que indicaba el privilegiado lugar que en él tendrían los temas españoles; era también un acontecimiento político, en la medida en que el caudillo morisco lanzaba aquel mismo grito de libertad que muy pronto triunfaría en Francia, en la revolución de julio, mientras en España su representación se retrasaría hasta 1836. Y significaba también que uno de los más importantes escritores y hombres públicos andaluces tomaba conciencia de lo que había significado para su patria el pasado islámico.

Hay que confesar, sin embargo, que la semilla que arrojó Martínez de la Rosa no fructificó en la medida que cabía esperar. Mientras los extranjeros llegaban al sur de España dispuestos a verlo todo a través de un prisma orientalizante, en cuyos matices teñían sus plumas y pinceles, los escritores andaluces se mostraban tan remisos que entre el *Aben Humeya* de Martínez de la Rosa y el revuelo de lentejuelas y pedrería falsa de *El alcázar de las perlas* de Villaespesa (1911) hay muy poco que señalar; destaquemos únicamente la novela *Los monfíes de la Alpujarra,* escrita por Fernández y González cuando aún no se había precipitado por completo en el destajismo mecánico de la novela por entregas; y, con mucha más calidad, dos obras de Pedro Antonio de Alarcón: el *Diario de un testigo de la guerra de África,* que en alguna medida recuerda a los romances fronterizos, porque Alarcón supo apreciar las cualidades del adversario, y acabó mostrando su disconformidad con la continuación de la lucha; y, años más tarde, *La Alpujarra,* donde mezcla lo descriptivo y lo novelesco, teniendo como telón de fondo histórico la revuelta de 1568 y como marco geográfico aquella intrincada mole de montañas a cuya sombra él había nacido.

Se advierten, pues, claras limitaciones en este género; pocos autores, todos de la Andalucía oriental: Martínez de la Rosa, granadino; Fernández y González, sevillano de nacimiento pero formado en el ambiente literario de Granada; el accitano Alarcón; el almeriense Villaespesa. A los andaluces occidentales los temas árabes y moriscos no les interesaron mucho, quizá porque les caían muy lejos, mientras que los granadinos tenían ante sus ojos la Alhambra, y en el recuerdo las leyendas poéticas y las terribles realidades históricas que marcaron el fin del reino nazarí y la posterior tragedia de los moriscos. Casi ninguna referencia a los islámicos de otros reinos; ni siquiera los momentos estelares del califato cordobés han inflamado el estro de los vates o la imaginación de los novelistas.

Fuera del reino de la ficción, en el terreno de la investigación histórica, también se aprecia en el siglo XIX un despertar sujeto a graves limitaciones, entre ellas que el impulso inicial viniese del exterior, pues si bien es cierto que Juan Antonio Conde publicó en 1820 su *Historia de los árabes de España,* también lo es que quedó eclipsada por las obras del holandés Dozy, que unían del modo más afortunado la amenidad con el rigor científico. Era también una aportación valiosa porque corregía la desproporción ya apuntada, la tendencia a considerar sólo las etapas finales de la Andalucía islámica. El relato de Dozy se detiene en el siglo XI, abarcando el emirato, el califato y los reinos de taifas, de los que hace (sobre todo del de Sevilla) una pintura muy sugestiva. Somos legión los andaluces a quienes las páginas de Dozy nos han introducido en el mundo mágico de las cortes de Abderramán III, de Mutadid y Mutamid, y no puede dudarse de la sugestión que esas páginas ejercieron en los pioneros del movimiento andalucista.

El estudio de nuestro pasado islámico contó en el pasado siglo con una participación andaluza nada desdeñable, aunque quizá no tan nutrida como lo exigía su pasado. En la Universidad de Granada se creó una cátedra de árabe. Don Emilio Lafuente Alcántara publicó una *Historia de Granada y su Reino* en la que el relato de los tiempos islámicos se lleva la parte del león. Guillén Robles publicó en 1880 una *Málaga musulmana* muy apreciable para la época. Francisco Javier Simonet dio a luz sus primeros trabajos en Madrid, incluyendo la *Descripción del reino de Granada bajo los naseritas,* pero los últimos fueron impresos en la ciudad del Darro.

Por lo original del empeño merece citarse la revista granadina titulada *La Estrella de Occidente,* que apareció en diciembre de 1879 con el subtítulo de "periódico literario quincenal publicado en las lenguas castellana y árabe con colaboración de escritores españoles y marroquíes". Salió, con varias interrupciones, hasta su definitiva desaparición en 1893 y contó con la colaboración de Javier Simonet, Leopoldo Eguilaz y otros arabistas, aunque, en conjunto, la revista tiene más valor como intento de aproximación de los pueblos de ambos lados del Estrecho que por su contenido científico.

En 1910 se fundó el Centro de Estudios Históricos de Granada y su Reino, de vida demasiado breve y que ahora intentamos restaurar. En la revista que publicó dicho centro aparecieron notables trabajos sobre el pasado musulmán de Andalucía, entre ellos los de Mariano Gaspar Remiro. Siguió una interrupción, y un nuevo impulso cuando, en 1932, la II República creó en Granada la Escuela de Estudios Árabes. Del florecimiento actual de estos estudios en la Universidad granadina sólo mencionaré las tres revistas que en los últimos años han publicado una multitud de trabajos monográficos de alto valor: la *Miscelánea de Estudios Árabes y Hebraicos,* los *Cuadernos de Historia del Islam* y la recién nacida *Andalucía Islámica*. Algo habría que hacer para proporcionar *salidas* dignas a los que cursan estos estudios, cuyo número se multiplicaría si su porvenir fuera menos incierto.

Los estudios islámicos en la Andalucía Baja se han cultivado en Córdoba y Sevilla, pero sin la debida intensidad por falta de iniciativas y de estímulos oficiales. Merece recordación el gran bibliófilo sevillano Pascual de Gayangos, cuya carrera de arabista no se interrumpió con su traslado a Londres, como lo demuestra su traducción de Almacari, impresa en aquella ciudad, pero luego derivó hacia otros rumbos. Los precursores del movimiento andalucista, aunque se interesaron mucho por el pasado árabe de nuestra región no fueron arabistas en el sentido técnico de la palabra y mostraron cierta predilección por las evocaciones idealizadas, como el *Motamid, rey de Sevilla,* de Blas Infante.

Hoy se detecta un enorme interés, a todos los niveles, no sólo por el pasado de Al-Andalus, sino por las perspectivas presentes y futuras de acercamiento a unos pueblos, a una cultura que demasiado tiempo hemos considerado extrañas y hostiles. Aquella herencia de indiferencia, despego y aun enemistad manifiesta hacia todo lo relacionado con el Islam está en vías de cambio hacia sentimientos más amistosos, hacia una mejor comprensión de lo que significó la presencia en nuestro suelo de una de las culturas más ricas y de lo que puede significar en el futuro el acercamiento a pueblos numerosos, en rápido crecimiento con los que nos ligan lazos no tan estrechos como algunos pretenden pero no tan tenues que deban ignorarse. La exacerbación actual de los ideologismos sociales y políticos conduce a veces a errores y exageraciones de signo distinto, aunque coincidentes en ignorar las lecciones de la historia, deformarlas o tomar de ellas solamente lo que conviene a una tesis prefabricada. Con la intención de aclarar ideas nos proponemos en las siguientes páginas no hacer una historia de la Andalucía islámica, sino fijar algunos puntos básicos y esclarecer ciertos aspectos controvertidos.

Hay que comenzar por una aclaración elemental de orden terminológico y que, sin embargo, es indispensable, porque incluso los que diferencian perfectamente *árabe* de *islámico* los enuncian con frecuencia como sinónimos, por comodidad, por rutina, confundiendo a los menos enterados. El Islam abarca una inmensa gama de pueblos de todos colores; una de esas razas es la árabe que, salvo excepciones, como los maronitas del Líbano, profesa el Islam. Más aún; fue la cuna del Islam y lo extendió por la fuerza de las armas, hasta Indonesia por el Este y hasta la península Ibérica por el Oeste. Consecuencia de esas conquistas fueron los numerosos grupos de árabes que se establecieron como funcionarios, militares, mercaderes y propietarios agrícolas en los territorios conquistados. Lo que introduce más confusión es que esos grupos, muy minoritarios, se vieron paulatinamente acrecentados con indígenas arabizados, con miembros de las comunidades sometidas que llegaron a considerarse árabes, bien por entronques familiares con árabes auténticos, bien integrándose, asimilándose a la casta prestigiosa de los vencedores, mediante un fraude, inconsciente o voluntario, en el que se utilizaba esa confusión entre un elemento físico, la raza, que no puede cambiarse a voluntad del sujeto, y unos factores culturales como la religión y la lengua, que pueden ser objeto de adquisición. De manera análoga se denominan *hispánicos* individuos y comunidades enteras de América que son racialmente amerindios, pero han hecho suyos los elementos culturales que allí llevó España.

En el África negra esta confusión no puede producirse, pero en el norte de África sí; allí se produjo, no sin fuertes resistencias y rechazos iniciales, la islamización total, pero en zonas montañosas, aisladas, como el Rif o la Kabilya, los bereberes han mantenido su idioma, sus costumbres peculiares, su conciencia de ser musulmanes pero no árabes, al contrario de lo que ha ocurrido en las llanuras y en las ciudades, hoy arabizadas aunque la mayoría de sus pobladores lleven poca o ninguna sangre árabe en sus venas. A veces, la oposición racial se disfraza de disidencia religiosa; el caso más notorio es el del Irán, que mantiene el *chiismo* como garantía de conservación de su identidad nacional y racial. En la España conquistada se dieron todos estos fenómenos: la irrupción de auténticos árabes y la de norteafricanos más o menos arabizados; la persistencia de núcleos inasimilables que se aferraban a su fe cristiana y la desbandada de la mayoría que aceptaron no sólo la religión sino la lengua, la ideología y los modos de vida de los invasores.

Iguales reservas hay que hacer en cuanto al uso de la expresión *cultura árabe,* cuya impropiedad es manifiesta, porque Arabia en el siglo VII era un país culturalmente poco desarrollado, de notorio arcaísmo respecto a las brillantes civilizaciones de los imperios vecinos, el bizantino, que abarcaba todo el Mediterráneo oriental, incluso Egipto, y el de los persas sasánidas, cuyo centro estaba en las meseta del Irán. Los dos sucumbieron bajo el asalto brutal de las tribus árabes, a las que el Islam había sacado de aquel espacio cerrado en el que ventilaban sus eternas querellas para lanzarlas a la conquista de aquellos imperios militarmente agotados. Aquellas victorias fulminantes les proporcionaron, junto con tierras y botín, un legado cultural espléndido, en el que dominaba la tradición helenística, enriquecida con aportes de muy variada procedencia: romana, persa e hindú. Los árabes pusieron la lengua, una poesía inspirada en un corto número de temas: la espada, el caballo, la palmera, la mujer; y, sobre todo, una religión que era también de carácter sincretista, con un fondo judeocristiano, que no era una simple creencia sino el marco de un universo cultural que abarcaba todas las facetas de la vida humana, lo mismo que el Cristianismo medieval; con la diferencia de que éste ha evolucionado mucho en los últimos siglos mientras el Islam conserva aún casi intacta su fisonomía primitiva.

Los detalles de la irrupción islámica en España son muy mal conocidos; exceptuando el de un cristiano que escribía, quizá en Córdoba, a mediados del siglo VIII, los testimonios que tenemos sobre la conquista son tardíos, pero pueden reconstruirse los hechos en sus líneas esenciales; tras la batalla tradicionalmente llamada del Guadalete (año 711) Tarik se dirigió a Écija, cuyos habitantes, junto con los restos del derrotado ejército del rey Rodrigo, ofrecieron una fuerte e inútil resistencia. Vencida ésta, Tarik no dudó en dividir sus fuerzas, aunque éstas eran escasas; pero aún más escasa era la resistencia; un destacamento se apoderó de Córdoba, otro de Granada y él mismo, con el grueso de su gente, se dirigió hacia Toledo, capital del reino visigótico. La conquista de Andalucía la completó el año siguiente Muza, sometiendo a Sevilla sin apenas resistencia. En dos años (711 y 712) el sur de España quedó sometido a los invasores, y otros dos más les bastaron para conquistar casi toda la Península.

Las causas de este rápido hundimiento hay que buscarlas, más que en la fuerza de los invasores (que no hay que desdeñar, pues habían sometido ya inmensos territorios) en la debilidad interna del estado visigótico, mera superestructura militar y burocrática que no estaba apoyada por la masa popular. Esta disociación debía ser especialmente fuerte en la Bética, donde la presencia visigótica era mínima y se mantenían las tradiciones romanas. Esto explica la persistencia en ella del dominio bizantino hasta el siglo VII y el apoyo a la rebelión de Hermenegildo; bajo la capa de defender el catolicismo frente al arrianismo oficial latía el rechazo de la población hispanorromana a las gentes del norte. La conversión de los visigodos al catolicismo y la expulsión de los bizantinos no cambiaron los datos esenciales del problema: la Bética no se sentía identificada con el estado visigótico. La clase dominante estaba, además, minada por disensiones internas; los partidarios de Witiza querían conservar sus inmensas posesiones, amenazadas por el reinado de Rodrigo; pactaron con los vencedores y conservaron sus *villas*, sus latifundios, tres mil, según la tradición, muchos de los cuales estaban situados en la Bética. Uno de los descendientes del rey Witiza fue Abenalcotía, redactor o inspirador de una de las más antiguas crónicas de la España musulmana, y ejemplar clásico de una familia hispanogoda arabizada. Otros witizanos se mantuvieron cristianos, y entre su descendencia se cuenta un arzobispo de Sevilla y un conde de Al-Andalus.

Los problemas materiales y de conciencia que se le planteaban la aristocracia hispanovisigoda tras la conquista no concernían la masa de la población, puesto que nada tenía que perder; la inmensa mayoría de esta población era rural, y estaba formada por siervos y colonos de los latifundistas; su pasividad total (quizá su secreto júbilo) ante la derrota de sus señores explica la rapidez facilidad de la conquista islámica, la cual se redujo al cerco de varias ciudades, mientras el campo permaneció tranquilo, como si el conflicto no le afectara. En las ciudades se concentraba la nobleza, la burocracia, el alto clero, los terratenientes, y en ellas se refugiaron los restos del ejército visigodo; Medina-Sidonia y Écija parecen haber sido las dos únicas ciudades andaluzas que ofrecieron fuerte resistencia. Córdoba se rindió pronto, aunque sólo fue atacada por unos centenares de jinetes; detalle significativo es que un pastor les indicó el trozo más vulnerable de la muralla. Sevilla se rindió por capitulación.

Es evidente que un puñado de miles de invasores no hubieran podido consolidar su conquista ante un alzamiento popular, pero tal alzamiento no se produjo; el pueblo no tenía ni las armas ni la voluntad necesaria para defender un orden social injusto; simplemente, cambió de dueño sin protesta. Y tras el cambio de dueño hubo, en muchos casos, un cambio de religión, por indiferencia, por invitación de los nuevos amos, por la esperanza de mejorar su situación y pagar menos impuestos.

No sólo hubo pasividad entre la población; también hubo casos de colaboración activa. El más notorio, el de los judíos, atrozmente perseguidos en los últimos tiempos del reino visigótico. El anónimo autor del *Ajbar Machmua* recogió tradiciones fidedignas sobre este punto: "El destacamento que fue hacia Rayya [Málaga] la conquistó y sus habitantes huyeron a lo más elevado de los montes; marchó en seguida a unirse con el que había ido a Elvira, sitiaron y tomaron su capital [Granada] y encontraron en ella muchos judíos. Cuando tal les acontecía en una comarca reunían todos los judíos de la capital y dejaban con ellos un destacamento de musulmanes, continuando su marcha el grueso de las tropas".

Pasividad general y colaboracionismo de ciertos sectores; esto es lo que explica la facilidad de la conquista de un país entero por unos ejércitos cuya cuantía numérica era escasa. El de Tarik se ha calculado en 12.000 hombres, y el de Muza en 18.000. Puede que estas cifras sean inferiores a la realidad; Abencotaiba habla de 17.000 combatientes mandados por Tarik en la batalla del Guadalete, y, a más de las expediciones principales debió haber un activo ir y venir a través del Estrecho. Lo cierto es, sin embargo, que un extenso reino con millones de habitantes fue sometido por unas decenas de miles de combatientes, y que éstos sólo encontraron una resistencia infranqueable en las montañas cantabroastúricas, donde habitaban tribus poco romanizadas que habían conservado su combatividad tradicional.

Por la proximidad al África, la temprana islamización, la mayor riqueza rural y urbana y otra serie de razones resulta natural que el centro de gravedad de la España musulmana, o sea, Al-Andalus, palabra de etimología dudosa, se situara en la Bética, y que conforme se fue reduciendo su área se ciñera a las regiones del sur, hasta llegarse a la identificación de Al-Andalus con la actual Andalucía, pero los musulmanes nunca perdieron la noción de que su primitivo significado abarcaba toda España, y por eso en el siglo XVII, los moriscos expulsados seguían llamándose *andalusíes,* aunque fueran aragoneses o valencianos. En realidad, no hubo ningún momento en que coincidieran las fronteras del Andalus islámico con las de la Andalucía actual. Hasta las conquistas de Fernando III fueron más amplias; después, al quedarse reducido el dominio islámico al reino de Granada, surge la palabra actual, pero más bien referida, por una curiosa paradoja, a la porción cristiana. Incluso después de la conquista de Granada Andalucía tuvo un significado ambivalente: en el sentir popular era, como hoy, el conjunto de los cuatro reinos; la literatura oficial tendía a reservarlo a los tres reinos de la Andalucía Baja (Sevilla, Córdoba y Jaén) manteniendo la personalidad del reino granadino.

La Bética fue, pues, la región más pronta y más profundamente islamizada y arabizada, en el sentido convencional que se da a este nombre. El cambio religioso tuvo más amplitud que el racial, llegando a afectar a la casi totalidad de los habitantes, mientras que la infusión de nueva sangre tuvo unos límites que no podemos precisar; frente a autores, como Guichard, que piensan que la conquista significó una ruptura con lo anterior, prevalecen los que opinan que la población iberorromana siguió constituyendo la base demográfica. Nos encontramos ante un fenómeno de imposible cuantificación, en el que hay que proceder con gran cautela, utilizando datos aislados que, en fin de cuentas, sólo proporcionan un vago orden de magnitudes, una *impresión* formada en el ánimo del historiador como sedimento de múltiples lecturas, investigaciones y reflexiones.

Lo que sí podemos excluir son las posiciones extremas, tanto de los que defienden la existencia de una suplantación, de un completo cambio racial, como de los que minimizan la aportación árabe y bereber. El colmo de la paradoja se la apuntó hace pocos años Ignacio Olagüe, hombre de muchas y mal digeridas lecturas, aficionado a plantear hipótesis sensacionalistas, autor de un libro que publicó primero en francés bajo este llamativo título: *Les arabes n'ont jamais envahi l'Espagne (Los árabes no invadieron nunca España).* Escarmentado por los palos que recibió de la crítica francesa, puso a la edición española un título más moderado, pero el fondo argumental era el mismo, como también fue igual el rechazo de la crítica solvente. En resumen, Olagüe sostenía que la transformación del estado visigótico cristiano en un estado muslim se operó por fuerzas internas, sin necesidad de conquista externa, por conversión al Islam de unas poblaciones que, mediante la doctrina arriana, negadora de la Trinidad, estaban preparadas para recibir la doctrina monoteísta del Islam y acusar a los cristianos de trinitarios politeístas. Este razonamiento es absurdo para el conjunto de España, donde en el siglo VIII ya no había arrianos, y más absurdo aún para la Bética, en la que la influencia de los visigodos arrianos fue insignificante. Lo que sí puede admitirse, y ello se ha subrayado muchas veces, es que las masas rurales de escasísima cultura religiosa creyeran que el Islam era una especie de secta cristiana.

Si he aludido a la teoría de Olagüe no es porque valga la pena detenerse en ella sino porque recientemente no han faltado quienes la utilicen como base de un concepto de la historia andaluza basado en la existencia de un sustrato humano que permanece invariable a través de los siglos, cambiando a veces de religión pero con un mínimo de cambios raciales. Frente a esto hay que decir que la conquista musulmana tuvo unas consecuencias raciales nada despreciables, porque hubo, no sólo conquista violenta sino una continua emigración, o más bien, una serie de movimientos a través del Estrecho de distinto signo, con distinto rumbo, según los avatares de la historia. La presencia y el arraigo de individuos, de familias, de tribus de sangre árabe, ya de la Arabia propiamente dicha, ya de Siria, está atestiguada por infinidad de testimonios. Su rango político, económico y cultural lo mantuvieron durante siglos, a pesar de que su número fue, sin duda, escaso; los pocos miles que llegaron con Tarik y los grupos, mucho menos nutridos, que después tomaron el mismo rumbo. La lejanía de Arabia, la dispersión de los árabes por todos los países conquistados, no permitían emigraciones en masa. Pero no hay que olvidar que, si bien no se llegó a una arabización total del norte de África, sí hubo una presencia árabe lo bastante nutrida como para asegurar que la corriente africana hacia Al-Andalus, constante en toda la Edad Media, no se alimentó sólo de bereberes.

La aportación berberisca fue, sin duda, mayor, aunque ha quedado eclipsada por su rango social inferior; quien tenía un antepasado árabe, aunque fuese lejano, se envanecía de ello y se consideraba él mismo árabe; esta circunstancia no se daba en cuanto a la sangre berberisca, que debió quedar disuelta en la masa, impregnándola con ciertas variedades raciales que luego configuraron la fisonomía del morisco. Hay testimonios en favor de la identidad física del morisco con el *cristiano viejo,* pero Bernard Vincent ha recogido otros, más numerosos, que hablan en el sentido de una distinción, por ejemplo, un color de la piel más oscuro. La aparente contradicción se resuelve pensando en la variedad de situaciones; en unos puntos la inmigración berberisca fue muy nutrida, en otros muy escasa.

En la actualidad, el profesor Jacinto Bosch es quien más ha hecho adelantar los estudios en este difícil terreno de la berberización de Al-Andalus. Según su autorizada opinión, "aun cuando una buena parte de las tribus bereberes procedentes de Ifriqiya (algunas arrastradas de Tripolitania) y del resto de al-Magrib se integraron en el sistema cultural árabe, otros grupos tribales, aislados en zonas de la Meseta, de las marcas fronterizas y en los macizos montañosos, debieron de conservar sus esencias culturales norteafricanas, sus hábitos, sus costumbres e incluso su lengua, influyendo de alguna manera en las áreas donde se establecieron... Pienso que en núcleos apartados de las grandes vías de comunicación y de los centros urbanos debió de existir un cierto grado de berberización étnica y demográfica, como apunta P. Guichard, e incluso de existir en el orden lingüístico y en las prácticas y costumbres".

Es innegable que si la fuerza de penetración de la cultura bereber fue muy inferior a la árabe, en algún grado compensó esta inferioridad con el mayor aporte humano. Ya desde los tiempos mismos de la conquista el número de combatientes norteafricanos fue preponderante. Luego sobrevino la desilusión, las quejas por el reparto desigual, los combates con los árabes que se habían atribuido las mejores porciones de Al-Andalus, incluso debieron ser muchos los que retornaron a su patria, pero estos incidentes no cambiaron la orientación general de un fenómeno de raíces antiquísimas: la tendencia de las poblaciones norteafricanas a establecerse en las tierras privilegiadas del otro lado del Estrecho. Se adivina esta tendencia en los tiempos pre y protohistóricos; se comprueba en la época romana, cuando en el siglo III, aprovechando la momentánea debilidad del poder imperial, se producen irrupciones de mauritanos en la Bética; y, lógicamente, llega a su culminación cuando las conquistas de Tarik y Muza abren de par en par las puertas del Estrecho. Desde entonces hubo una incesante transmigración, no sólo guerrera sino pacífica, pobladora, como lo recogió un cronista tardío, Luis del Mármol Carvajal: "Fue tanto el número de alarbes y de africanos que creció en España que todas las ciudades y villas se hincheron dellos, porque ya no pasaban como guerreros, sino como pobladores con sus mujeres y hijos".

Como queda dicho, cuantificar este fenómeno es imposible, pero pueden aventurarse algunos cálculos. Según Bosch, en los años posteriores a la conquista pasarían el Estrecho 40.000 ó 50.000 árabes y unos 350.000 norteafricanos. A partir del siglo IX, consolidada la situación en el sur de España, estas cifras disminuyeron sin que el caudal se agotara; los califas y, sobre todo, Almanzor, llamaron a gran número de mercenarios bereberes para integrar las tropas de la guardia y las unidades de choque, en las que tenían máxima confianza. A la caída del califato, rotas las leyes de la disciplina, serían estas tropas las que saquearían y destruirían Medina Azzara, la Alamiriya, Elvira y otros grandes centros de poder y de riqueza. Esta copiosa presencia armada explica que al desmembrarse Al-Andalus en reinos de taifas una gran parte quedase en poder de los bereberes: Málaga, Algeciras, Carmona, Ronda, Morón, Arcos... Las irrupciones almorávides y almohades, en los siglos XI y XII, cambiaron el perpetuo goteo en anchurosas riadas, hasta que Alfonso XI cerró el paso a los benimerines en la batalla del Salado y se aseguró el control del Estrecho. Por otra parte, reducido el dominio islámico a los estrechos y superpoblados límites del reino de Granada, ya no suscitaba las mismas apetencias; no obstante, hasta el mismo final de la secular lucha hubo intercambio de poblaciones y de milites entre ambas orillas del Estrecho.

Estos intercambios se produjeron en ambas direcciones; aunque de menores proporciones, también hubo una corriente en dirección norte sur que adquirió bastante intensidad en ciertos momentos históricos. Por regla general, los andalusíes sólo se expatriaban forzados por adversas circunstancias; oleadas de fugitivos llegaron al norte de África tras la salvaje represión de que hizo objeto el emir Alhakem a los sublevados del arrabal de Córdoba el año 805. Mucha más envergadura tuvieron las deportaciones ordenadas por los almorávides y almohades en el siglo XII como respuesta a lo que ellos consideraban como una peligrosa actitud quintacolumnista de los mozárabes ante el peligro, cada vez más apremiante, que se cernía sobre todo el Al-Andalus por los progresos de las armas cristianas. Los capítulos finales de esta larga serie de éxodos, que fueron otras tantas tragedias humanas de incalculable alcance, ocurrieron al finalizar la presencia islámica en Andalucía: emigración de granadinos después de 1492, huida de individuos de familias y aun de aldeas enteras a lo largo de todo el siglo XVI, unas veces como empresa individual, lanzándose a las olas en unas barcas, con medios de fortuna; otras, aprovechando las incursiones piráticas, que con frecuencia retornaban a Marruecos o Argelia cargadas de moriscos. Finalmente, la deportación general de 1609-1610, y aun después, los papeles de la época registran muchas tentativas, conseguidas o fracasadas, de esclavos moriscos o berberiscos por alcanzar las costas africanas.

Hubo también movimientos de población hacia el norte, hacia la España cristiana. Millares de mozárabes andaluces se dirigieron a los espacios vacíos de la cuenca del Duero y allí formaron comunidades, edificaron iglesias, iluminaron pergaminos, fueron, a pesar de su fervoroso cristianismo, agentes difusores de ciertos aspectos de la cultura islámica. No vamos a entrar en la procedencia o improcedencia del término *mozárabe*; la palabra es lo de menos, el hecho es lo que importa, y aquel hecho revela un aspecto de las profundas tensiones sociorreligiosas que se escondían bajo los externos esplendores del emirato y el califato. La actitud inicial de los invasores fue de tolerancia hacia los vencidos y hacia su religión; tolerancia, no igualdad. Los cristianos quedaban excluidos de los puestos de responsabilidad y sujetos a una mayor carga tributaria. Constituían una minoría con cierta autonomía interna bajo la dirección de sus obispos y de funcionarios civiles; en Córdoba residía el *conde* de Al-Andalus y un juez especial, el *cadí de los cristianos*. Muchas iglesias permanecieron abiertas, y en algunos monasterios se continuaban las tradiciones del monacato visigótico. Convivían así dos religiones y dos corrientes culturales: la árabo-islámica, viva, enriquecida con las aportaciones que llegaban de Oriente, y la cristiano-latina, anquilosada, condenada a una irremediable decadencia por su condición sometida, su aislamiento y la decadencia general del occidente cristiano en los primeros siglos medievales.

A pesar de las medidas de tolerancia la sensación de inferioridad era entre los cristianos lo bastante viva como para provocar, entre los simples fieles, una corriente continua de deserciones, y entre los miembros más celosos del clero un sentimiento de frustración que en algunos casos les llevó a la autoinmolación, al martirio buscado mediante el ataque público a Mahoma y a su religión. Abderramán II no fue realmente un perseguidor; se limitó a cumplir las prescripciones de la ley coránica. Su sucesor Abdala sí llevó a cabo una verdadera persecución, con derribo de iglesias, ejecuciones, abjuraciones forzadas y éxodo de cristianos hacia el norte. Cuántos emigraron es cosa que nunca sabremos teniendo en cuenta los bajos niveles demográficos de la época debió ser una pérdida apreciable para Al-Andalus, intensificada en las etapas almorávide y almohade; y al par que el sur se empobrecía los reinos cristianos ganaban con esta aportación de hombres que llevaban, junto con su fe cristiana, elementos culturales árabes, incluso sus propios nombres. Hay motivos para creer que pueblos como Sevilla la Nueva, cerca de Navalcarnero, Sevilleja de la Jara, no lejos de Talavera y quizá la aldea de Sevilla en Asturias fueron pobladas por grupos de mozárabes sevillanos, y sin duda emigraron también desde otros puntos.

No eran los mozárabes los únicos en sentirse molestos por el dominio árabe; dominio que abarcaba las más variadas formas: control político, posesión de latifundios por la aristocracia árabe o arabizada, predominio de una cultura extraña a las tradiciones del país, empezando, naturalmente, por la religión, pero no sólo por ésta. Por eso vemos, en los siglos IX y X, multiplicarse los síntomas de descontento y las revueltas. La más extendida, la que acaudilló Omar ben Hafsum, bajo cuyo nombre se escondía un andaluz cien por cien, que acabó por desechar aquella imagen ficticia y volver a la religión de sus abuelos, bautizándose con el nombre de Samuel. Al llamamiento de Omar acudieron no sólo mozárabes perseguidos, esclavos fugitivos, bereberes descontentos, aventureros y asociales como proliferan en tiempos de revuelta; fueron los *muladíes,* es decir, los andalusíes convertidos al Islam y mantenidos en una situación de inferioridad por la oligarquía dominante los que engrosaron sus filas hasta poner en serio peligro la existencia misma del emirato cordobés. Las demandas de ayuda exterior de Omar ben Hafsum no fueron atendidas; murió sin haber logrado consolidar un estado sólido, y Abderramán III extinguió los restos de la revuelta, aunque no sus causas: la falta de unidad en aquella población formada por aportes étnicos de variada procedencia: indígenas, árabes, berberiscos, judíos, esclavos, todos ellos discriminados por razones políticas o religiosas en favor de una minoría.

Vistas así las cosas no nos extraña que el esplendor del califato fuera transitorio y que a un siglo X rutilante sucediera un siglo XI en el que se inició el declive irremediable de Al-Andalus. En adelante, el Islam español no podrá mantenerse sin el apoyo militar del norte africano; así se invertían los papeles, pasando la Berbería a ser, no ya el campo de expansión del califato cordobés sino el núcleo resistente de Al-Andalus, su punta de lanza frente a un mundo cristiano cada vez más potente y agresivo. Después del año mil, frontera cronológica decisiva, la Península estuvo cruzada en su centro por el paralelo divisorio de dos grandes culturas. Mientras el occidente cristiano se nutría, en gran parte, del aporte cultural del mundo musulmán (escuelas de traductores de Toledo, de Sicilia, más tarde de Sevilla y Murcia), el Islam se empobrecía, se estancaba desde el punto de vista técnico, se vela atacado de esa parálisis que le impidió renovarse a tiempo. Castilla se benefició de su solidaridad con un Occidente en pleno ascenso, el Occidente del románico y el gótico. Al-Andalus, agotado, seguía recibiendo de África guerreros pero no ideas. Ni los almorávides ni los almohades pudieron suministrarle los elementos necesarios para una renovación; sólo le dieron rudos combatientes y alfaquíes fanáticos que destruyeron las dinastías indígenas en nombre del integrismo islámico. Las conquistas de Fernando III y Jaime I señalaron, prácticamente, el fin del Islam español; el reino granadino ya no podía ser más que una supervivencia, favorecida por el desinterés de los cristianos por aquel rincón montuoso y por la determinación de sus habitantes de aferrarse hasta el último extremo a la tierra que los vio nacer.

Ya en la época del reino nazarita (siglos XIII-XV) la primitiva heterogeneidad de Al-Andalus se había simplificado mucho; los mozárabes habían sido exterminados, y el romance que no sólo ellos sino muchos andaluces islamizados empleaban habitualmente también había desaparecido. Ha sido una gran conquista de la investigación reciente la reconstitución de aquella habla primitiva, de la que nos separaban espesas pantallas, porque las crónicas, las colecciones biográficas, los tratados de filosofía, teología, derecho y ciencias naturales que produjeron los sabios andalusíes se escribieron, naturalmente, en árabe literario. La destrucción de los archivos públicos y privados nos ha quitado la posibilidad de conocer cartas, contratos y otro tipo de documentación que hubiese podido ser escrita en la lengua derivada del latín que el pueblo andalusí usó durante siglos. Se sabía de la existencia de tal lengua por noticias de autores árabes, pero ha sido el estudio del cancionero de Ibn Cuzmán (1110-1160) y el descubrimiento de canciones populares en una mezquita de El Cairo lo que nos ha permitido conocer el verdadero alcance de esa lengua, de la literatura a que dio lugar y de su enlace con otras lenguas y literaturas de la España cristiana. Hay ya una información adecuada a nivel del público sobre este descubrimiento, proporcionada por grandes maestros como Menéndez Pidal y García Gómez. Lo que de sus investigaciones se desprende es que antes de la gran irrupción castellana ciudades como Sevilla, Córdoba y Granada fueron centros de una intensa actividad poética, en la que autores islámicos y hebreos (no olvidemos que el componente hebraico fue muy importante en Al-Andalus) escribieron poesías terminadas muchas veces con unos estribillos o cancioncillas de origen popular, escritas en un romance más o menos contaminado de árabe. Esa literatura revela una unidad peninsular profunda, no sólo en el léxico sino en los temas. La lengua que hablaba el pueblo andalusí era muy parecida al gallego, al portugués, al catalán, al bable, a todas las variedades dialectales de un romance que luego quedó troceado al surgir y crecer el castellano con ímpetu incontrastable de norte a sur. La lírica gallega medieval, que culmina en las *Cantigas* de Alfonso X, ya no se nos aparece como un fenómeno aislado; enlaza, a través de la portuguesa, con la que se recitaba y cantaba en Andalucía en los siglos XI y XII glosando los temas eternos del amor juvenil:

> *"Que faré yo ou que será de mib?*
> *¡Habib, non te tuelgas de mib!".*
> *("¿Qué haré yo o qué será de mí?*
> *¡Querido, no te apartes de mí!").*

En este dístico la única palabra árabe es *habib*, amado. Las demás son romances; *tuelgas* procede del latín *tollere*, quitar, apartar.

La jarcha 15 de Abraham ben Ezra contiene la misma angustioa pregunta:

> *Gar, que faré yu*
> *como vivra yu?*
> *Est al-habib espero,*
> *por el murrayu.*

Tema repetidísimo en la literatura galaico-portuguesa: "Pois non ven meu amigo... que farei? Meu amigo... como viverei?". "Que farei agora amigo, pois non queredes conmigo viver... Matarme ei" (Menéndez Pidal: *Cantos románicos andalusíes*).

Lengua romance, lírica popular, supervivencias cristianas, todo esto estaba aún muy vivo en la Andalucía del año mil, que, a pesar de la superestructura árabo-islámica mantenía su tradición hispanorromana en comunidad con los demás pueblos de España. Las invasiones berberiscas (almorávides, almohades) debilitaron esta tradición y esta unidad, cuyos últimos restos fueron barridos en el siglo XIII. Lo que de ella sobrevivió en el reino granadino fue muy poco. Tanto en él como en la muy castellanizada Andalucía Baja se había producido una ruptura cultural, un verdadero naufragio del que sólo sobrevivieron algunos pobres restos.

Sin duda, hubo en los dos siglos y medio de existencia del reino nazarí o nazarita algunos aspectos brillantes; sin contar las maravillas de la Alhambra, hubo un grupo literario en el que figura el historiador Ben-al Jatib, pero, en conjunto, éstos eran los fulgores de un ocaso. Lejos quedaban los tiempos en que Al-Andalus, en el sentido más amplio de esta palabra, fue la bisagra en la que giraron dos grandes culturas, enemigas y, sin embargo, solidarias. El distanciamiento entre ambas fue para Al-Andalus una tragedia tan grande como la derrota militar y su creciente dependencia hacia una Berbería contemporánea del Renacimiento, pero ¡cuán alejado de sus esplendores! El último reino islámico andaluz, bastión avanzado en un mundo hostil, separado de su complemento natural, la Andalucía bética, no podía ser más que una supervivencia sin poder creador, sin capacidad de influencia.

El gran problema para los historiadores consiste en averiguar por qué misteriosas sendas consiguieron sobrevivir e incorporarse a la cultura cristiana tantos restos del naufragio del Islam hispánico, desde los más excelsos a los más vulgares, desde la alta especulación filosófica a las recetas de cocina. En algunos casos esos senderos han sido descubiertos; por ejemplo, ya no queda duda razonable de que en la lírica provenzal hubo influencias de la arábigo-andalusí, o de que en la Divina Comedia del Dante hay elementos musulmanes, como había intuido Asín Palacios. En otros casos, la discusión sigue abierta, como sucede con la posible transmisión de elementos del arte califal más allá de los Pirineos, o la discutida influencia de los *sufíes,* de los místicos andalusíes, en la mística cristiana posterior, incluyendo la de san Juan de la Cruz. La pervivencia de técnicas artesanas, culinarias, médico-higiénicas y otras concernientes al vivir cotidiano es de evidencia inmediata; la dificultad estriba en comprender cómo pudo esto suceder teniendo en cuenta la casi total eliminación de la población andalusí.

La respuesta a esta pregunta no puede ser simple; debió haber varios cauces; por lo pronto, la erradicación no sería total; pequeños grupos e individuos aislados persistieron, lo mismo tras la conquista cristiana de la Andalucía Baja que tras la expulsión de los moriscos, en algunos casos por el propio interés de los vencedores. Consta la presencia de alarifes, maestros de obras, carpinteros, azulejeros, orfebres, etc., y hay que tener presente que basta un pequeño número de maestros para perpetuar una tradición artesanal. La municipalidad granadina tuvo interés en mantener en su puesto a los *cañeros* que conocían los intrincados arcaduces por los que llegaba el agua potable a la ciudad. Los mismos funcionarios públicos necesitaban el asesoramiento de los vencidos para hacer los catastros, señalar las lindes, informar sobre el antiguo sistema tributario.

Tampoco hay que olvidar que los repobladores castellanos y judíos estaban bastante contaminados de elementos moriscos a través de contactos fronterizos y del fenómeno del mudejarismo. Esta influencia fue extensa y duradera; si Pedro I rehízo en estilo mudéjar el Alcázar sevillano, Enrique IV vivía en su Alcázar segoviano casi como un emir, en un ambiente orientalizante en indumentaria, personal de su séquito, decoración y costumbres. ¿Hay que recordar que obras literarias como el *Libro del Buen Amor* muestran patentes huellas islámicas?

Otro cauce, modesto, de transmisión, fue la persistencia de los vencidos, nominalmente convertidos, dispersados tras la revuelta de 1568, apreciados como hortelanos, curanderos y otras especialidades profesionales. Los esclavos musulmanes o moriscos siguieron siendo numerosos en Andalucía en los siglos XVI y XVII.

Muchos enigmas quedan aún por resolver en este campo. Lo cierto, lo indudable es que a través de soterrados cauces y tenues filamentos se transmitió una tradición pluriforme como a través de un delgado cable puede circular una poderosa corriente eléctrica. Pero no hay que engañarse sobre el alcance, sobre la operatividad de esa tradición, que en unos aspectos quedó rota y en otros truncada. De la fe islámica nada quedó; en este terreno el trasiego poblacional fue completado por la tradición de lucha religiosa y por la vigilancia social e inquisitorial que penalizaba duramente cualquier reminiscencia, incluso meramente formal. Piénsese, por ejemplo, en que si ya de por sí las tradiciones alimenticias que aportaban los repobladores valorizaban el vino y el cerdo, el sentimiento antiislámico llegó más allá, les dio valor de símbolo de pertenencia a la casta triunfante, mientras el repudio al tocino, aunque fuera por motivos fisiológicos, constituía un indicio serio, un indicio peligroso, que podía atraer el rechazo social e incluso la amenaza de un proceso de fe.

Lo que sobrevivió, pues, fueron elementos aislados, que fuera de su contexto carecían de significación, que nada decían al pueblo que los usaba. Las dos mil palabras que el castellano ha tomado del árabe fueron y son usadas (algunas, con proyección internacional) sin conciencia de su origen: decimos álgebra, alcalde, alcohol, arancel, arroz, albañil, guarismo, almacén, alfombra, almohada, tarima... sin que por ello nos sintamos especialmente ligados a la cultura que acuñó estos vocablos y los puso en circulación, de igual modo que los numerosísimos topónimos árabes (con un máximo lógico en la mitad oriental de Andalucía) son simples vestigios carentes de eficacia. Los monumentos que legó el pasado islámico eran apreciados; se sabe que el ayuntamiento cordobés trató, sin éxito, que la gran Mezquita fuera respetada en su integridad primitiva. Carlos V y Felipe IV admiraron la Alhambra, cuya conservación, casi perfecta, fue lograda por la instalación en ella de la Capitanía General de Granada. Es en el terreno constructivo, y más aún en el decorativo, en el tratamiento de la madera, el yeso, la cerámica, donde mejor puede apreciarse una continuidad con el pasado islámico. Todavía en 1633 el maestro sevillano Diego López de Arenas publicaba su *Tratado de la carpintería de lo blanco* que recogía la tradición morisca en uno de sus sectores más destacados.

Pero estas supervivencias, incrustadas en un solidísimo contexto cristiano y castellano carecían de eficacia sociocultural. Los mismos andaluces del siglo XVII que vivían en Bornos, Canjáyar o cualquier otro lugar de nombre árabe o bereber, que tal vez recitaban o conocían romances fronterizos, que comían dulces y frituras confeccionados con ingredientes ajenos a la tradición viejocastellana, se sentían visceralmente enemigos de todo lo musulmán, de todo lo islámico. Por dos motivos esenciales, uno de orden externo y otro interno que no haremos más que apuntar. El abatimiento del Islam peninsular coincidió con la cúspide de la amenaza turca; por eso la caída de Granada causó inmenso júbilo en toda Europa. Turquía dominó el Mediterráneo oriental, hizo peligrosísima la navegación en el occidental, implantó su control en la mayor parte del norte de África. Andalucía siguió teniendo una frontera, no terrestre sino marítima; una frontera de la que los aspectos caballerescos estaban ausentes. Las presas y los golpes de mano eran continuo motivo de inquietud para las poblaciones marítimas. El musulmán seguía siendo el *enemigo hereditario.*

Motivo interno de ruptura de la tradición cultural: los hebreos andaluces se convirtieron en gran número al cristianismo, formaron una potente clase de conversos, cultos, influyentes. Muchos eran conversos de buena fe, y aportaron al cristianismo andaluz, hispano, valores propios; fueron un factor nada despreciable de la renovación religiosa en los comienzos de la Edad Moderna. La actitud de moros y moriscos fue muy diversa; es verdad que hubo ejemplos de los que Márquez Villanueva, en trabajo reciente, ha llamado *los otros conversos,* entre los que hubo figuras tan sugestivas como la del padre Albotodo, fundador de un colegio en el Albaicín granadino, o aquel Alonso del Castillo, probable autor de los famosos *plomos del Sacromonte,* curiosa falsificación cuyo fin era acercar las dos razas y las dos creencias; pero estos casos aislados son excepciones que confirman la regla: el morisco se mantuvo apartado, en actitud hostil, por culpas suyas y ajenas, y la sociedad cristiana se empobreció en alguna manera con este mutuo rechazo.

Desde entonces, y durante siglos, apenas se hizo nada para allanar el foso que separaba a los habitantes de uno y otro lado del Estrecho. A pesar de su cercanía, aquellas tierras resultaban a los andaluces más distantes y más hostiles que las de Polinesia. De tarde en tarde algún gesto, algún episodio parece romper aquel muro; un rey marroquí destronado, fugitivo, llegó en 1609 a tierras andaluzas y recibió hospitalidad y ayuda, gracias a la cual pudo volver a su reino; a finales de aquel siglo un embajador marroquí atravesó tierras andaluzas en su ruta hacia la Corte y anotó la presencia de familias que recordaban su origen musulmán; continuaba también la presencia en el reino marroquí de misioneros franciscanos, legalmente tolerados, para la asistencia espiritual a los cautivos, y cuya base de actuación era el convento de San Diego de Sevilla. De ésta y otras ciudades andaluzas salían la mayoría de los reclutas y penados que aseguraban la defensa de Melilla, Ceuta, Orán y los Peñones, puntos avanzados, no de penetración sino de defensa contra la piratería. De Málaga salían los víveres y pertrechos que requería la subsistencia de dichos presidios; pero esas relaciones eran puramente militares; a nivel humano había abundantes deserciones por una y otra parte, pero ningún intercambio de tipo económico o cultural.

Corresponde a Carlos III el mérito de haber intentado cambiar esta situación con vistas a unas relaciones más positivas; el embajador Sidi Ahmet el Gazel fue muy agasajado a su paso por Sevilla, y en Madrid sentó las bases del tratado de paz y amistad con Marruecos que firmó en 1767 el famoso marino Jorge Juan. No fue duradera la paz pero era un primer paso hacia la normalización de las relaciones. Más duras fueron las relaciones con Argel, que terminaron con el abandono de Orán. A pesar de todo, a finales del siglo XVIII se habían regularizado las relaciones diplomáticas con los gobiernos norteafricanos, se había terminado con el estado automático y perpetuo de guerra, se habían hecho posible unos modestos intercambios y había disminuido el peligro pirático, con gran alivio y beneficio de las poblaciones de las costas andaluzas, que en esta época iniciaron una etapa de prosperidad y continuo desarrollo.

Se entraba, pues, en la Edad Contemporánea con perspectivas más favorables para unas relaciones cordiales y fructíferas entre las poblaciones de ambos lados del Estrecho; muy poco, sin embargo, se avanzó en esta dirección durante el siglo XIX; la mejor disposición de las clases cultas, la maurofilia romántica, el pragmatismo político, que ya no basaba nuestras relaciones internacionales en la lucha contra los infieles, no tenían una resonancia adecuada en la mentalidad popular, que seguía anclada en los tópicos más negativos sobre todo cuanto afectaba al mundo del Islam. La guerra de Marruecos (1859-1860), mero recurso utilizado por el gobierno de Madrid para apartar la opinión pública de las dificultades internas, suscitó un entusiasmo delirante en Andalucía. No fue así en las sucesivas guerras de penetración necesitadas por los resultados de la Conferencia de Algeciras y la atribución a España de una zona de protectorado en el norte de Marruecos. Acabaron convirtiéndose en una pesadilla que alcanzó su ápice en el desastre de Annual (1921).

El pueblo andaluz, mal informado, casi identificaba Marruecos con el Islam entero. La ignorancia sobre el contenido de la cultura islámica y su gigantesca área de expansión por el mundo era total hasta fechas recientes. Diversos factores están contribuyendo a una apreciación más equitativa del Islam contemporáneo; éste ha hecho grandes esfuerzos por liberarse del retraso secular que padecía; ha roto los vínculos de dependencia colonial, aceptando los avances técnicos de Occidente sin renegar de sus propias tradiciones; la crisis petrolífera ha abierto los ojos a la masa, mostrándole las verdaderas dimensiones del mundo islámico y sus grandes perspectivas de futuro. El intercambio comercial con esos países, mínimo hasta hace pocos decenios, se ha convertido hoy en un objetivo prioritario para los responsables de nuestra economía. Viajar por ellos ya no es una aventura arriesgada; puede hacerse con igual comodidad que en los países más evolucionados. La mayor información es el paso previo para la comprensión y la estima. Poco o nada queda ya del antiguo talante de recelo o de abierta hostilidad, y a este acercamiento ha contribuido no poco la evolución interna de la Iglesia católica.

Andalucía puede y debe convertirse de nuevo en el punto de encuentro de dos áreas culturales que, sin desdoro para nadie, pueden pretender a la universalidad, porque las civilizaciones del Extremo Oriente, a pesar de su antigüedad y riqueza, nunca han sobrepasado de forma apreciable sus límites geográficos. La civilización occidental, de raíces clásicas y cristianas, es la que ha mostrado mayor aptitud ecuménica. Detrás de ella, la civilización árabo-islámica, más emparentado con la anterior de lo que harían presentir sus eternas querellas, ocupa un segundo puesto; casi ausente de Europa pero con muy activa presencia en Asia y África. Entre las dos, y muy ligada a ellas por comunes orígenes y por una convivencia entre fecunda y dolorosa, la cultura hebrea, que, a pesar de sus escasos efectivos humanos, está también esparcida por el ancho mundo. Andalucía, que hoy pertenece indiscutiblemente a la primera, no renuncia por eso a su vinculación con las otras dos y está preparada para asumir esa herencia de su pasado eliminando de él todo elemento de animosidad e intolerancia para depurar la quintaesencia de una conjunción fecunda en maduros frutos. El acercamiento al Islam es un proceso que está ya en marcha. La recuperación de las raíces hebraicas está, por ahora, limitada a un estrecho círculo de especialistas, pero la patria de ben Ezra y Maimónides debe atender con más cuidado, con más cariño, a esta parcela de su rico pasado.

El acercamiento de Andalucía a los pueblos islámicos no puede conducirse, como algunos grupúsculos sueñan, por los senderos utópicos de una imposible reislamización. La historia es un vehículo sin marcha atrás; no hay más probabilidades de que Andalucía se vea otra vez poblada de mezquitas que las que existen para que Egipto vuelva a los tiempos de Orígenes y Túnez a los de Tertuliano y san Agustín. Pero sí es posible, y lo estamos presenciando, la convivencia con unas comunidades islámicas que practiquen su culto en medio de un respeto amistoso. En la Costa del Sol existe ya, no solamente los palacios y villas de los magnates del petróleo sino una mezquita que es un pleno acierto por sus calidades estéticas, perfectamente adecuadas a su entorno. Se alza muy cerca de Marbella, ciudad más que renovada, nueva, porque el pequeño núcleo antiguo ha quedado anegado en la marea de construcciones recientes, impulsadas por una inversión de más de cincuenta mil millones de pesetas, en gran parte de procedencia árabe; contribución sustancial para que un amplio sector del litoral andaluz sea un oasis de prosperidad en medio de una zona que sufre los efectos de una aguda crisis económica. En plan mucho más modesto, otra comunidad islámica, la Misión Ahmadi ta, ha edificado otra mezquita en Pedro Abad (Córdoba) al borde de la carretera general, junto a la vía que sirvió a Tarik para alcanzar Toledo y que hoy recorren los no pocos musulmanes que como obreros o turistas habitan o visitan nuestro país.

V. LA VOCACIÓN AMERICANA DE ANDALUCÍA

Mucho antes de que el territorio que hoy conocemos como Andalucía recibiera este nombre estaba ya en olor de universalidad. Tharsis, el país de Gerión, el jardín de las Hespérides no eran lugares concretos: pertenecían al mundo vago e indeterminado de lo fabuloso y formaban parte del común patrimonio cultural del mundo helenizado, heredero de antiquísimas tradiciones. La Bética romana sí fue un espacio acotado y bien delimitado sin que ello obstara a sus hijos para que se extendieran por todo el mundo conocido, ya sobresaliendo en los círculos literarios de la Urbe, ya rigiendo desde allí los destinos del Orbe y plantando, con Trajano y Adriano, los jalones imperiales en Escocia y Mesopotamia o defendiendo como simples soldados las fronteras de ese mismo Imperio, de cuya universalidad participó la Bética.

En la era islámica, Andalucía intercambió hombres, ideas y productos con la vastísima área de confesión muslímica y con aquellas otras tierras con las que mantenía relaciones de cultura y comercio, incluyendo China, de donde nos llegaron el naranjo y el papel. Fue una extensión hacia el Este, hasta los confines del mundo conocido. Hacia el Sur la franja de desiertos secos tropicales actuaba de pantalla, una densa pantalla a través de la cual se filtraban algunas cantidades de oro y de esclavos. Al Oeste el Mare Tenebrosum señaló un límite infranqueable durante milenios, hasta fines de la Edad Media, hasta una época en la que el Islam occidental estaba en franca decadencia y no participó ni siquiera en la exploración del vecino archipiélago canario. La exploración del Atlántico fue obra de ibéricos, apoyados por la pericia náutica de los italianos. No fueron los Grandes Descubrimientos producto del azar sino culminación lógica de unos esfuerzos materiales e intelectuales realizados ante todo por españoles y portugueses, y en mayor o menor grado también por otros pueblos europeos, durante los últimos siglos de la Edad Media. El proceso es hoy bien conocido en líneas generales; poco importa que aún se discutan detalles sobre la vida de Colón; esas minucias pertenecen más al género biográfico que a la verdadera historia, a la historia profunda. Lo que ésta nos dice es que el descubrimiento más trascendental que el hombre ha realizado se hubiera hecho de todas maneras en torno al 1500, por unos o por otros personajes singulares pero partiendo de las costas occidentales de nuestra Península.

Como en todo gran hecho histórico, el azar tuvo también su parte. No fue azar que la iniciativa no correspondiera a marinos catalanes, a pesar de su sólida reputación de cartógrafos y marinos; no era para ellos tan familiar el Atlántico como el Mediterráneo, y además, Cataluña, presa de tensiones sociales que llegaron hasta la guerra civil, atravesaba en la segunda mitad del siglo XV su peor momento. Pudo haber sido hazaña de vascos, que ya hacía tiempo frecuentaban aguas próximas al banco de Terranova para explotar sus riquezas pesqueras; y si nuestra presencia en América hubiera comenzado por latitudes más elevadas, si el territorio de los actuales Estados Unidos hubiera sido el núcleo de la América española, en vez de ser unos dominios marginales y desatendidos, entonces la historia del mundo habría podido seguir un curso muy distinto. También habría podido ser Portugal el protagonista de la gran hazaña si se hubiera mostrado más receptivo a las gestiones de Colón. Aquí es donde interviene el papel del azar, un azar cuya importancia se diluye en el ámbito de la larga duración, pues, al cabo de los siglos, la presa ultramarina fue repartida entre las naciones que por su situación geopolítica estaban predestinadas a ello: Portugal, que a la larga sacó el mayor provecho a pesar de su retraso inicial, pronto reconoció su error y consiguió ampliar su exiguo dominio metropolitano con el inmenso Brasil, y España, que se llevó la parte del león.

Repetidas veces se ha explicado por qué la elección de la Baja Andalucía como base de las comunicaciones con las Indias Occidentales no fue una decisión arbitraria sino que venía impuesta por una serie de condicionamientos naturales y humanos. Los imperativos geográficos eran mucho más fuertes en la época de la navegación a vela. Para navegar hacia Occidente había que disponer de vientos de Levante; éstos son los que proporciona el alisio a la latitud de las Canarias. La posesión de estas islas era una premisa indispensable; allí repostaron las naves de Colón; allí comenzaba propiamente la travesía atlántica; desde aquella plataforma de lanzamiento el viaje, en condiciones normales, tardaba sólo mes y medio. El regreso era más azaroso: había que buscar latitudes más septentrionales para hallar vientos favorables, y el punto de llegada podía ser Lisboa, Galicia o el Cantábrico. Pero era lógico que se buscara una región idónea lo mismo para la partida que para la llegada, y esa región no podía ser otra que la Baja Andalucía. Los factores humanos también pesaron. Desde Ayamonte hasta Gibraltar actuaba una pléyade de pescadores y marinos que con frecuencia se comportaban también como soldados y piratas en aquella frontera marítima en la que "la ley y el orden" brillaban por su ausencia. A más de la sempiterna hostilidad contra *el moro*, enemigo de la fe y a la vez fuente potencial de ganancias (conquista de Melilla en 1497 por una hueste particular del duque de Medina-Sidonia), la guerra con Portugal, que había marcado el comienzo del reinado de Fernando e Isabel, había dado ocasión a encuentros, abordajes, presas, en las que el envite mayor lo constituían las partidas de oro sudanés y guineano que los lusos extraían de la costa africana. En esta dura escuela, en perpetua lucha con los hombres y los elementos, se forjaron aquellos indomables marinos onubenses que aseguraron el éxito del viaje colombino y que después prosiguieron por su cuenta los descubrimientos; así surgen los viajes de Vicente Yáñez Pinzón, Diego de Lepe, Ojeda, Juan de la Cosa, Pedro Alonso Niño, Rodrigo de Bastidas, notario de Sevilla... Viajes a los que curiosamente se llama *menores*, cuando, cualquiera de ellos, por su amplitud, riesgo y resultados, merecería una atención destacada si no estuvieran empalidecidos por el brillo de los viajes colombinos. No todos aquellos descubridores eran andaluces; santanderino era Juan de la Cosa, conquense Ojeda, italiano Amerigo Vespucci, el que dio nombre al Nuevo Mundo; pero todos ellos estaban vinculados a los puertos del litoral andaluz y sacaron de él sus hombres y sus recursos. Es bien conocido que Vespucci fue agente de la casa de negocios que los Berardi tenían en Sevilla y que en esa ciudad murió siendo piloto mayor de la Casa de Contratación.

El llamado *monopolio sevillano-gaditano* del comercio con América es un tópico que, como todos los tópicos, tiene algún fundamento. Los reyes aplicaron a su política americana el mismo principio básico que a todas las demás ramas de la administración: una mezcla de intervencionismo estatal y de iniciativa privada. Ellos no disponían de sumas para realizar la exploración y conquista de todo un continente, no querían que fuese una fuente de gastos sino de ingresos aplicables a sus empresas europeas. Las exploraciones particulares quedaron prohibidas; todo el que quisiese probar fortuna en aquellas tierras debía contar con su permiso, y si su intención era descubrir y conquistar debía pasar primero un contrato con la Corona, que le garantizaría el disfrute de las tierras descubiertas bajo ciertas condiciones. El comercio hispanoamericano estaría sujeto a las reglas de libre mercado, pero los productos debían ser registrados y pagar derechos de *almojarifazgo* (aduana). De igual manera, los pasajeros se concertarían libremente con los dueños de las naos en cuanto al pago del pasaje. A pesar de ciertas quejas y reclamaciones no se llegó a imponer ninguna tasa sobre los fletes. Había, pues, bastante dosis de liberalismo en este tráfico, siempre que se sujetara a unas reglas que pueden concretarse así: las Indias pertenecen a Castilla; por tanto, su explotación se reservaba a los castellanos en primer lugar; después, a las otras nacionalidades de la Península; de hecho, catalanes y aragoneses participaron desde el primer momento y con intensidad creciente, hasta llegar a ser muy importante el comercio catalán con América en el siglo XVIII, como ha demostrado con cifras precisas Martínez Shaw. Venían después los vasallos extrapeninsulares: flamencos, napolitanos, milaneses... Éstos tropezaban con algunos obstáculos legales que no impidieron su efectiva participación. Por último, los extranjeros, en principio, excluidos, pero en la práctica muy introducidos en la Carrera de Indias por variados procedimientos, desde la naturalización hasta el empleo de intermediarios y testaferros. Nos chocan hoy estas prácticas restrictivas que, no obstante, se mantienen con otros nombres y por variados métodos, incluso por las naciones que, en teoría, se muestran más partidarias de la libertad de comercio y de emigración. Entonces se hacía sin tapujos, aplicando unos principios admitidos y aplicados por todas las naciones a los que después se ha dado el nombre genérico de *mercantilismo*.

Para todas estas operaciones de control era preciso tener un apoyo institucional, ubicado en una ciudad lo más cercana posible al punto de salida de las flotas. Después de pesar varias candidaturas, entre ellas la de La Coruña, los reyes se decidieron por Sevilla, no por razones de favoritismo sino por sus evidentes ventajas de posición geográfica. Allí estuvo radicada la Casa de Contratación desde 1503 hasta su traslado en 1717 a Cádiz, donde continuó ejerciendo las mismas funciones. Estas funciones eran muy variadas, y todas de capital importancia; su documentación, que se conserva casi entera, es inestimable para la historia andaluza. La Casa expedía las licencias de embarque, inspeccionaba los navíos, aprestaba los galeones de escolta, enviaba el mercurio necesario para las minas de plata, registraba las mercaderías, se hacía cargo del oro, plata y perlas que llegaban para la Real Hacienda, se ocupaba del embarque de los misioneros, servía de intermediaria entre la Corona y los mercaderes agrupados en el Consulado, tenía jurisdicción civil y criminal en los asuntos relacionados con la Carrera de Indias, actuando como tribunal, con magistrados y cárcel propia. Era también un centro de estudios náuticos y cosmográficos, centrados en un cargo, el de piloto mayor, ejercido por hombres eminentes, que desempeñaban la cátedra de Cosmografía, fabricaban instrumentos de navegación y custodiaban los mapas en los que se iban acumulando todos los datos relativos a los derroteros marítimos y a las tierras descubiertas.

En las primeras décadas los viajes no estaban organizados de forma sistemática; fue en el reinado de Felipe II cuando, ante las pérdidas producidas por los ataques de los enemigos, se decidió adoptar el sistema de flotas protegidas, que no era una novedad, sino una práctica habitual ante el clima general de inseguridad y piratería marítima; los buques que de todos los países de Europa llegaban a las costas de Andalucía, singularmente a los puertos de Cádiz y Málaga para cargar vinos, pasas, almendras, aceitunas y otros frutos (la *vendeja),* solían llegar agrupados en convoyes. La novedad del sistema de las flotas era su rígida organización. Los barcos mercantes habían de ser aprobados y seleccionados por el gobierno y éste, por medio de la Armada de la Guarda, formada por pesados galeones, aseguraba el transporte. Muy pocas flotas fueron asaltadas por los enemigos. Fueron más, muchos más, los buques que naufragaron en el canal de las Bahamas o en la barra del Guadalquivir.

Todo este complicado aparato destinado a controlar el tráfico de hombres y mercancías y asegurar su defensa tenía que reposar en unos puntos geográficos concretos: Sevilla y Cádiz en España, Portobelo, Veracruz, La Habana y Cartagena de Indias en América. A esto se reduce el cacareado *monopolio sevillano* que algunos quieren presentar como una ventaja abusiva de Andalucía en detrimento del desarrollo de otras regiones. En algún sitio debían obtenerse las licencias de embarque, pagar los derechos de aduana y otras medidas similares que existen en todos los países del mundo; y de algún sitio, de algún puerto concreto tenían que salir los buques agrupados en convoyes para afrontar con menos riesgo la travesía. Esos puertos, por imperativos geográficos, tenían que ser Sevilla, Cádiz, Sanlúcar de Barrameda. Poco tenía que desviarse un barco procedente de Barcelona para entrar en Cádiz a cumplir los indispensables requisitos antes de emprender la travesía atlántica. Algo más los que procedieran de Bilbao, Santander o La Coruña, pero no mucho más, puesto que, de todas formas, tenían que bajar hasta el Trópico para encontrar los vientos adecuados. Desde mediados del siglo XVIII se abandonó el sistema de flotas protegidas que ya no respondía a la realidad y al cambio que se había operado en el poder marítimo; ocho o diez galeones ya no eran una defensa adecuada ante la flota inglesa. Ésta fue una de las razones por las que en 1778 se implantó la libertad de comercio, extendiendo a una serie de puertos del litoral peninsular y americano la facultad de expedir directamente sus navíos.

De este sucinto resumen se desprende que la elección por parte de la administración de la Baja Andalucía como base de las comunicaciones con América no fue producto del favoritismo sino de ciertas realidades, unas permanentes, geográficas, otras coyunturales; y que las ventajas para Andalucía no dimanaron de un supuesto monopolio comercial sino de tener más cerca los puntos de embarque. No cabe duda de que en una época de transportes lentos y caros ésta era una ventaja muy apreciable. ¿Sacó de ella Andalucía todo el provecho posible? Éste es el nudo de la disputa surgida últimamente en torno a decidir si América fue para Andalucía no más que "la gran ocasión perdida". Estas polémicas patinan entre asertos dogmáticos y parrafadas huecas si no tienen un soporte documental serio, como el que están proporcionando (entre otras iniciativas) las Jornadas de Andalucía y América que cada año organiza en La Rábida la Escuela de Estudios Americanos de Sevilla. Falta aún mucho trecho que recorrer y muchas lagunas que rellenar en nuestros conocimientos, hasta ahora dirigidos más que a nada a la acción de España en América, como si no se hubiese producido también el efecto inverso. Dentro de las limitaciones apuntadas, vamos a intentar responder, con suma brevedad, a los interrogantes que plantea la pregunta más arriba enunciada. Pero se impone una advertencia preliminar: es incorrecto hablar de Andalucía como de un bloque unitario: la participación de sus diversas ciudades y comarcas se movió entre cotas muy altas y otras en las proximidades del cero, si bien ninguna quedó exenta de ciertos efectos indirectos, como la abundancia de plata y los dos fenómenos correlativos, que en el fondo eran sólo uno: la baratura de la plata y la carestía de precios y salarios en términos de plata, fenómenos muy patentes vistos desde el exterior y que los extranjeros expresaban diciendo que en España todo era caro menos la plata. Por supuesto, esta carestía no era tan acusada en Almería y Jaén como en Sevilla y Cádiz. Incluso debía haber (aunque se carece de estudios comparativos) cierta diferencia entre Córdoba y Málaga, ciudad esta última que también tenía relaciones con América, aunque no se oficializaran hasta 1778; pero desde antes, casi desde el Descubrimiento, trató de participar en sus ventajas y tuvo cierto papel en los aprestos de flotas.

La disparidad aludida se refleja con toda claridad en el número de emigrantes, que es uno de los aspectos básicos de aquellas relaciones. Quizá el fundamental, porque el comercio desapareció, los tesoros se esfumaron, pero la sangre y la cultura andaluza siguen formando el sustrato de la presencia española en América. La cuantía de aquella emigración es uno de los muchos problemas que están pendientes de solución. Estamos seguros de que las 150.000 fichas de emigrantes. que se guardan en el Archivo de Indias están muy lejos de representar la totalidad de los españoles que se lanzaron a la gran aventura; lo que no sabemos es si esa cifra representa los tres cuartos, los dos tercios o sólo la mitad de la cifra real. Todos aceptan que hubo mucha emigración clandestina, cuya cuantificación es y será siempre imposible; a lo más que podemos aspirar es a una razonable aproximación. Pero sí podemos estudiar la procedencia de los emigrantes, a lo menos para el siglo XVI, el mejor estudiado.

Utilizando el material pacientemente reunido por Peter Boyd-Bowman, don José Antonio Calderón Quijano ha determinado los porcentajes de andaluces cuya presencia en Indias en el período 1493-1600 consta por documentos fehacientes; de un total de 54.881 fueron 20.229, el 36,90 por ciento. Es probable que el porcentaje real fuera más elevado, porque Andalucía suministraba la mayor parte de los soldados y marinos de las flotas, que no necesitaban licencia para emigrar, a pesar de lo cual se quedaban allá en gran número. Probablemente, en el siglo XVI el 40 por ciento de los pobladores fueron andaluces, los cuales, unidos a un 16,4 por ciento de extremeños, superaban la mitad. Si le unimos los canarios (no censados porque no pasaban por Contratación), el carácter meridional de la cultura hispanoamericana queda suficientemente explicado. Es un problema de raíces humanas.

Volvamos al tema de las disparidades dentro de nuestra región. Los autores antes citados se han tomado la pena de clasificar los emigrantes dentro del marco de las provincias actuales. Los resultados no pueden ser más elocuentes; de los 20.229 comprobados (quizá menos de la mitad de los efectivos) 12.600 procedían de Sevilla, seguidos, muy de lejos, por los onubenses (casi dos mil), gaditanos (mil quinientos) y, con cifras menores, las demás provincias andaluzas. Bastantes provincias castellanas, leonesas, manchegas, figuran con más emigrantes que Granada y Almería. Éste es un dato que hay que tener presente al hablar de *emigración andaluza* como si se tratara de un fenómeno homogéneo.

La emigración en los siglos XVII y XVIII ofrece al investigador interrogantes aún más numerosas que la del siglo XVI. Parece que en el primer cuarto del siglo XVII se alcanzaron cifras muy altas, quizá las más altas de todas; así parece deducirse de las quejas de la administración y las medidas restrictivas que toma para impedir la emigración clandestina, y así lo confirman, para la provincia de Huelva, los datos reunidos por José Luis Gozálbez Escobar en un trabajo muy notable por varios conceptos. Los motivos de esta intensificación no están claros; quizá se relacionan con el aflojamiento de los mecanismos de control, con la deterioración administrativa consecutiva a la muerte de Felipe II y la mayor facilidad para la emigración clandestina. De todas maneras, no deja de sorprender este movimiento tras la gran epidemia de principios de siglo y los huecos que produjo. Habría que averiguar si las cifras onubenses son representativas o excepcionales.

A continuación se produjo una caída muy fuerte que se prolongó hasta muy entrado el siglo XVIII. Seguimos refiriéndonos a las cifras onubenses, únicas estudiadas con rigor. Es probable que en el resto de Andalucía también descendiera la emigración, porque, si bien la situación interna llegó a ser muy desfavorable, la escasez de brazos producida por las grandes epidemias elevó el nivel de los jornales. La masa trabajadora no tenía interés en emigrar; tampoco las Indias ofrecían las mismas oportunidades que en los tiempos de la conquista. En cambio, sí debió haber una emigración de artistas y artesanos especializados; el propio Murillo sintió en su juventud la "llamada de América". María Jesús Sanz Serrano, consultando las listas de plateros avecindados en México en 1696, ha encontrado 14 procedentes de Sevilla y su reino, más otros que por sus apellidos parecen de la misma procedencia. En conjunto, la emigración andaluza no fue masiva, pero sí de calidad, y lo mismo debió ocurrir en el siglo XVIII.

En el norte de España la evolución fue distinta: la superpoblación de Galicia, las Montañas y el País Vasco se dirigió cada vez con más fuerza a las tierras americanas, y este movimiento se acentuó en el siglo XIX, dando origen a la figura del *indiano,* que generó no pocos beneficios para sus pueblos de origen. Tal fenómeno tuvo, en cambio, escasa trascendencia en Andalucía. Incluso Cádiz pareció haber olvidado su vieja vocación ultramarina, con un minúsculo 2 por ciento del total de emigrantes en 1885-1886 frente al 18 por ciento de Canarias y al 26 de Galicia. La tendencia no se ha modificado en el siglo actual: en 1925-1927 Cádiz enviaba la sexta parte de los emigrantes que Santander, la trigésima que Pontevedra. Esto explica que, frente a los poderosos círculos, casinos y organismos asistenciales sostenidos por gallegos y asturianos en Cuba, México, Argentina... los andaluces brillaran por su ausencia. Y no porque la situación del proletariado andaluz fuera satisfactoria, sino por su misma miseria y abandono; el emigrante nórdico hallaba en Ultramar parientes y amigos que le ofrecían su ayuda; el trabajador andaluz no tenía tradición migratoria ni medios materiales. Para un obrero que ganaba dos pesetas el precio del pasaje a Buenos Aires era tan astronómico que equivalía a meses o años de trabajo. Cuando, después de la guerra, se organizó el gran flujo migratorio andaluz ya América había dejado de ser receptiva, y en cambio se ofrecían perspectivas mejores en diversos países europeos y en otras regiones dentro de la propia España.

Ésos son los motivos de la presencia minoritaria de la población andaluza en la América contemporánea; pero Andalucía protagonizó los "años fundacionales" y ha sacado de ese hecho rentas permanentes. Andaluces, sostenidos por extremeños y canarios, configuraron la sociedad colonial durante un siglo largo, le dieron su arte, su lengua, sus costumbres, y no sólo a criollos sino a la población de color. Después, este crisol ha seguido actuando como instrumento de asimilación; en él han llegado a fundirse las oleadas humanas posteriores.

Menéndez Pidal, Meyer Lübke, López Estrada, Manuel Alvar y José J. Bustos han estudiado la influencia del castellano de Andalucía en la formación del castellano de América. "Frente a la tesis indigenista [escribe el último de dichos autores] que atribuía al sustrato el origen de la mayor parte de los rasgos del español de América, los estudios dialectales de los últimos años han mostrado, sin duda alguna, su relación genética con las variedades andaluza; vigentes a principios del siglo XVI. Ello se explica por el hecho de que en los primeros años de la colonización se formó una base lingüística de origen meridional a la que fueron incorporándose las gentes procedentes de otras regiones españolas... Se creó así en los treinta primeros años de la colonización una variedad lingüística a la que luego se incorporaron gentes de procedencia no meridional. Ha de tenerse además en cuenta que la emigración andaluza a América no cesó, y que todo el tráfico comercial se realizaba por el puerto de Sevilla, convertida en centro de irradiación cultural. La norma sevillana se impuso a la cortesana como modelo para la nueva población criolla, justamente en el momento en que se consolidaban las variedades dialectales del habla andaluza". El seseo, el *yeísmo,* la aspiración de *g* y *j* y la confusión *r-l* son algunos rasgos fonéticos americanos de origen andaluz, juntamente con muchos otros de carácter gramatical y léxico.

Sin alcanzar la enorme trascendencia de esta aportación lingüística, muchos otros elementos de la cultura andaluza se han injertado en el tronco americano comunicándole originalidad, savia y vigor. En espera de que los especialistas nos den sobre este punto la obra definitiva que la trascendencia del tema merece, nos contentaremos en esta apretada síntesis con recordar las resonancias andaluzas en la religiosidad, el arte y en múltiples manifestaciones folklóricas. Ecos de la arquitectura andaluza se hallan lo mismo en los grandes monumentos que en las casas particulares americanas. La exportación de pinturas, imágenes y retablos fue una fuente de riqueza para la artesanía sevillana; no pocas obras de arte de esta procedencia están identificadas, como el retablo de la catedral de Lima, obra de Martínez Montañés, quien, por cierto, al concertar el famoso Cristo de la Clemencia recordó que uno de los mejores que habían salido de su mano lo había enviado "a los reinos del Perú". En otras ocasiones los monumentos fueron construidos por operarios locales con dinero andaluz; un ejemplo notable es el mecenazgo de don Andrés Almonaster y Roxas, sevillano de Mairena, sepultado en la catedral de Nueva Orleans, cuya fábrica él costeó, así como el Hospital de la Caridad y el Viejo Cabildo, todos de fines del siglo XVIII.

Hemos dicho que el "indiano" fue una figura nórdica más que andaluza, pero ello no quiere decir que no hubiera muchos emigrantes andaluces que emplearan parte de sus ganancias en ayudar a gente de su linaje y dotar fundaciones religiosas y benéficas. Los fondos de *Bienes de Difuntos,* del Archivo de Indias constituyen, en este aspecto, una cantera aún poco aprovechada, y muchos más datos encierran los registros de protocolos notariales. Como restos salvados de una tormenta, aún quedan muchos objetos valiosos en Andalucía procedentes de las Indias; recordemos el riquísimo ostensorio de la catedral de Cádiz, llamado *del millón* (¿de pesos?), los doce enormes blandones de plata de la catedral de Sevilla, llamados los *vizarrones* porque fueron donados por don Juan A. Vizarrón, arcediano del cabildo hispalense y más tarde arzobispo y virrey de México, el retablo de plata de la prioral del Puerto de Santa María, el frontal de la Merced de Jerez, la custodia y cálices de la parroquia de Cortegana, el copón de San Pedro de Huelva y otras muchas piezas, en su mayoría procedentes del México del siglo XVIII, rebosante de plata. Que abunden más en la Andalucía occidental es natural y evidente, pero una rebusca sistemática las descubriría incluso en pueblos muy alejados de los grandes centros de tráfico, a pesar de las incontables pérdidas derivadas de la incuria, la maldad y las catástrofes naturales.

Más aún: conjuntos urbanos enteros derivan de la etapa de prosperidad que para la Andalucía Baja significó el comercio indiano. Sevilla le debe uno de sus monumentos más nobles: la Lonja de Mercaderes, hoy Archivo General de Indias, construida entre fines del siglo XVI y comienzos del XVII con el producto de un cuarto por ciento de la plata que llegaba de América. Quedan algunas casas palaciegas de mercaderes, generales y almirantes de flota (Mañara, Bucareli, López Pintado) dispersas entre el caserío, mientras que en Cádiz todo el casco viejo, muy susceptible de recuperación, lleva el sello del siglo XVIII, el siglo de máxima prosperidad gaditana. Fue también entonces cuando se decidió sustituir la vieja catedral, la austera catedral de una población de pocos miles de almas, por otra que respondiera mejor a la opulencia de la Cádiz borbónica. La financiación arbitrada fue la misma que se empleó para construir la Lonja de Sevilla: un cuarto por ciento de los caudales de Indias. De los 24.829.796 reales invertidos hasta 1793 en las obras, 20.780.443 tenían tal procedencia. Después, la quiebra del comercio y la guerra de la Independencia paralizaron la construcción unas décadas, rematándose a mediados del siglo XIX gracias a varias aportaciones voluntarias. En el orden civil la construcción más importante de Cádiz eran sus fortificaciones, de las que hoy quedan sólo restos, en torno a la Puerta de Tierra. Concebidas para defender las flotas y galeones de los ataques enemigos, no sólo cumplieron su función sino que en 1810 detuvieron el avance de las tropas napoleónicas, y a su amparo se reunieron las Cortes Generales que elaboraron la Constitución de 1812. Sin duda, los reyes absolutos que mandaron edificar aquellas defensas inexpugnables no pudieron soñar que ellas iban a jugar un papel indirecto pero eficaz en el derrocamiento del absolutismo.

Las demás poblaciones de la bahía también fueron remodeladas en función del comercio trasatlántico. Ninguna ha conservado este carácter con tanta pureza como el Puerto de Santa María, donde aún pueden verse en perfecto estado de conservación (entonces no existían cátedras de resistencia de materiales ni, según parece, arcillas expansivas) las viviendas de los antiguos mercaderes; una de ellas alberga actualmente las oficinas municipales. Dichas viviendas respondían a un tipo muy extendido por la región y muy bien adaptado a sus funciones; la planta baja, destinada a almacenes y escritorios era la planta comercial, sobria y sin el ornato que ostentaba la planta noble, dedicada a la vivienda. En ciertos casos había una entreplanta destinada a oficinas.

La influencia del Descubrimiento y colonización en la agricultura andaluza es un tema importante y debatido; falta aún mucho para que podamos llegar a conclusiones firmes. Parece comprobarse la tesis (más bien, intuición) de don Carmelo Viñas de que una buena parte de los caudales americanos se habría empleado en tierras, pero también parece casi seguro que en la mayoría de los casos se trató de meros cambios de titularidad: compras hechas con fines económicos o de prestigio más que de inversiones rentables que acrecentaran la productividad. Es verdad que aumentó mucho la superficie del viñedo, y también, aunque menos, la del olivar, cultivos que rompían la monotonía del tradicional cortijo cerealista y aumentaban los rendimientos. También es verdad que la demanda de vino y, en menor grado, de aceite, aceituna y aguardiente, por parte de los colonos americanos, tenía que estimular estas plantaciones en los lugares próximos a los puertos de embarque. Mucho dinero entró, en efecto, en el antiguo reino de Sevilla, gracias a esta actividad exportadora. Pero hay que guardarse de ciertas afirmaciones exageradas. Gracias a las investigaciones de Chaunu, Otte, E. Lorenzo, L. García Fuentes y Antonio García Baquero conocemos con bastante aproximación el volumen de aquellas exportaciones. Puede asegurarse que podían ser atendidas con el producto de mil quinientas o dos mil hectáreas de viñedo y olivar. Es decir, que esta ampliación de cultivos no solamente no se extendió a la Andalucía interior sino que ni siquiera el gran auge del viñedo gaditano y malagueño se explica *sólo* por la demanda americana; intervino también, y con más fuerza, la demanda interior y la europea. Esta afirmación parecerá sorprendente a quienes piensan que el mercado americano, por tratarse de todo un continente, era fabuloso, inagotable; lo cierto es que los compradores de productos europeos eran solamente los españoles, los criollos y algunos indígenas asimilados, un millón, dos millones de personas a todo tirar, y que además había exportación de vinos canarios y gran producción alcohólica americana. En el México colonial se bebía mucho más pulque que vino. Estos datos los conocen bien los especialistas. De cara al gran público hay que desmitificar el comercio americano y los caudales americanos, que fueron grandes, importantísimos en un sentido relativo, en un mundo mucho más pequeño y más pobre que el actual. La carga total de la mayor flota española (o portuguesa o inglesa) que cruzara el océano en aquellos siglos cabría hoy en un buque de mediano tamaño, pero estos escasos productos se pagaban caros y su comercialización dejaba saneados beneficios.

El capítulo de la introducción de plantas americanas también plantea problemas sugestivos y preguntas de no fácil respuesta. Aunque inferior a la del Viejo Mundo, la aportación del Nuevo a un enriquecimiento del patrimonio agrícola y una dieta alimenticia más equilibrada fue considerable; basta recordar, entre los productos de indudable origen americano, el maíz, la patata, el cacao, el tabaco, el tomate y no pocas plantas tintóreas y medicinales. La mayoría llegaron muy pronto; Fernando Colón, en su finca de los Humeros, aclimató varias; el médico y naturalista sevillano Nicolás Monardes describió no pocas. Hay testimonios de un temprano cultivo del maíz en tierras andaluzas. Las patatas se citan en las cuentas hospitalarias consultadas por Hamilton a principios del siglo XVII. Sin embargo, nada de esto arraigó, nada se consolidó. En el siglo XVIII, cuando ya el maíz era fuente importante de recursos en Portugal, Galicia y orla cantábrica, en Andalucía sólo se cultivaba en cantidad apreciable en varios pueblos de Málaga. Sin duda intervinieron factores geográficos, un clima seco que obligaba al maíz a disputar un puesto a otras especies ya introducidas en los escasos regadíos, pero también intervenía la rutina, la inercia de los hábitos alimenticios, y lo mismo ocurrió con la patata, que sólo se generalizó en nuestra región bastante avanzado el siglo XIX, cuando en otros países europeos ya era cultivo extendidísimo.

La impresión global que sacamos es que la riqueza agrícola andaluza se vio influida por las consecuencias de la empresa americana en desigual proporción: fuerte en las comarcas sevillano-gaditanas, débil y hasta nula en las más alejadas de las corrientes principales de tráfico. No hubo cambios estructurales ni aumentos generalizados de la productividad; quizá sí un alza del valor de las tierras y una creciente apetencia de fincas rústicas por parte de nuevos ricos, de mercaderes, con frecuencia de origen extranjero, que querían *arraigarse*, materializar los azarosos beneficios logrados en las operaciones mercantiles, en un valor refugio, en un valor seguro y además prestigioso: la tierra.

El mismo balance, más bien decepcionante que positivo, podríamos hacer en el terreno industrial. Una industria propiamente dicha apenas existió en la Andalucía del Antiguo Régimen, y los escasos establecimientos que por su volumen y organización ofrecen un aspecto precapitalista fueron patrimonio estatal: fábricas de tabacos, de armamento y, muy a última hora, en el siglo XVIII, de construcción naval: arsenal de La Carraca en Cádiz, fábrica de jarcia para velamen en Granada (la popular Casa de la Lona). Lo que predominó en Andalucía fue el artesanado tradicional, capaz de competir en ciertos sectores con los productos extranjeros por su calidad, por ejemplo, los azulejos, los objetos litúrgicos, pero que, en cuanto a la producción en masa fracasó por una serie de factores no peculiares de Andalucía sino de toda España y que son objeto de discusión por los especialistas en cuanto a su grado de incidencia. Sin entrar en los detalles técnicos de esta discusión recordemos meramente que el alza general de precios y salarios, característica del siglo XVI, tuvo en España, y más concretamente en la Baja Andalucía, más intensidad que en parte alguna, lo que restaba competitividad a sus productos. Hay que tener también en cuenta la rigidez del sistema gremial que dejaba escaso margen a la iniciativa individual, facta esencial en la elaboración de telas costosas que eran la partida más importante en el mercado americano, el cual pagaba bien a condición de que se le suministraran géneros de alta calidad, con buena dosis de variedad y fantasía.

En una primera fase, coincidente con los decenios centrales del siglo XVI, hubo claros síntomas de reanimación, pero al avanzar el siglo XVII las exportaciones textiles cayeron en picado; Granada parece que conservó cierta actividad en el ramo de sedas, Sevilla también siguió enviando partidas, la pañería cordobesa trató de introducirse en el Nuevo Mundo, aunque José I. Fortea confiesa que sólo ha encontrado leves indicios de tal actividad. Una relación de 1720 citada por García Baquero enumera, entre las exportaciones textiles andaluzas, los terciopelos y tafetanes de Granada, Sevilla, Córdoba, Priego, Écija y Antequera, los pañuelos y tocas de Granada, la pasamanería, cintas y galones de esas mismas ciudades, pero en muy inferior número a los anascotes, ruanes, estameñas, brabantes, sempiternas, holandas y otras muchas telas procedentes de Inglaterra, Holanda, Italia y Francia que formaban el núcleo principal del comercio indiano, hasta el punto de que más de una vez se aplazó la salida de las flotas a petición de los mercaderes de Sevilla y Cádiz porque no habían llegado los buques extranjeros con los géneros necesarios para su carga. La imposibilidad de competir con la industria extranjera había convertido el monopolio comercial en una mera ficción.

Escritores, tratadistas y arbitristas sugerían de continuo que se practicara una política proteccionista, eliminando la competencia extranjera; eran muchos los que lo preconizaban como panacea, por ejemplo, el motrileño Martínez de la Mata, en quien la xenofobia llegó a ser obsesión, pero el poderoso Consulado conocía los fallos de la industria nacional y estaba demasiado vinculado a la extranjera para patrocinar ninguna medida de fuerza. Por otra parte, los tratados internacionales suscritos en el siglo XVII incluían concesiones que desvirtuaban el principio mismo del monopolio; Inglaterra consiguió en 1604 el trato de nación más favorecida y lo mismo alcanzaron los Países Bajos en 1648 (Paz de Westfalia) y Francia en 1659 (Paz de los Pirineos). Estas concesiones no se referían a los dominios ultramarinos sino al territorio metropolitano, pero el resultado era el mismo. A lo más que llegaron aquellos gobernantes fue a decretar represalias en caso de guerra; varias veces las sufrieron los franceses en aquel siglo, pero salían del paso con algunas multas y continuaban su comercio con el apoyo de sus colegas y bajo la mirada de funcionarios cómplices y autoridades consentidoras.

Se llegó así a la situación paradójica de que la región más favorecida por la naturaleza y por las leyes para desarrollar una industria exportadora quedara en situación de dependencia respecto a otras regiones de España y otros países de Europa en la mayoría de los ramos. La construcción naval fue frenada por la real cédula de 1593 que prohibía "dar registro para las Indias a ninguna nao fabricada en todas las costas de Sevilla, Sanlúcar, Cádiz, el Puerto de Santa María ni en las del condado de Niebla ni marquesados de Gibraleón y Ayamonte". El motivo invocado, la mala calidad de las maderas andaluzas para resistir largas travesías era cierto, pero un empresariado dinámico podía haber organizado la importación de maderas, lo mismo que se importaban la jarcia, el alquitrán y otros productos. De esta suerte, la industria naval andaluza se limitó a la construcción de pequeñas embarcaciones y a las tareas de reparación que en ciertos lugares del Guadalquivir (la Horcada, el Borrego) y en la bahía de Cádiz daban ocupación temporal a uno o dos centenares de obreros antes de la partida de las flotas.

También son atribuibles más a fallos humanos que a imposibilidad técnica otras sorprendentes carencias relacionadas con el tráfico americano, como el casi monopolio de las provincias vascas (Guipúzcoa, sobre todo) en el aprovisionamiento de armas de fuego, o la contratación con extranjeros (Havet, Bambel y otros) de la producción de la artillería naval, casi siempre escasa, hasta el punto de tener, en muchas ocasiones, que pedir prestadas piezas a la Armada del Océano, o rebuscarlas en los almacenes de Sevilla y Cádiz. Cabe achacar la culpa de estas deficiencias a la crónica escasez de recursos de la Real Hacienda, pero de nuevo aflora la pregunta: ¿por qué no surgió en Andalucía una poderosa industria privada de armamento? Y, como en otras ocasiones, hay que responder: porque el capital generado por los beneficios de origen agrario, mercantil o institucional no se sintió atraído por esta clase de inversiones. Y llega a parecernos lógico y justo que un capital medroso, siempre en busca de *seguridad,* acabara tantas veces disipado por las incautaciones de juros, las rebajas y quiebras de los censos y los azares inherentes al comercio americano.

La historia de la banca andaluza es también la historia de una frustración. En vísperas del Descubrimiento, en Sevilla sobre todo, la intensidad del movimiento comercial y el ambiente cosmopolita eran ya notables. "Sabemos por Jacques Heers y Henry Lapeyre que ya en la primera mitad del siglo XV Sevilla y Valencia formaban con Florencia, Venecia, Pisa, Roma, Aviñón, Barcelona, Brujas y Londres la red de las letras de cambio de Génova", escribe Otte. Apenas comenzado el siglo XVI este movimiento sufrió una tremenda aceleración. Los *cambiadores* no se limitaban a su papel de vender, pesar y cambiar monedas de diferentes países, valores y cuños, unas enteras, otras raspadas y recortadas por los desaprensivos. A pesar de las prohibiciones oficiales aceptaban depósitos y negociaban con ellos, concediendo créditos, comprando y revendiendo mercaderías. El campo que se abría ante estos primitivos banqueros era ilimitado y fueron muchos los que tentaron la suerte. Junto a los Doria, Vivaldi, Centurione y otros apellidos genoveses hubo también españoles: andaluces, vascos, castellanos viejos, con alta proporción de conversos: Pedro de Jerez, García de Sevilla, Morga, Lizarraza... Tomás de Mercado, el religioso dominico autor de la *Suma de tratos y contratos,* describió, en párrafos muchas veces reproducidos, la febril actividad que reinaba en las Gradas que rodean la catedral de Sevilla hasta que se concluyó la Lonja de Mercaderes; allí, sin presencia física de mercaderías, se compraba y vendía de todo para todo el mundo, y además se giraban letras, se ajustaban fletes, se hacían seguros y se concertaban préstamos esquivando de mil ingeniosas maneras las rígidas reglas canónicas que los penalizaban como usurarios.

Todo hacía esperar que Sevilla se convertiría en la primera plaza bancaria del mundo, y todo se vino abajo en plazo breve. Ya en 1552-1556 hubo una oleada de suspensiones de pagos tras la cual las autoridades (estatales y municipales) trataron de dar más seguridad al negocio bancario exigiendo más garantías; pero en 1576 hubo otra nueva crisis, gravísima, de alcance europeo. A partir de dicha fecha sólo se autorizaría en Sevilla un banco; la institución pasó por varias manos hasta recaer en el consorcio Castellanos-Mortedo que hizo en 1601 una sonada quiebra, con grandes visos de fraudulenta. Ése fue el final de la banca en Sevilla, y a ese final desastrado colaboraron, de un lado la Corona con su desacertado política de gastos exteriores y sus crisis de periódicas insolvencias; de otro, la propia inseguridad, el propio riesgo del comercio indiano, sujeto a los ataques de los enemigos, a las pérdidas por naufragio, a las crisis comerciales provocadas por las bajas de los precios exportados, los fraudes y la competencia de las mercancías introducidas de contrabando.

La ausencia de banca en Sevilla supuso, entre otros males, la falta de un volante regulador que atenuara los enormes contrastes entre las épocas de abundancia y de escasez de numerario o, como se decía en el lenguaje de la época, de *largueza* y de *estrecheza.*

Llegaba una flota cargada de barras de plata, tejos de oro, cacao, grana, añil y otras mercaderías de alto precio y durante unos pocos meses todo era euforia, se pagaban deudas, se hacían limosnas, se celebraban funciones de acción de gracias. Tras largo período de paro, la Casa de Moneda entraba en otro de febril actividad; el Gobierno a petición de las ciudades interesadas, ordenaba que una parte de las barras se llevasen a acuñar a Granada, Toledo, Madrid y Segovia, pero los mercaderes, bien respaldados siempre por los funcionarios de la Contratación, alegaban los gastos, peligros y demoras del viaje; necesitaban su dinero cuanto antes, y por la misma razón se obedecía mal también la orden de acuñar en piezas de uno, dos y cuatro reales; se procuraba acuñar toda la plata en reales de a ocho, equivalentes al peso *fuerte* o *duro,* una moneda soberbia, que dio la vuelta al mundo, modelo y antecesor de los *duros* que conocimos en nuestra niñez antes de convertirse en curiosidad numismática. Como ellos, los reales de a ocho llevaban las columnas de Hércules y el Plus Ultra, símbolos del imperio en el que no se ponía el sol. Pero la euforia duraba poco; una parte de la plata se tesaurizaba o se convertía en objetos preciosos; la mayoría salía prontamente de Sevilla y de España, tomaba las rutas de Génova, de Amberes, de Londres, de mil otros lugares, en pago de las mercaderías que habían enviado o como soldada de las tropas que combatían, de los príncipes que vendían su apoyo, de los embajadores, de toda la inmensa maquinaria que estaba al servicio de la política internacional de los Austrias. Poco tiempo después de la llegada de los galeones sólo corrían de mano en mano los roñosos ochavos, y corno no había bancos que concedieran créditos, los géneros que se habían de cargar en la próxima flota llegaban recargados en el precio que suponían los gastos de demora del cobro, una demora de años.

Cuando el comercio de Indias se trasladó a Cádiz siguió vigente el mismo esquema: predominio de las casas extranjeras según modelos distintos, muy bien estudiados por Everaert para el caso de las flamencas: o bien operaban directamente desde fuera, limitándose a mantener en España algunos comisionados temporales, o confiaban el mecanismo mercantil a españoles establecidos en Sevilla, Cádiz o El Puerto, trabajando a comisión con fidelidad absoluta y siempre dispuestos a *colaborar* con funcionarios sobornables para ahorrar a sus clientes la mayor cantidad posible de trámites y de impuestos. Otra etapa que franquearon no pocas familias fue la naturalización, la integración total, y ése es el origen de la multitud de apellidos extranjeros que hoy se encuentran en la Baja Andalucía; interesante aporte de sangre nueva y dinámica, pero que con el tiempo, a la segunda o tercera generación, solía dejarse ganar por el medio, compraban tierras, vivían *a lo noble*, olvidaban las virtudes burguesas del esfuerzo tenaz y el ahorro y dejaban en pie el modelo antes descrito; una industria insuficiente, un comercio dependiente en su mayor parte del extranjero y una banca inexistente.

Estas rápidas pinceladas pueden ayudar a contestar la pregunta concerniente a lo que significó para Andalucía la aventura americana en el terreno económico; no todo fue frustración, no todo fue negativo; gracias a ella, la bahía de Cádiz fue un oasis de prosperidad en una España decadente. Una parte de aquellos fabulosos tesoros se materializó en forma de joyas, objetos de arte y monumentos que hoy son todavía ornato y orgullo de nuestras ciudades. En conjunto, sin embargo, si parece muy dura la frase acuñada por varios historiadores: *la gran oportunidad perdida,* habría que sustituirla por esta otra: *la gran oportunidad no bastantemente aprovechada.*

Después de esta apreciación positiva en el terreno humano (lengua, costumbres) y más bien negativa en el económico, habría que completar el balance con lo que significó para Andalucía su íntima conexión con América en el ámbito cultural, pero éste es un panorama vastísimo que aquí apenas podremos más que bosquejar a grandes rasgos. La imprenta se había introducido en Andalucía en fecha muy temprana, pues Sevilla disputa a Valencia la primacía de la tipografía española. En Sevilla se estableció la familia alemana de los Cromberger, fundadores de "una de las más gloriosas imprentas no ya sólo de Sevilla ni de España sino de todo el mundo, ya que de ella, en 1539, cuando era propiedad de Juan Cromberger, salieron la prensa, el material tipográfico y los operarios que en nombre y por cuenta de aquél llevaron a América el peregrino invento de Gutenberg" (J. Hazañas). México fue la primera ciudad americana que se benefició de este invento, con un siglo de adelanto sobre Boston, que lo tuvo en 1638. Veinte años después de que, por iniciativa del obispo fray Juan de Zumárraga, Cromberger enviara al tipógrafo Juan Pablos con una prensa, Antonio de Espinosa, fundó la segunda imprenta mexicana. No por ello dejó de suministrar Sevilla grandes cantidades de libros a las Indias; no bastaba la producción americana que, además, tenía la desventaja de estar lejos de Europa y de sus novedades literarias. Sevilla envió sobre todo a América libros religiosos, pero también una gran cantidad de *Amadises, Esplandianes* y otros libros de caballería, que estaban entonces en el ápice de su popularidad, sobre todo entre los conquistadores, que no eran sólo lectores sino protagonistas de hazañas capaces de oscurecer las más asombrosas que se habían imaginado. Junto a la abundante literatura de evasión se enviaban también muchos naipes, pues los juegos de cartas hacían furor, y el impuesto establecido sobre ellos llegó a ser un ingreso nada despreciable para la Real Hacienda.

Sevilla imprimió muchos libros relacionados con la gesta americana, comenzando por el *Libro de Marco Polo,* que había alimentado las esperanzas y ensueños del Descubridor. En fechas posteriores vieron la luz la *Suma de Geografía que trata de todas las partidas e provincias del mundo, en especial de las Indias* (1519) de Martín Fernández de Enciso, el *Arte de Navegar,* de Pedro de Medina, aparecido en 1545, que se convirtió en el manual indispensable para todos los navegantes y fue traducido al francés, inglés, italiano y alemán, las *Relaciones* de Hernán Cortés, la *Historia General de las Indias* de Fernández de Oviedo (1535), la *Chronografia* de Jerónimo de Chaves, la *Historia Moral y Natural de las Indias* del padre Acosta, la *Historia medicinal de las cosas que se traen de nuestras Indias Occidentales* de Nicolás Monardes (1574) y otras muchas que sería largo y fastidioso reseñar. Algunos otros trabajos quedaron inéditos hasta fechas recientes, como el famoso *Libro de las Longitudes* de Alonso de Santa Cruz, tal vez nacido en Sevilla, en todo caso muy relacionado con esta ciudad, donde fue cosmógrafo de la Casa de Contratación. Respondía esta obra a la necesidad de encontrar un método seguro para determinar la posición de un buque en alta mar, problema resuelto en cuanto a la latitud hacía siglos gracias al astrolabio, la ballestilla y otros instrumentos basados en la altura de los planetas sobre el horizonte visible, pero que en cuanto a la longitud no recibió una solución satisfactoria hasta el invento del cronómetro. No carecieron, sin embargo, de interés, los métodos ideados con anterioridad y reseñados por Santa Cruz. A la misma preocupación respondía la construcción de la brújula de declinación magnética por el boticario Felipe Guillén, personaje del que, desgraciadamente, sabemos muy poco.

Todas las obras citadas son del siglo XVI. El descenso de producción de la tipografía hispalense en el siglo XVII fue muy marcado, y no compensado por la de otras ciudades andaluzas; en cambio, las imprentas americanas proveían cada vez en mayor cantidad las necesidades de aquel mercado. Siguió teniendo Sevilla (y luego Cádiz) el monopolio de la exportación de libros litúrgicos (misales, breviarios, etc.) que imprimía en Amberes Plantina por cuenta del monasterio del Escorial, beneficiario de aquel monopolio. De El Escorial se enviaban al monasterio de San Jerónimo, donde aguardaban la salida de las flotas. Era también una exportación de gran volumen la de las bulas de Indias, fuente de considerables ingresos. Cuando las flotas se retrasaban demasiado porque no había mercaderías suficientes o por otra causa, se fletaban por cuenta del Estado un par de navíos para llevar la documentación oficial, el papel sellado, las bulas y el mercurio de Almadén o de Idria.

Al hablar de las relaciones entre Andalucía y América es imposible dejar de mencionar a uno de los nombres más polémicos de nuestra historia: el de fray Bartolomé de Las Casas. No son pocos los que lo han considerado como un hombre nefasto porque sus escritos, en especial la *Brevíssima relación de la destruyción de las Indias* (Sevilla, 1552), han suministrado materiales a la leyenda negra antiespañola. Esto no se puede negar, y tampoco la gran dosis de exageración que contienen. Sin embargo, es dudoso que, tomada en conjunto, la figura de fray Bartolomé haya inclinado la balanza en contra de España en la opinión mundial; porque esa leyenda negra, esa predisposición a ver a los españoles bajo una óptica desfavorable existía ya antes de que escribiera Las Casas, como han demostrado autores tan poco sospechosos, por su extranjería, como Benedetto Croce y S. Arnoldsson. De todas formas se hubiera hecho una campaña bien orquestada contra nuestra actuación en América, valiéndose de los puntos negros y callando los aspectos favorables. Y si bien la autoridad del dominico sevillano ha dado más peso a las diatribas también es indudable que su denuncia ha salvado, en gran parte, la responsabilidad moral de España en los desafueros, porque fue casi la única que se alzó contra el maltrato y explotación de las razas indígenas, pecado en el que cayeron y aún caen todas las naciones colonialistas sin excepción; y porque este ejemplo de valor ético no fue silenciado por la administración española, que se esforzó, con más o menos éxito, por atajar o aminorar los abusos denunciados. Las Casas, en este sentido, ha llegado a ser nuestra gran coartada, la figura ejemplar cuyo equivalente no pueden mostrar las otras naciones. En Brasil, en Canadá, en los Estados Unidos, en África y Oceanía hubo también abusos, atropellos, genocidios; lo que no hubo fue un Las Casas que protestara con la máxima energía, que inquietara las conciencias de los gobernantes y les forzara a reflexionar sobre el problema.

En un diapasón mucho más bajo hay que anotar los nombres de otros dos sevillanos: en el siglo XVII, un jesuita, Alonso de Sandoval, que en Cartagena de Indias, gran centro esclavista, había presenciado los horrores de la trata de negros, atacó aquella institución en *De Instauranda Aetiopum Salute,* y en el siglo XVIII Antonio de Ulloa, uno de los grandes nombres de la Ilustración, marino y científico de relevante mérito, a quien se confió el establecimiento del Gabinete de Historia Natural y el Laboratorio Metalúrgico en Madrid, escribió dos obras en colaboración con Jorge Juan, otra de las celebridades científicas de la época: las *Observaciones astronómicas y físicas en los reinos del Perú* (Madrid, 1773) y las *Noticias secretas de América*. Ambas eran fruto de la prolongada estancia que ambos sabios hicieron para determinar, en colaboración con académicos franceses, la longitud de un grado en el ecuador, paso previo indispensable para resolver la entonces debatida cuestión sobre la forma exacta de la Tierra. La primera se mantenía en un terreno estrictamente científico; la segunda era un informe reservado a las autoridades de Madrid sobre el estado de las provincias americanas, su riqueza, sus poblaciones y la actuación, nada ejemplar, de sus autoridades. No se sabe por qué procedimientos un editor inglés consiguió hacerse con este informe y lanzarlo a los cuatro vientos con fines difamatorios.

Podría parecer al lector que, como sevillano, me estoy dejando llevar en esta enumeración de ese "amor a la tierra" que, según Juan de Mena, debe poner de lado el historiador, pero es que Sevilla, por razones obvias, tuvo, en todo lo referente a las Indias, un predominio indiscutible. La etapa gaditana fue más breve, y de menos interés histórico que la época fundacional del Imperio hispánico, lo que puede explicar (juntamente con el retraso en crear centros culturales en armonía con la importancia que tomó aquella ciudad) la pobreza de su producción americanista. El *Emporio del Orbe* de fray Jerónimo de la Concepción (1690) no fue impreso en Cádiz sino en Amsterdam y es de enorme interés para el conocimiento de aquella ciudad en el momento en que se estaba verificando, espontáneamente, el traspaso del comercio americano de Sevilla a Cádiz. A una generación posterior perteneció José Celestino Mutis, maestro de botánicos, cuya monumental *Flora de Nueva Granada* quedó inédita.

La Andalucía interior también proporcionó buen número de escritores americanistas. De Alanís, en pleno corazón de Sierra Morena, era Juan de Castellanos, historiador, no poeta, aunque pusiera en versos ripiosos sus *Elegias de los varones ilustres de Indias*. De Lopera (Jaén) era Bernabé Cobo, S. J. (1572-1659), cuya *Historia del Nuevo Mundo* es una de las más importantes que se han escrito sobre el tema; gran parte de su relato histórico se ha perdido; la parte conservada se refiere, sobre todo, a la descripción física y humana de los países americanos.

Granada, tan ligada a los orígenes de la empresa colombina, dio pocos conquistadores, pero uno de ellos fue de calidad excepcional, Gonzalo Jiménez de Quesada, conquistador de las tierras a las que dio el nombre de Nueva Granada, fundador de su capital, Santa Fe de Bogotá, y perseguidor del mito inalcanzable de El Dorado. Quesada perteneció a aquella falange de soldados-escritores característica de aquellas circunstancias excepcionales en la que los hombres manejaban a la vez la pluma y la espada; pero su obra no pertenece al género americanista; es una refutación del historiador italiano Paulo Giovio por sus apreciaciones antiespañolas.

Córdoba, además de disputar, con buenos argumentos, a Granada el honor de ser la patria de Jiménez de Quesada, fue durante años residencia de Colón; allí conoció a Beatriz de Arana, de quien tuvo a Hernando Colón, el extraordinario bibliógrafo que reunió la famosa Biblioteca Colombina, que a pesar de las pérdidas que ha sufrido sigue siendo uno de los mayores tesoros documentales de nuestro país. En

Córdoba nació el misionero franciscano Antonio Caulin, autor de una *Historia de la Nueva Andalucía* (nombre que se daba a la actual república de Venezuela), editada lujosamente por orden de Carlos III, y que, como tantas otras obras de este género, es, a más de una historia propiamente dicha, una descripción completísima, de gran valor para etnólogos y naturalistas. El Inca Garcilaso nació en Perú, fruto de la unión de un capitán español y de una princesa de la vieja dinastía peruana; trasladado a España, residió en Sevilla y Córdoba, y escribió, entre otras obras, los *Comentarios Reales,* de inapreciable valor para conocer el Perú prehispánico. Está sepultado en una de las capillas de la mezquita-catedral de Córdoba.

Por incompleta que sea esta lista, no podemos cerrarla sin mencionar al autor del *Arte de los metales,* Álvaro Alonso Barba, natural de Lepe (Huelva), cuya larga residencia en Potosí le capacitó para divulgar el procedimiento más apto para refinar los minerales de plata que desde aquellas minas llegaban a España e inundaban el mundo.

Bastan estas citas para demostrar que si Andalucía recibió mucho del Nuevo Mundo también hizo mucho por dar a conocer sus secretos, tesoros y maravillas a toda la Humanidad. En esta tarea colaboraron sacerdotes, soldados, historiadores, poetas, teólogos, juristas y hombres de ciencia, categorías que no debemos contemplar aisladas, porque en aquella sociedad de notable plasticidad, productora de hombres de aptitudes universales, era frecuente que coexistieran varias en una misma persona. Mucha tarea queda pendiente en este aspecto, y aún más si consideramos que junto a la transmisión de la cultura que podemos llamar oficial o erudita los colonos también tendieron, a través del Atlántico, un puente para el paso de la cultura popular, en condiciones aún poco conocidas, pero de cuya existencia no cabe dudar. Como en otros terrenos, las islas Canarias sirvieron de etapa previa; se sabe, por ejemplo, que si la celebración del Corpus andaluz, pretexto para un derroche de energía vital (cortejos, danzas, iluminaciones, arquitectura efímera, representaciones dramáticas), llegó hasta América, antes había puesto pie en Canarias, aunque, como es lógico, estas migraciones ocasionaran un enriquecimiento con temas originales que no desvirtuaban sus prístinas coordenadas. Algunos estudiosos trabajan hoy en estos estudios comparados; Salvador Rodríguez Becerra, autor de un curioso libro sobre los ex-votos andaluces, ha subrayado su semejanza con los americanos. Isidoro Moreno se ha referido a las cofradías andaluzas, modelo de las indoamericanas, cuyo alcance rebasaba el meramente religioso, convirtiéndose en instrumento de relación de la etnia dominada con el poder dominante. Hay todo un haz de problemas y de temas a descubrir que están esperando el trabajo de nuevos investigadores.

No hay que extrañarse de que queden aún campos tan vastos por explotar si consideramos que la apertura de esta cantera es relativamente reciente; la documentación que hoy forma el Archivo de Indias fue trasladada de Simancas a Sevilla en 1779; se trabajó bien, la instalación fue suntuosa, sorprende por su magnificencia a los investigadores extranjeros. Los índices elaborados por un personal de altos vuelos eran perfectos para la época, pero era un archivo estatal, cerrado al público, lleno de secretos que se consideraba peligroso divulgar, y en esa situación permaneció casi un siglo. Tardó en liberalizarse su régimen y tardaron también los andaluces en tomar conciencia de la oportunidad que se les presentaba y del deber que les incumbía como depositarios de tales tesoros; historiadores aislados frecuentaron sus casi 40.000 legajos en los últimos decenios del siglo XIX, pero fue a comienzos del actual cuando, en torno al Archivo, se hicieron los primeros tanteos de trabajo organizado, colectivo; se creó el Centro de Estudios Americanistas, que publicó un *Boletín*. Siendo director del Archivo don Pedro Torres Lanzas salió a la luz un catálogo de sus inagotables fondos cartográficos. Entretanto, el cabildo catedralicio iba publicando, con gran lentitud, el catálogo de los libros de la Biblioteca Colombina, de los que es depositario.

Este movimiento derivaba, en parte, del producido por la celebración del IV Centenario del Descubrimiento. También arrancó de él la idea de celebrar una Exposición Hispanoamericana en Sevilla, que luego se transformó en Iberoamericana y se inauguró en 1930 dejando una pesada herencia económica pero también monumentos que son hoy ornato y gala de aquella ciudad. En 1932 se creó en ella el Centro de Estudios de Historia de América que tuvo una vida efímera pero que era una reafirmación de la voluntad de hacer de Sevilla la base de los estudios americanistas no por una decisión arbitraria sino por imperativo de la realidad. A la misma convicción respondió la creación de la primera cátedra fundada en España de Arte Hispanoamericano, cuyo primer titular fue don Diego Angulo, a quien sucedió el inolvidable Enrique Marcos Dorta. El movimiento se aceleró en los años de la posguerra, favorecido por una mayor comprensión de lo que el acercamiento a los países americanos significaba para España, lo mismo en el terreno intelectual que en el económico. Pudo evitarse la trampa de la centralización excesiva, y en 1941 se desgajó del Instituto "Fernández de Oviedo" del recién creado CSIC una sección sevillana que se configuró el año siguiente como Escuela de Estudios Hispanoamericanos que, a través de diversos avatares, ha conseguido un alto prestigio por el número e interés de sus publicaciones; hasta la fecha ha editado casi trescientas obras, a más de un *Anuario* del que son complemento los utilísimos fascículos de *la Historiografía y Bibliografía Americanistas*. En 1943 comenzaron los Cursos de Verano en La Rábida que han intensificado continuamente sus tareas atrayendo profesores y estudiantes de todo el mundo hispánico. Por la relación que tienen con el tema abordado en este capítulo mencionaremos las Jornadas de Andalucía y América que anualmente se celebran en la Universidad de La Rábida con la colaboración de la Diputación y la Real Sociedad Colombina Onubense.

La proximidad del V Centenario del Descubrimiento y la concesión a Sevilla, con tal motivo, de la sede de la Exposición Universal de 1992 ofrecen oportunidades excepcionales para que este movimiento adquiera el volumen y la resonancia que una ocasión tan señalada exige. Hay ya trabajos importantes, terminados o en marcha, y sugestivos proyectos en estudio. Dios quiera que esta vez no se imponga nuestra secular tendencia a la improvisación y lleguemos a los consabidos apuros de última hora.

VI. ORÍGENES DEL PROBLEMA AGRARIO ANDALUZ

En esta selección de temas fundamentales de la historia de Andalucía no puede faltar una exposición, por sucinta que sea, sobre el problema de la tierra y de los hombres que la trabajan, problema de todas las épocas y agudizado a partir del pasado siglo hasta convertirse en el más candente y conflictivo. Dejando para una ulterior consideración los aspectos económicos vamos a centrar nuestra atención en los sociales para intentar descubrir las causas profundas que han llevado a tal situación.

Llegó a ser muy general la creencia de que el latifundismo, el desigual reparto de la tierra y el predominio numérico de los braceros siempre fueron un rasgo predominante en nuestra región, como si pesara sobre ella un determinismo geográfico o una maldición bíblica. Tales afirmaciones no reposan sobre datos sólidos y comprobados; la verdad es que tenemos poca información acerca de la estructura de la propiedad agraria en la Bética romana. Los restos de lujosas *villas* señalan la presencia de grandes propietarios, pero conocedores profundos del tema como Antonio Blázquez piensan que si bien el latifundio existió, e incluso con tendencia expansiva, lo mismo que en las demás áreas del mundo romanizado, no constituyó el rasgo básico de las tierras béticas, donde debía haber también mucha pequeña y media propiedad. Lo mismo podemos decir de la Andalucía musulmana donde, junto con las grandes propiedades de los señores hispanorromanos que aceptaron de buen grado la conquista y conservaron sus fincas (caso del gran historiador Abenalcotia) y de los jefes musulmanes gratificados con espléndidos lotes, subsistió también un gran número de pequeños propietarios. Los Repartimientos efectuados en el siglo XIII ponen de manifiesto la existencia de fincas de todos los tamaños.

La discusión acerca de aquellas remotas estructuras no tiene más interés que el puramente histórico; las actuales dimanan de las creadas por la Reconquista, o, por mejor decir, las conquistas de los siglos XIII y XV, piedra fundacional de la Andalucía moderna. Todo lo anterior es simple antecedente. La conquista y repoblación de las dos Andalucías, aunque separadas por dos siglos largos, tuvieron ciertas características comunes; en ambos casos es la Corona la que se atribuye la propiedad de la totalidad de las tierras, distribuye partes, se reserva otras e intenta un sistema de convivencia entre vencedores y vencidos que se quebraría por incompatibilidad mutua, originando un cruento proceso que conduciría a partir de cero en una nueva reordenación rural. Y aquí tropezamos con otro tópico que no es, como el de la Bética latifundista, discutible, sino falso: el que atribuye el origen de la gran propiedad en Andalucía a los Repartimientos hechos a raíz de su conquista por los reyes cristianos. Aunque no se han publicado todos los repartimientos, aunque muchos han desaparecido y existen bastantes lagunas en nuestra información sabemos ya lo suficiente para asegurar la inexactitud del tópico. Antonio Miguel Bernal ha escrito recientemente que la tesis del continuismo "es más acorde para formulaciones poéticas o metafísicas que con los estudios de historia agraria... El latifundio andaluz actual tiene su génesis en la Edad Moderna. En el siglo XVI los cortijos empiezan a adquirir su fisonomía".

No fueron, sin embargo, una innovación sino un germen que se desarrolla, y ese germen estaba en los grandes *donadios* concedidos por Fernando III y Alfonso X a los conquistadores; miembros de la familia real, órdenes militares, altas jerarquías eclesiásticas recibieron muchas y grandes fincas, rústicas y urbanas en calidad de mercedes, concesiones graciosas, mientras que los *heredamientos* conllevaban obligaciones, ante todo, de residencia, porque se trataba de poblar una tierra que había quedado prácticamente vacía. Como los donadios, los heredamientos eran de diversos tamaños, predominando los medianos y pequeños, categorías que hay que entender dentro de las normas de la época y su baja tecnología; una finca de doscientas hectáreas que hoy calificaríamos como gran propiedad entonces entraba más bien en la categoría de mediana. Teniendo en cuenta esta circunstancia, el profesor Manuel González clasifica de esta manera las propiedades resultantes del Repartimiento de Sevilla, que abarcó miles de kilómetros cuadrados y es el mejor conocido:

Grandes propietarios, dotados de quince o más yugadas [una yugada equivalía a veinticinco o treinta hectáreas], 44, que se repartieron el 12,40 por ciento del total de la tierra.

Propietarios medianos, de cuatro a catorce yugadas, 2.875, poseedores del 68,30 por ciento.

Pequeños propietarios, hasta tres yugadas, 1.064, con el 17,30 restante.

Entre las circunstancias que favorecieron el incremento de la gran propiedad en la Baja Andalucía fue predominante en los primeros tiempos la total inseguridad a causa de los ataques que partían del reino de Granada o de Marruecos, a través del Estrecho, que estuvo en sus manos hasta la conquista de Tarifa y Algeciras. Las incursiones de los benimerines llegaron hasta las estribaciones de Sierra Morena; consta, por ejemplo, la devastación que sufrió Carrión de los Ajos (hoy de los Condes), pueblo situado en el Aljarafe, muy al oeste de Sevilla. La propia ciudad de Córdoba llegó a estar amenazada, e incluso cuando reinaba la paz oficial la estancia en la frontera era sumamente peligrosa. No era la frontera una línea sino una ancha frontera sujeta a las incursiones y cabalgadas de ambas partes, contra las cuales las torres distribuidas por la ancha campiña eran una pobre defensa. Las talas de árboles, las quemas de mieses, el robo de ganados y el cautiverio de los habitantes eran hechos frecuentes.

Ante estas dificultades, más otras nacidas de los accidentes meteorológicos y falta de capital de explotación, muchos colonos se desanimaron y volvieron a Castilla, abandonando o vendiendo sus lotes a bajo precio. A partir de mediados del siglo XIV se sumaron los estragos de la peste negra a estos factores de despoblación y, como es lógico, el trasiego de hombres llevaba consigo un trasiego de tierras; había grandes oportunidades para adquirir o redondear fincas que, por la escasez de brazos, era difícil poner en cultivo. No sabemos cuál era la población de la Baja Andalucía hacia 1400 pero sí que debía ser bajísima, y sin hombres las tierras carecen de valor. Era el mismo problema con que se había enfrentado Europa entera en la Alta Edad Media, y ante él los propietarios sólo tenían dos soluciones: imponer, de forma autoritaria, la residencia, convirtiendo al campesino en un siervo de la gleba o respetar su libertad y atraérselo ofreciéndole ventajas. En la mayor parte de Europa se adoptó la primera solución; también en una parte de España, en Aragón, Cataluña, Valencia, donde los vasallos, o no podían abandonar la tierra o tenían que hacerlo en condiciones onerosas.

En Andalucía los señores adoptaron la segunda solución, no por generosidad sino porque no había otra; el sistema compulsivo ni tenía tradición ni era posible en una tierra de frontera; por eso se vieron obligados a disputarse la escasa mano de obra existente ofreciendo condiciones ventajosas a los que se establecieran en sus pueblos. Así se evitó el peligro de la existencia de un feudalismo en Andalucía, aunque a costa de incurrir en otros males, porque los sistemas cuasi feudales del norte de España daban al colono, a cambio de sus cargas, lo que más aprecia el campesino: la estabilidad, la seguridad de que aquella tierra que cultivaron sus padres la transmitiría a sus hijos, llegando a producirse una verdadera *propiedad compartida,* en la que el campesino tenía el dominio útil y el señor el eminente, con derecho a percibir derechos y servicios pero no a expulsar al colono. En Cataluña, la región que más se acercó al modelo feudal europeo, esta situación desembocó al cabo de los siglos en un sólido campesinado autónomo. En Galicia esa evolución fue a peor por la interposición de una hidalguía que se aprovechó de las ventajas de la estabilidad en detrimento del campesinado. En Andalucía el campesino tuvo plena libertad, aunque, como es típico de los sistemas capitalistas, muchas veces fuera sólo la libertad de morirse de hambre. Fue, sin embargo, un rasgo que marcó el carácter del andaluz y afirmó la conciencia de su propia dignidad.

Esto no quiere decir que la formación social andaluza careciera de algunos resabios feudales; hubo algunas contaminaciones, favorecidas por el ambiente general de reacción nobiliaria que se respiraba en los tiempos finales de la Edad Media; registramos algunos casos de prestaciones personales; los señores de Palos tenían derecho a exigir de cada casa una moza (más bien, una niña) para el vareo y recogida de la aceituna; consta por documento examinado por Mª Carmen Quintanilla que en 1428 los habitantes de Jabalquinto debían realizar ciertas prestaciones en las tierras que constituían la reserva señorial. En otros pueblos estas prestaciones se sustituyeron por un pago en metálico. En La Calahorra, donde don Rodrigo de Mendoza levantó su famoso palacio, los vecinos tenían que abastecer al castillo de agua y las ferrerías de leña.

También hubo señores, que realizaron repartos de tierras en régimen asimilable a la enfiteusis, con la evidente intención de ofrecer condiciones atractivas a los colonos y sin exigencia de prestaciones personales. Una solución análoga adoptó a comienzos del siglo XVI el marqués de Priego para transigir el pleito que sostenía con los vecinos acerca de la propiedad de las tierras que antes, por ser fronterizas, eran, en cierta manera, tierras de nadie, pero que los vecinos venían labrando como suyas. Se concertaron repartiéndolas en 120 lotes para otros tantos vecinos, que los disfrutarían a perpetuidad con obligación de tener caballo y armas y dar al marqués una fanega de trigo y otra de cebada al año.

En el reinado de los Reyes Católicos el panorama agrario de la Baja Andalucía era bastante complejo. Se había producido una importante recuperación demográfica y por consiguiente, había una apetencia de tierras, en parte satisfecha con la explotación de la antigua frontera, una banda de muchos kilómetros de anchura y compuesta por suelos de buena calidad. Las órdenes militares y los señoríos acaparaban enormes extensiones, pero hay que deshacer un error muy generalizado; en esos dominios había también muchos medianos y pequeños propietarios, propiedad alodial que databa de la repoblación, de los repartimientos, de las transacciones hechas con posterioridad, del fraccionamiento por herencia o transacción onerosa de antiguos latifundios. Sin contar con las fincas poseídas a perpetuidad en régimen enfitéutico a las que acabamos de aludir. Lo que tenían los señores era: una jurisdicción de alcance variable que unas veces les daba el control total de los municipios y otras sólo el derecho a elegir entre una terna; que en unos casos atribuía al señor los monopolios de horno, mesón, lagar, molino y en otros eran propiedad particular o municipal... Y unas extensiones grandes de tierras que, o bien les habían sido concedidas por los reyes a raíz de la conquista, en cuyo caso eran solariegas, o las habían ido adquiriendo por compra o por usurpación. ¿Qué diferencia había entre unas y otras en cuanto a régimen jurídico y sistema de explotación? En general ninguna, y éste es uno de los factores que causaron la confusión posterior y los pleitos de la Edad Contemporánea. Están documentadas las grandes adquisiciones de tierras hechas por los Fernández de Córdoba, los duques de Béjar y otros señores, pero estas tierras eran adquiridas a título particular, no les daban especiales derechos. Podía suceder que un señor sólo tuviera en un pueblo la mera jurisdicción, y que fuera en otro pueblo el mayor propietario, pero su tendencia era a completar ambos factores; donde tenía sólo jurisdicción, compraba tierras; donde tenía sólo tierras aspiraba a ser también el señor jurisdiccional.

Dos rasgos típicos de la Andalucía Baja favorecían este afán de los grandes propietarios (fuesen nobles o no) para aumentar sus propiedades rústicas y su poder sobre la comunidad campesina: los baldíos y las alcabalas. A raíz de la conquista quedaron enormes extensiones de tierras sin adjudicar; estas tierras se llamaron realengas porque la Corona seguía ostentando su titularidad, pero las entregó en administración a los municipios para aprovechamiento común; por consiguiente, aunque algunos autores han querido advertir distinciones legales, tierras realengas, baldías y comunales significaban lo mismo. No deben confundirse con las tierras de Propios, que eran propiedad del municipio y cuyo producto nutría el presupuesto municipal. Los Propios se explotaban de diversas maneras: aprovechamiento total, repartos periódicos de lotes en arriendo, etc. El aprovechamiento de los baldíos o comunales se hacía en beneficio de la comunidad campesina, por tanto era, en principio, gratuito: los vecinos cortaban leña en el monte, llevaban a pacer sus ganados y, a veces, se hacían sorteos de tierras. Más tarde, cuando las peticiones de la Corona pusieron a los ayuntamientos en grandes apuros económicos, se impusieron derechos al disfrute de los comunes y ello facilitó la confusión que en muchos casos se produjo entre estas tierras y las de Propios.

Desde siempre los vecinos más poderosos, los más influyentes en el ayuntamiento, se beneficiaron de ambas categorías de tierras: utilizaban los Propios sin pagar derechos, metían más cabezas de ganado que los demás vecinos en los baldíos y, en no pocos casos, se apropiaban de dichas tierras. Los señores no desaprovecharon tampoco estas *oportunidades* para redondear sus dominios. Al mismo tiempo, aprovechando los disturbios de los siglos XIV-XV y el eclipse del poder real, se apropiaron en muchos casos las alcabalas, que era un impuesto sobre las ventas que gravaba cada transmisión con un diez por ciento; si el labrador vendía una fanega de trigo en diez reales debía pagar uno de alcabala, y después de convertido el trigo en harina debía pagar otro diez por ciento. Era tan oneroso este impuesto que casi nunca se cobraba la tasa íntegra; en la práctica, la mitad o menos; aun así, era un impuesto muy productivo. Los grandes señores andaluces no sólo despojaron en muchos casos al Tesoro Real de este tributo sino que lo introdujeron en su provecho en muchos y grandes pueblos (Morón, Osuna, Lucena...) que por su condición de fronterizos habían sido dispensados de pagarlo. Volveremos sobre esta cuestión más adelante. De momento sólo diremos que la percepción de la alcabala es el más significativo de los indicios que apuntan hacia un cierto grado de feudalización de la campiña bajoandaluza, porque se trataba de un tributo público, real, usurpado por los señores.

Sin embargo, la imagen global de la agricultura andaluza hacia 1500 apunta más hacia el capitalismo que hacia el feudalismo por las razones ya indicadas. Si la libre contratación de asalariados eventuales es un rasgo capitalista, ninguno más elocuente que la concentración diaria de peones en la plaza del pueblo muy de mañana en espera de que el dueño, el mayoral o el aperador lo escoja, y esa triste estampa de nuestra Andalucía existía ya en muchos pueblos. Si el señor jurisdiccional molestaba a los hidalgos, a los propietarios ricos y medios, el opresor del jornalero era el *amo,* a veces noble, con más frecuencia miembro del Estado General y siempre dispuesto a explotarlo valiéndose de la competencia que el incremento de la población estaba introduciendo. Cuando esto no bastaba, el ayuntamiento dictaba ordenanzas que favorecían claramente a los propietarios. Hay que tener en cuenta que si las grandes ciudades como Sevilla, Córdoba o Jerez, estaban acaparadas por la oligarquía nobiliaria, las poblaciones pequeñas, medianas y algunas de bastante tamaño, estaban en manos de una mezcla de caballeros y de propietarios sin ningún título de nobleza, porque los hidalgos siempre fueron muy escasos en Andalucía. En 1591 los hidalgos sólo eran en Écija el 2,2 por ciento de los vecinos, en Osuna el 1,2, en Marchena el 0,7, en Aracena el 0,3. Un siglo antes, según las investigaciones de Gerbet, estas cifras serían iguales o menores. Los regidores municipales, nobles o plebeyos, aunque los separasen diferencias, estaban de acuerdo en regular el trabajo en beneficio de los propietarios; de aquí las ordenanzas de tasas de jornales, con sanciones para el que las incumpla, tanto para el que ofrece más como para el que lo recibe, o la brutal exigencia del trabajo *de sol a sol,* incluso durante la siega, que obligaba al trabajador a una caminata previa de madrugada hasta el lugar de trabajo. Todos estos abusos apuntaban ya hacia 1500, aunque se desarrollaran más tarde. Pero importa recordar que por entonces todavía había mucha pequeña propiedad, muchos pequeños municipios regidos de forma democrática, muchas posibilidades de que la cuestión agraria andaluza evolucionara de forma más satisfactoria.

Mientras se verificaban estas transformaciones en la Baja Andalucía, en la Alta la conquista del reino de Granada ocasionaba otras de carácter tan revolucionario como las que habían tenido lugar dos siglos antes en la occidental. Hay cierto paralelismo pero también diferencias esenciales; no había sobra de tierras ni falta de brazos; por eso los repartimientos no son tan generosos. No hay dotación para las órdenes militares, hay pocas tierras baldías, los lotes que se dan a los repobladores son pequeños y los señoríos que se crean son jurisdiccionales, no solariegos; si más tarde esos señores tienen tierras es porque las han comprado a título particular, es decir, que son, a la vez, señores jurisdiccionales y simples propietarios. Una situación que, repetimos, ya se había dado en la Andalucía Baja, pero que aquí, en la Alta, es la norma general. En todo caso, no existió en ella nada comparable a los enormes dominios de los Girones, Guzmanes y Fernández de Córdoba y sus ingresos fabulosos.

Encontraron los cristianos una tradición de cultivo minucioso, que aprovechaba las aguas, que aprovechaba las menores parcelas de tierra cultivable en los minúsculos valles, entre empinadas montañas. Unos colonos se desanimaron, otros aprendieron en aquella dura escuela y el reino de Granada siguió siendo país de regadío, de cultivos intensivos y de propiedad bastante repartida. Debió ser un aprendizaje duro para gentes que venían de medios diversos. Hoy sabemos (sería injusto omitir el nombre de Bernard Vincent) que fue la Andalucía Bética la que suministró mayor número de repobladores, seguida por Castilla. La famosa colonización gallega, sobre la que tanto se ha especulado, no es una falsedad pero sí una notoria exageración.

La repoblación se hizo en dos tiempos. En el primero, consecutivo a la conquista, se intentó lo mismo que ya se había intentado antes: la coexistencia de las dos razas, dominante y dominada; pero los musulmanes, víctimas de discriminaciones e injusticias, emigraron en gran número y por último intentaron una desesperada revuelta cuyo inevitable fracaso fue seguido por la expulsión. Se verificó entonces la segunda repoblación que afectó, sobre todo, a lugares montuosos, como las Alpujarras, ya que las vegas fértiles y los lugares más urbanizados habían sido también los más cristianizados. En las comarcas más afectadas por la guerra de 1568-1571 el gobierno de Felipe II puso en práctica un tipo de colonización que por una parte parece un eco del feudalismo agrario y por otra un anticipo del intervencionismo estatal: 258 pueblos fueron repoblados por 12.592 familias, cada una de las cuales recibió una *suerte,* compuesta de una vivienda y unas tierras, variables según la calidad del lugar; no mucha de sembradura pero bastantes frutales y moreras; la seda fue, como había sido siempre, el principal recurso. La extensión de las suertes era pequeña; por lo común dos hectáreas de regadío o diez de secano. Había que trabajar duro para subsistir. El Estado seguía siendo el dueño de las tierras confiscadas; los colonos le pagarían una renta, un censo, el Censo de Población, administrado por una junta y dedicado a la defensa de la costa granadina; como el importe total era de 25.233,011 maravedís, cada colono debía entregar unos 2.500 maravedís al año por término medio; traducido en moneda actual serían 25.000 pesetas, una renta muy moderada. Las suertes no eran enajenables ni embargables.

A pesar de estas ventajas, el asentamiento de los pobladores no ocurrió sin problemas, a causa de la devastación que había sufrido el país y la escasa calidad de los repobladores, a quienes autores diversos pintan como vagos e incompetentes en bastante proporción; hubo que declarar que todo el que se ausentare durante cuatro meses perdería su heredad, que sería atribuida a otro, porque, por encima de todo, se quería asegurar la repoblación. Y esto se logró; llegaron nuevas generaciones, mejor adaptadas; la tierra recobró su antigua productividad; con la depreciación de la moneda, el censo representó una carga cada vez más pequeña. Finalmente, en 1798 la Real Hacienda, deseosa de procurarse fondos, autorizó la redención de los censos, con lo que todos los colonos que lo desearon, mediante la entrega de una moderada cantidad pasaron a ser propietarios de pleno derecho. Éste fue uno de los factores que configuraron la Andalucía Alta como una región rica en pequeños propietarios rurales.

Entretanto, en la Baja las cosas tomaban un rumbo opuesto. Las tendencias que ya hemos visto latentes en el siglo XV tomaron gran fuerza en los siguientes hasta desembocar en el sistema contemporáneo de latifundismo preponderante en sus tres modalidades: el cortijo cerealista, la hacienda de olivar y la dehesa ganadera. El mercado de productos agrarios se amplió a lo largo de la centuria décimosexta no sólo con un fuerte incremento poblacional sino con el aumento de las exportaciones a Europa y América de frutos diversos, aceite de oliva y, sobre todo, vinos. La tierra llegó a ser una inversión segura, prestigiosa y rentable que atrajo a todo el que tenía ahorros; no solamente los grandes señores se dedicaron a comprar; también los mercaderes, los eclesiásticos, los funcionarios, los artesanos. Y, por supuesto, los propios labradores, aquellos que, habiendo comenzado con unas cuantas fanegas, habían progresado gracias a su trabajo, a su buena suerte, a otros ingresos complementarios, como el arriendo de rentas o la usura. Los pequeños propietarios urbanos compraban parcelas en las inmediaciones, en el *ruedo,* y era frecuente ver al barbero, el boticario, el albañil o el abogado dar una vueltecita por su tierra siempre que tenía ocasión. En cambio, en las zonas puramente rurales las adquisiciones se hacían en favor de señores, de mercaderes, de conventos, que podían adquirir cortijos enteros; también de esos labradores ahorrativos, de esos *gallitos de aldea* que, solos o en unión con algunas familias hidalgas, acaparaban los cargos municipales formando la clase de los *poderosos,* una clase que superaba las barreras estamentales y que suministró a la literatura la imagen, idealizada, del *labrador rico,* que el teatro clásico suele situar en Castilla pero que también se dio en Andalucía. Pongamos como ejemplo al padre del impresor Montesdoca, estudiado por Klaus Wagner, que fue labrador en Utrera y testó en 1547 de 700.000 maravedís "porque yo e la dicha mi mujer labramos mucho".

Junto a estas tendencias espontáneas hacia la extensión de las roturaciones y la concentración de la propiedad hay que colocar, obrando en el mismo sentido, la actuación estatal que, impulsada por la necesidad de recursos, creó señoríos mediante la venta de pueblos pertenecientes a las órdenes militares y a los obispados. Así nacieron señoríos tan importantes como los del marquesado de Estepa, el condado de Cantillana, las adquisiciones del conde de Olivares en el Aljarafe y las de don Francisco de los Cobos, ministro de Carlos V en tierras de Jaén. Por idénticos motivos, Felipe II envió comisionados a Andalucía para averiguar las usurpaciones producidas en las tierras realengas, no con el propósito de anularlas sino para obligar a pagar crecidas cantidades a la Real Hacienda a los que quisieran legitimar aquellas apropiaciones indebidas. Aunque la comisión fue general tuvo especial incidencia en Andalucía, donde levantó gran polvareda, unos porque no querían pagar, otros porque se consideraban lesionados en sus derechos al disminuirse la extensión de los pastos comunales en beneficio de los más osados o de los más poderosos. El ayuntamiento de Jerez fue uno de los que protestaron con mayor energía, pero sólo en parte consiguió deshacer aquellas ventas.

No podemos todavía cuantificar el resultado de las transformaciones operadas en la Baja Andalucía en el siglo XVI; estamos en espera de que el profesor Ponsot publique el resultado de muchos años de investigación. Sin embargo, las líneas generales parecen indicar una coyuntura agrícola favorable, una apetencia de tierras, una concentración creciente pero todavía no excesiva y un carácter netamente capitalista de la agricultura, a pesar del diezmo, a pesar de los mayorazgos, a pesar del aumento de los pagos de la renta en especie, fenómenos que no tienen el carácter feudal que algunos les atribuyen. No es éste el lugar de hacer una demostración detallada de este aserto; baste decir, de momento, que el diezmo era una contribución a la Iglesia, análoga a las contribuciones que se pagaban al Estado, y con gran participación del Estado en ella; el mayorazgo era una cortapisa a la libre disposición de los bienes familiares hecha en interés de la solidaridad y perpetuidad del linaje, sentimiento tan arraigado entonces, pero tales bienes se explotaban siguiendo las mismas normas que los bienes de libre disposición. En cuanto a la tendencia de los propietarios a exigir el pago de la renta en especie, generalmente en trigo, era una consecuencia de la inflación característica del siglo XVI, lo que traía consigo una baja de las rentas reales; para que conservaran su nivel adquisitivo había que aprovecharse del alza correlativa del precio de los cereales. Era una medida semejante a las que en nuestros tiempos toman los particulares para precaverse contra los efectos de la inflación. Miradas las cosas en conjunto, la disminución del autoconsumo, el aumento de la comercialización de los productos agrarios, la formación de un mercado basado en el libre juego de la oferta y la demanda, la tendencia hacia los arrendamientos cortos, la libertad personal del campesino y la ausencia de trabajo compulsivo son rasgos claramente capitalistas, como también la formación de un mercado de productos agrícolas basado en el juego de la oferta y la demanda, contra el cual lucharon en vano las medidas de intervencionismo estatal y municipal, que resultaban eficaces para poner tasa a los huevos, las gallinas o las hortalizas que se vendían en la ciudad, pero no para evitar el acaparamiento de granos y las maniobras especulativas a que se entregaban los grandes y medianos labradores.

Aunque en forma más atenuada, estos mismos fenómenos se dieron en la Alta Andalucía. Sirva de ejemplo los que relata Malpica Cuello refiriéndose a los primeros tiempos de la Loja cristiana acerca de las relaciones de los propietarios con los jornaleros, con frecuencia moriscos, la especulación, el papel del capital usurario, etc.

El siglo XVII, ese gran desconocido, empieza ya a revelar sus secretos, y el panorama que descubrimos es muy variado; se le califica de catastrófico, y en conjunto lo fue para amplias comarcas de la Andalucía Baja, mientras que el reino de Granada comenzó a recuperarse de sus profundas heridas. El efecto de las guerras, esterilidades y epidemias alcanzó sus cotas más elevadas en los decenios centrales de aquel siglo, que se cerró con una tímida recuperación. Continuaron actuando las mismas fuerzas que en el anterior, acentuándose incluso la acción fiscal del Estado, que se manifestó en tres sectores: venta de señoríos, de tierras baldías y de alcabalas. Más de un centenar de nuevos señoríos fueron creados, la mayoría en torno a las grandes ciudades (Sevilla, Córdoba y Granada) en beneficio de la oligarquía urbana. Estos señoríos fueron meramente jurisdiccionales, pero los nuevos señores fortificaron su posición adquiriendo tierras por compra o por usurpación de los bienes comunales. Estos comunes y realengos (la distinción entre estas palabras es muy vaga, como ya dijimos) continuaban suscitando las apetencias de los *poderosos,* y el gobierno de Felipe IV se dispuso a beneficiarse de ello. En 1635 envió al consejero de Castilla don Luis Gudiel con la misión de investigar las usurpaciones que habían tenido lugar en tierras andaluzas y legalizarlas en su caso mediante el pago de determinadas cantidades. En el desempeño de su comisión, Gudiel y sus agentes cometieron numerosas irregularidades y se probaron casos de soborno. Fue suspendido en sus funciones ante las reclamaciones que llegaban al Consejo de Castilla, pero en 1645 las Cortes votaron un subsidio de 150.000 ducados que habían de recaudarse mediante la venta de baldíos y se reprodujeron las extorsiones y atropellos, que perjudicaban a todas las clases sociales, pues en la conservación de las tierras comunales todos estaban interesados. Sólo en este clima de excitación se comprende la convocatoria de un cabildo abierto en Córdoba, en el que se tomaron acuerdos cuyo tenor literal desconocemos porque no se han conservado las actas, pero que atemorizaron al gobierno hasta el punto de suspender las ventas y anular muchas de las ya efectuadas. Todavía hubo otra agresión a los baldíos, en los años finales del reinado de Felipe V, pero una de las primeras medidas de Fernando VI fue volver las cosas a su estado anterior. Sólo así se explica que, tras siglos de expolio, al producirse la desamortización civil en la segunda mitad del siglo XIX aun quedasen enormes extensiones de Propios y Comunes en poder de los municipios.

No cabe duda de que, aunque los poderosos fueran los principales beneficiarios, las clases más pobres también sacaban grandes ventajas de estas tierras comunales, por el aprovechamiento del monte, de los pastos, los sorteos periódicos e incluso la concesión de lotes con carácter temporal pero renovable. Había en estos periódicos repartos un factor que contrarrestaba la concentración, que favorecía la pequeña propiedad. Ciertamente, los lotes que se repartían eran muy pequeños, a veces no pasaban de una hectárea, lo que sólo podía representar una ayuda, pero no el paso de jornalero a propietario. Puede sospecharse que los grandes propietarios, dueños de los ayuntamientos, lo que buscaban con aquellas concesiones era aliviar la situación de los jornaleros para poder seguir pagándoles jornales de miseria y verse libres de la carga de los *alojamientos.*

Otro factor, aunque catastrófico en su origen, favoreció a los trabajadores de Andalucía: la baja de población registrada en aquel siglo, que encareció el mercado de la mano de obra; incluso el precio de los arriendos se resintió de esta circunstancia. Por lo menos, son fenómenos documentados en pueblos castellanos y es de suponer que lo mismo ocurriera en Andalucía, aunque la verdad es que aún sabemos muy poco acerca de este tema. Lo que es seguro es que aún subsistía mucha pequeña propiedad en Andalucía, incluso en las regiones más claramente latifundistas; Ponsot ha cifrado en 27 por ciento las tierras de pequeños propietarios en el término de Jerez, y preguntándose por los motivos de esta supervivencia encuentra diferentes motivos: la tradición de los primitivos Repartimientos, las divisiones por herencia de grandes fincas, el afán de muchos pequeños burgueses por poseer un pedazo de tierra, las concesiones de parcelas, de *pegujales,* por parte de los grandes propietarios...

Sin embargo, otras fuentes señalan cómo el aumento de la concentración de la propiedad aumentó el número de jornaleros en la Baja Andalucía; la proletarización creció desde mediados del siglo XVII (época de intensa crisis y numerosas revueltas rurales y urbanas). A. M. Bernal pone en contraste esta deterioración de las masas con ciertos aumentos de productividad favorecidos por los cerramientos. Al cercar las tierras quedaban sustraídas a las servidumbres tradicionales, sobre todo al pasto común en los barbechos y rastrojos, que, junto con el espigueo y la rebusca, eran modestas ayudas para las clases más pobres. Cercar una finca necesitaba, en principio, una autorización real, pero en la práctica era fácil conseguirlo con la complicidad del municipio.

En estas condiciones entró el campesino andaluz en el siglo XVIII, el Siglo Ilustrado, en el que una Monarquía con renovada autoridad, servida por ministros competentes, aspiraba a curar viejos males y procurar la felicidad de los pueblos. Parecía que Carlos III acometería los problemas del campo español y hubo, en efecto, un reformismo agrario carolino, precedido de amplias informaciones que dieron lugar al famoso Expediente para una Ley Agraria. El detonante lo constituyeron las extendidas revueltas de 1766, que si en la Corte tomaron un aspecto político (Motín de Esquilache) en muchas otras partes fueron más bien sociales y revelaron un profundo malestar por la escasez y carestía de los alimentos y la ineficacia de los ayuntamientos para encontrar soluciones. Entre los informes que se acumularon en el archivo del Consejo de Castilla tienen especial interés los de los intendentes de Andalucía, de los cuales el más conocido, aunque no el más completo ni el más interesante, es el de don Pablo de Olavide. La publicación de la tesis de Margarita Ortega arrojaría mucha luz sobre la situación del campo de Andalucía en la segunda mitad del siglo XVIII aunque, como la autora advierte, falta en aquellos escritos la voz de los más miserables, de los más desposeídos. Los que informan son autoridades, burócratas: los intendentes, el regente de la Audiencia de Sevilla, síndicos personeros, abogados del común... o bien pequeños propietarios y arrendatarios que se quejan, más que de la estructura básica, de la prepotencia de los grandes arrendatarios, que acaparaban la explotación de las tierras que poseían los latifundistas, poco inclinados a la explotación directa y que "se han levantado con las dehesas y baldíos arrendables por pujas, amenazas y otros medios, dejando a los peujaleros y pelantrines sólo las tierras montuosas y estériles". Falta en esos informes la voz de los jornaleros sin tierra, sin animales de labor, sin más patrimonio que sus manos callosas.

El Consejo se encontró ante una masa de documentación enorme, referente a problemas muy diversos, porque los de Galicia no tenían nada que ver con los de Extremadura ni los de Salamanca con los de Andalucía; con propuestas de solución muy dispares, entre el reparto de las grandes fincas que propugnaba Olavide y su mantenimiento como pieza indispensable de la agricultura andaluza según el regente Bruna; los consejeros rehuyeron el problema, enviaron toda la documentación a la Sociedad Económica Matritense en 1784; el mismo año se publicó un resumen con el título de *Memorial Ajustado* y el Expediente de Ley Agraria quedó cerrado sin que se hubiera elaborado siquiera una Alegación Fiscal, una propuesta de resolución. Sólo se tomaron algunas medidas parciales como las referentes a repartos de tierras baldías y concejiles, o la ley de 1785 que prohibía desahuciar a los arrendatarios a menos que el propietario se decidiera por el cultivo directo.

Incluso estas moderadas disposiciones quedaron sin efecto porque, si bien el más alto nivel de poder era el Estado, el más efectivo era el municipio, que estaba en manos de los *poderosos*. "La táctica que desplegaron fue la de ignorar todas estas leyes y continuar disfrutando de sus privilegios tradicionales. El Estado bien poco podía hacer contra ellos, ya que tenían en sus manos el poder político y socio-económico de la mayoría de los municipios del país" (M. Ortega). Se comprobó con motivo de las leyes dictadas en 1768 y 1770 sobre reparto de tierras de Propios y comunes labrantías, que debía hacerse con arreglo a los siguientes módulos: a los labradores de una a tres yuntas sin tierra suficiente se les darían ocho fanegas por yunta y a los braceros una suerte de tres fanegas. Es evidente que con esta exigua dotación no podían salir de su condición de braceros; la medida sólo sería para ellos un pequeño alivio. A pesar de la timidez de estas disposiciones consta que en muchos pueblos los vecinos influyentes las utilizaran en su provecho.

Hasta que no se realice un estudio más detallado del Catastro de Ensenada será difícil cuantificar la distribución de la población agrícola de Andalucía en las postrimerías del Antiguo Régimen. Los censos generales de 1787 y 1797 contienen un esbozo de distribución socioprofesional hecho con criterios discutibles. En el reino de Sevilla el segundo de los censos citados señala la existencia de 5.039 propietarios, 14.007 arrendatarios y 118.741 jornaleros. Las cifras relativas a los otros tres reinos son análogas, aunque la proporción de los jornaleros no era tan excesiva. Sin embargo, debe suponerse que muchos de esos jornaleros tenían un pegujal o una pequeña haza, por lo que resultaría difícil trazar la frontera con el pequeño propietario que alquilaba su trabajo a temporadas, como ocurría con los alpujarreños que bajaban a la zafra de la caña en Motril. Tampoco aclara mucho la cifra de arrendatarios, en la que están confundidos los pelantrines, propietarios de una o dos yuntas, los subarrendatarios que llevaban una existencia difícil y los grandes arrendadores que tomaban por su cuenta uno o incluso varios cortijos y que ya estaban haciendo sombra a los grandes señores, en espera de aprovecharse de sus despojos cuando llegara la desamortización y la desvinculación de los mayorazgos. En realidad, puede decirse que muchos de aquellos cortijos, cuyo paulatino crecimiento ha seguido A. M. Bernal en algunos casos concretos, tenían dos dueños: el propietario, con frecuencia un aristócrata absentista, una comunidad religiosa o un cabildo catedralicio, que sólo aspiraban a percibir una renta sin problemas, y el gran arrendatario, salido del pueblo, que se aprovechaba de la diferencia entre la renta y el producto. Es verdad que los arrendamientos cortos, de cuatro años por lo común, creaban un clima de inestabilidad; el propietario podía subir la renta, podía cambiar de arrendatario, pero como no eran muchos los que disponían del dinero, crédito y experiencia para arrendar grandes superficies el gran propietario tenía poco donde elegir. Los incrementos de la renta, que fueron fuertes, fueron, simplemente, repercutidos. "Los grandes arrendatarios van a jugar un papel decisivo en la liquidación del Antiguo Régimen, siendo la base originaria de la burguesía agraria andaluza". En el tránsito del siglo XVIII al XIX los cambios en el mundo agrario tomaron un ritmo acelerado. De una parte hubo numerosos repartos de tierras baldías con diversos motivos: hacer frente al aumento de población, ayudar a la Hacienda o premiar a los veteranos de la guerra de la Independencia. Los resultados de estos repartos fueron diversos; en unos casos se consolidaron pequeños propietarios, en otros, los beneficiarios, víctimas de su imprevisión o de su poca fortuna, vendieron su parcela. El predominio de los jornaleros siguió siendo notorio, y eran los que más padecían en las crisis de subsistencia, como la espantosa, común a casi toda España, del bienio 1804-1805. De otra parte, las Cortes de Cádiz toman una decisión trascendental: disuelven los mayorazgos, dando a sus titulares facultad (que muchos aprovecharon) para vender sus bienes, a la par que imponían la obligación de hacer partícipes de la herencia a todos los hijos. Tras la reacción absolutista, el trienio liberal (1820-1823) reitera estas disposiciones y amplía la desamortización al ámbito eclesiástico mediante la disolución de las órdenes monacales (benedictinos, jerónimos, cartujos, basilios) y la puesta en venta de sus extensas posesiones rústicas y urbanas. Los compradores quedaron defraudados tras la derrota de los liberales y la nueva fase absoluta del reinado de Fernando VII (1823-1833), pero bajo la regencia de María Cristina el triunfo de la revolución liberal no sólo devolvió los bienes a los primitivos compradores sino que amplió la operación desamortizadora a todo el conjunto de los bienes eclesiásticos, que en Andalucía representaban una masa muy considerable.

Aunque el estudio de las desamortizaciones del siglo XIX no está aún terminado los trabajos ya realizados por Simón Segura, Alfonso Lazo, Capelo, Gay Armenteros, Bernal, Calero y otros meritorios investigadores permiten formarse una idea bastante aproximada de la trascendencia de aquel hecho. La desamortización de Mendizábal comenzó en 1836; se suspendieron las ventas al llegar al poder los moderados, en 1844. Se reanudaron en el bienio progresista (1854-1856) a pesar de que, poco antes, el concordato firmado con la Santa Sede, a la vez que sancionaba las ventas ya realizadas, acordaba que no se venderían en el futuro más bienes eclesiásticos. Lo que quedaba de ellos fue permutado en 1860 por títulos de la Deuda, pero para esa fecha ya se había enajenado lo esencial. El actual patrimonio de la Iglesia, que no es ni sombra del antiguo, procede de donaciones y adquisiciones posteriores.

La finalidad de aquella operación fue doble, según declaración de Mendizábal, "sacar lo más que se pueda para amortizar el capital de la deuda pública... y crear una copiosa familia de propietarios cuya existencia se apoye en el triunfo completo de nuestras actuales instituciones", es decir, de la causa liberal, amenazada por carlistas y absolutistas. Para ello preveía que los beneficiarios fueran, no sólo "capitalistas y hacendados" sino "ciudadanos honrados y laboriosos, labradores aplicados" e incluso "jornaleros con algunas esperanzas o con la protección de algún ser benéfico". Con razón apunta Tomás y Valiente el carácter utópico y probablemente insincero de esta última frase. ¿De dónde le iba a llover al jornalero sin un real ese "ser benéfico" que le ayudara a convertirse en propietario concurriendo a las subastas de *bienes nacionales*? Los compradores fueron, sobre todo, gente de la clase media rural y urbana, antiguos y acomodados colonos que en adelante gozarían como suya de la tierra que habían tenido en arrendamiento; en menos cantidad, comerciantes, funcionarios, militares, especuladores, que se convertirían en propietarios absentistas; muy pocos aristócratas, por razones ideológicas o porque ya tenían tierras suficientes y no querían embarcarse en lo que parecía una aventura; si hubieran triunfado los carlistas los compradores habrían perdido su dinero. La desamortización eclesiástica creó, salvo excepciones, poca pequeña propiedad, aunque sí propiedad mediana. En cuanto a las grandes fincas, más bien hubo traspaso de titularidad que creación de nuevos latifundios. Lo que sí parece seguro es que los nuevos señores se mostraron más duros con los colonos y braceros que los antiguos. Hubo un progreso económico pero un retroceso social, y esto se notó más en Andalucía porque en ella los bienes eclesiásticos eran muchos y porque ya la cuestión agraria revestía mucha gravedad.

La desamortización civil tuvo efectos aún más nefastos. Suele llamársele desamortización de Madoz porque fue este político y escritor quien la inició durante el bienio progresista, pero como esta desamortización no suscitaba los escrúpulos de conciencia que la eclesiástica, fue llevada adelante por los gobiernos sucesivos, tanto conservadores como liberales, hasta rematarla a comienzos del siglo actual. Entraban en ella todos los bienes de Propios; en cuanto a los de aprovechamiento común hubo diferencias de criterio; muchos pueblos, especialmente en Castilla, Navarra y otras regiones del norte consiguieron salvarlos, pero en Andalucía las oligarquías locales tenían interés en incluirlos y no dudaron en muchos casos en falsear los hechos para que fueran subastados como Propios las tierras comunales, que hoy prácticamente han desaparecido. En vano hicieron ver Moyano, Borrego y otros diputados los mismos argumentos que antes había hecho valer Flórez Estrada frente a Mendizábal, no contra la desamortización sino contra la forma de hacerla, que favorecía claramente a los más ricos y agravaba la miseria de los pobres. Prevaleció el interés del gobierno por ingresar dinero cuanto antes y el de los antiguos *poderosos* a los que ahora se llamaba *caciques*.

De esta segunda desamortización sí se aprovecharon muchos aristócratas de nuevo cuño para aumentar sus latifundios o crear otros nuevos; muy conocido es el caso de un marqués que remató en una sola subasta las 4.353 hectáreas de Propios del pueblo de Aznalcázar, en la provincia de Sevilla. En cambio, no pocos aristócratas de rancia solera vieron su patrimonio disminuido por las particiones hereditarias o por una gestión desastrosa, como sucedió con don Mariano Téllez Girón, duque de Osuna, heredero de un inmenso patrimonio rural que disipó en despilfarros insensatos.

Algún ejemplo concreto nos mostrará cómo se aceleró la concentración de la propiedad, sobre todo en la Baja Andalucía, desde mediados del pasado siglo: en Puebla del Río cinco propietarios de más de 400 fanegas poseían en 1760 el seis por ciento de las tierras catastradas; en 1854 siete latifundistas reunían el 50 por ciento, y en 1900 once, poseedores de más de 250 hectáreas, el 55 por ciento. Advierte J. González Arteaga, de quien tomamos estas cifras, que también aumentó el minifundismo por los repartos de tierras, y este hecho resulta aún más evidente en la Andalucía Oriental, pero la condición de estos pequeños propietarios, aunque mejor que la de los asalariados, era también difícil.

Los pleitos intentados a los señores después de la abolición de los señoríos en pocas ocasiones resultaron favorables para los campesinos. Sin embargo, para mejor puntualizar las cosas, habría que tener presente estos hechos: en Andalucía esos pleitos no fueron tan frecuentes y enconados como en otras regiones, por ejemplo, Valencia. No los llevaban adelante los más pobres sino la clase media rural. Hubo, probablemente, cierta complacencia en los fallos hacia los antiguos propietarios, pero realmente, en la mayoría de los casos, era muy difícil probar que las tierras que poseían los señores eran solariegas, por lo tanto, *feudales,* sujetas a restitución. En la mayoría de los casos provenían de compras hechas a título privado. Lo que sí se les podía reclamar eran los Propios y comunes usurpados, pero esto no pertenecía, a mi juicio (no soy un jurista), al ámbito propio de la Ley de Supresión de Señoríos, sino a la jurisprudencia ordinaria.

Comprimido entre un minifundio que apenas le daba para vivir y un latifundio en ascenso, la situación del campesinado andaluz se fue agravando también a lo largo de la centuria decimonónica por otras causas: entre ellas podemos enumerar: un incremento de la población rural que no encontraba salidas adecuadas ni en unas ciudades de lento crecimiento ni en la emigración exterior, que sólo en el sureste adquirió cierto volumen (emigración a Cataluña y Argelia). Deterioro progresivo de las industrias rurales, incapaces de resistir la competencia cuando la mejora de las vías de comunicación establecieron un mercado nacional. Desaparición de la función tutelar que, con más o menos eficacia, habían venido desempeñando la Iglesia, los gremios y las fundaciones benéficas, poco y mal reemplazadas por la caridad pública y particular. La ignorancia de las clases laboriosas, efecto de su misma indigencia y del abandono de los poderes públicos. La decadencia general de la economía andaluza, que ya a fines del siglo XIX era patente, convirtiendo la que durante siglos había sido la región más rica de España en otra de tipo intermedio, no de las más pobres pero sí de las que más acusaban los efectos de las desigualdades sociales.

Carentes de organización propia, los campesinos andaluces creyeron que los partidos liberales y republicanos les prestarían un apoyo que les negaban las fuerzas tradicionales. Estas esperanzas se vieron frustradas. Los progresistas del bienio, la coalición que derribó a Isabel II y los republicanos, unitarios o federales, eran partidos montados sobre una base de pequeños burgueses, con frecuencia muy radicales en aspectos políticos y religiosos pero muy conservadores en materia social. El derecho a la propiedad era para ellos el más sacrosanto, y lo interpretaban en el sentido más favorable a la propiedad burguesa. Utilizaron a las masas proletarias como tropas de choque para sus propios fines y las abandonaron después a su suerte. Este parece que fue el trasfondo de la revuelta de 1857 que afectó a poblaciones de la campiña andaluza y se saldó con una represión horrible. Los insurrectos de Loja que agrupó en gran número Pérez del Álamo en 1861 fueron más moderados que los anteriores, no cometieron desmanes contra la propiedad privada. Los instigadores del movimiento cantonalista tampoco inscribían en su programa ninguna reforma social profunda. La decepción abría paso a un nuevo tipo de propagandistas, pertenecientes a la Primera Internacional; el viaje a Andalucía de Anselmo Lorenzo, el autor de *El proletariado militante*, se sitúa en pleno sexenio, en 1872. Luego vinieron las ingenuidades y los excesos del cantonalismo, que a su vez preparaban los rigores de la Restauración, pero la semilla estaba echada, y no iba a morir a pesar de la prohibición legal de los movimientos obreristas.

Fue un caminar lento y difícil. Por lo pronto, había que esperar a que se reconociera a los desheredados el derecho al voto, tan temido por Cánovas. Los liberales implantaron el sufragio universal en 1890 cuidando de vaciarlo de contenido por medio del caciquismo local. Entre tanto, la agitación en el campo andaluz adquiría tintes violentos; son oscuros los orígenes de la llamada *Mano Negra* y otros sucesos ocurridos en la campiña jerezana en los años ochenta y noventa. En una época en la que, en todo el mundo, los magnicidios atribuidos a los anarquistas tenían alarmadas a las gentes, era fácil confundir en una misma acusación criminal a los que propugnaban un cambio radical de estructuras y a los que se entregaban a violencias inútiles y contraproducentes.

Sin embargo, no sería justo silenciar que también se hicieron tentativas de modernización en el sector agrícola por aquellas fechas. Recordemos, por ejemplo, que el general Concha, marqués del Duero, comprometió su fortuna y la de su mujer en la formación de una vasta explotación agraria en la costa malagueña, sin regatear esfuerzos en análisis de tierras, compra de maquinaria, traída de variedades de cañas de azúcar y montaje de una fábrica dotada de los últimos adelantos. Los elevados costes financieros y la muerte del marqués durante la segunda guerra carlista produjeron la quiebra de la empresa.

La obtención de azúcar a partir de la remolacha también dio lugar a varias iniciativas. Casi a la vez, en los años ochenta de la pasada centuria, el conde de Torres Cabrera en la campiña cordobesa y varios empresarios en la vega de Granada ensayaron este nuevo cultivo con diverso éxito; no fue favorable el de Torres Cabrera, a pesar de la orientación social (dentro de un ambiente paternalista) que dio a su iniciativa; tuvo, en cambio, un resultado francamente favorable en las tierras de regadío granadinas, y dio lugar a la formación de importantes capitales y de una industria derivada. Los Rodríguez Acosta, conocidos banqueros, que poseían ya explotaciones de caña en la costa, asociados con el farmacéutico López Rubio, comprendieron las posibilidades de la remolacha en las vegas interiores, y su ejemplo fue seguido por Creus, La Chica, el conde de Benalúa y otros. Una catástrofe nacional resultó ser para ellos una considerable ventaja: la guerra de Cuba, que dificultó el aprovisionamiento en azúcar antillano. En menor proporción, la misma circunstancia jugó en favor del cultivo del tabaco.

La capacidad de renovación de la agricultura en la Andalucía Penibética en contraste con el marasmo que prevalecía en la Bética (más favorecida, sin embargo, por la naturaleza) puede relacionarse con hechos ya antiguos y antes indicados, como son el menor grado de concentración y de absentismo en la primera, y también con la tradición del regadío, mientras en la Andalucía Baja el avance de los riegos del Bajo Guadalquivir se vio frenado por la hostilidad de algunos grandes propietarios, y en Cádiz se dio el caso de que entre la terminación de la presa de Guadalcacín (1910) y la puesta en riego de las tierras que domina transcurrió cerca de medio siglo.

Hechas estas salvedades, hay que decir que el balance global no fue positivo en el aspecto económico, y menos aún en el social. La crisis de finales del siglo XIX, general, pero más aguda en las comarcas cuya riqueza vinícola fue destruida por la filoxera, extremó la lucha de clases: de una parte, un proletariado inculto que esperaba del anarquismo la redención que otros partidos, otros movimientos no le ofrecían. De otra, unas clases conservadoras que sólo proponían como remedio al gobierno la multiplicación de los puestos de la Guardia Civil. Como fondo de este panorama, huelgas, quemas de cosechas y robo de frutos, más frecuente en épocas de hambre como las que se registraron en los años 1902 y 1904.

El gobierno creyó que algo había que hacer. Por medio del Instituto de Reformas Sociales se realizaron unas encuestas que son casi lo único valioso que nos dejó aquel Instituto, porque su actuación práctica fue, por falta de fondos, casi nula. Las contestaciones a la encuesta son de signo muy vario; desde las primeras líneas puede adivinarse la posición social y la ideología del que habla. El conjunto perfila bastante bien el panorama rural de Andalucía, sobre todo, de la Andalucía Baja; unos pequeños propietarios sometidos al usurero y al cacique; unos grandes propietarios absentistas que no invierten, que no tratan de mejorar la productividad; unos obreros que también miran con desconfianza las máquinas, los *polvos* (abonos) y que, o bien están al servicio del amo en el caso de los trabajadores fijos, o se sumergen en una inconsciencia salpicada de brotes de rebeldía. ¿Cómo podrían ilustrarse acerca de los verdaderos datos del problema unos hombres abrumados por jornadas de trabajo excesivas, mal alimentados y sin un céntimo de sobra para emplear, no ya en un libro sino en un periódico?

He aquí algunos párrafos del informe de don Francisco Fuentes, que es uno de los más sensatos: "Los obreros acomodados por meses o años (aperadores, capataces, gañanes, guardas) perciben la comida y de 12,50 a 17,50 pesetas mensuales... Su comida es a base de cocido, con tocino, morcilla y garbanzos mañana y tarde, más las migas o sopa en invierno, el gazpacho en verano y algún postre de queso o aceitunas... Los jornaleros de plaza o braceros ganan una peseta o 1,25 de septiembre a abril y 2,50 a 3,50 de mayo a agosto, o más si hacen la siega a destajo. Ganan en total unas 300 pesetas al año. Unos y otros comen pan negro y mal hecho; carne, sólo de reses muertas, y los demás alimentos, de los más baratos, con frecuencia averiados. Hay excepciones, pero son pocas. Los braceros se alimentan por su cuenta, y como sus gastos pueden computarse en 292 pesetas [anuales] de alimento, 18,50 de tabaco, 30 de ropa, 2,75 de barbero y 24 de habitación, tiene un déficit de 57 pesetas siendo soltero. El gasto anual de un matrimonio solo lo calculo en 456 pesetas; con dos hijos, 638[1]. Para poder subsistir trabajan la mujer y los hijos, cogen leña, pescan, hurtan frutos, piden limosna...". Se refería también Fuentes a la desconsideración con que eran tratados por los dueños y las autoridades, la parcialidad de éstas (incluso las judiciales) hacia los ricos, la ignorancia en que estaban sumidos los trabajadores, su desprotección en caso de accidentes laborales, por lo que no era extraño que su destino final fuese la mendicidad, el asilo y, en ocasiones, el presidio.

Era, pues, el agro andaluz campo abonado para la violencia, que se manifestaba, ya en actos individuales, ya colectivos. Sin embargo, los hechos sangrientos fueron raros, incluso en lo que Díaz del Moral llamó "trienio bolchevique", es decir, en la intensa agitación que sacudió las campiñas de Cádiz, Sevilla, Córdoba y parte de Málaga en los años 1918-1920. En el resto de Andalucía la conflictividad fue escasa. Pueden calcularse los huelguistas en 200.000, en su mayoría jornaleros agrícolas, aunque el movimiento tuvo repercusión en el proletariado urbano. Los motivos desencadenantes: la crisis que siguió a la artificial prosperidad que experimentó España durante la guerra europea y las noticias que llegaban acerca del triunfo del bolchevismo ruso y de las reformas agrarias que se estaban realizando en varios países de Europa central. Contribuyó al dramatismo de aquellos años la coincidencia de las huelgas agrícolas con otras urbanas y mineras, entre las cuales la de Riotinto alcanzó cotas quizás nunca después superadas por el tesón que mostraron los obreros y la solidaridad que hallaron en amplias capas de población, no todas proletarias, pues los abusos de la compañía inglesa eran notorios a todos. Tras medio año de lucha los mineros consiguieron una victoria parcial: aumento lineal de 2,25 pesetas. Los mineros exigían tres pesetas. En Linares y Peñarroya también hubo movimientos huelguísticos contra las compañías extranjeras

---

[1] Para hallar el valor de estas cifras en pesetas de 1983 habría que multiplicarlas por 200 aproximadamente.

que habían conseguido grandes beneficios durante los años de la guerra europea.

Sin embargo, el movimiento campesino suscitó mucha mayor aprensión en el gobierno y en los propietarios por su amplitud y por los numerosos brotes de violencia que lo acompañaron. Una vez más hay que comprobar la responsabilidad de los intelectuales y de las clases dirigentes, que en su mayoría se dejaron ganar por el pánico y no trataron de evitar la radicalización planteando alternativas justas y viables. Un selecto grupo se salva solamente de este reproche: el socialista Fernando de los Ríos; el socialcatólico Ángel Ossorio y Gallardo, el notario de Bujalance Díaz del Moral, puntual observador y cronista de aquellos sucesos. Otro notario, Blas Infante, que por razones profesionales estaba mejor capacitado para comprender la entraña de aquellos problemas, a los que dedicó artículos en la prensa sevillana y en el órgano madrileño *El Sol* (mayo-junio de 1919). De su postura escribe Tuñón de Lara: "Infante no es ningún revolucionario; él teme la explosión que puede sobrevenir si no se efectúan reformas". De sus ideas participaba otro reformista de excepcional preparación: el ingeniero agrónomo don Pascual Carrión. Ambos suscitaron la cuestión del latifundismo en el Congreso Regionalista Andaluz celebrado en Córdoba en marzo de 1919, es decir, en plena efervescencia campesina. Aquel año se declaró el estado de guerra en la capital cordobesa y hubo tres muertos en enfrentamientos. En 1920 continuaron los choques y las violencias, con numerosos incendios de mieses.

Gran parte de la culpa de este ambiente de violencia la tuvieron los anarquistas y los bolcheviques. Su infantilismo, su inoperancia final, facilitaron el progreso de otras dos fuerzas: el socialismo hasta entonces de muy escasa implantación en nuestro suelo, y los sindicatos católicos, apoyados por la jerarquía eclesiástica y por los propietarios; sindicatos que en Castilla la Vieja, en un medio distinto, de pequeños propietarios, llegaron a cobrar gran fuerza, y que en Andalucía, si hubieran estado dotados de mayor autenticidad, hubieran tenido porvenir, pero apenas el pronunciamiento del general don Miguel Primo de Rivera restableció la paz externa sus promotores se desinteresaron de ellos.

La Dictadura (1923-1930) dio algunos pasos en el buen camino, en el del aumento de la productividad, sin la cual poco podía hacerse para mejorar la suerte de los campesinos. La iniciativa más acertada fue la creación de las confederaciones hidrográficas para la explotación integral de los recursos hidrológicos y forestales de las grandes cuencas. La disminución de la conflictividad laboral animó a ciertos propietarios a invertir; era una etapa favorable, situada entre la depresión que siguió a la guerra europea y la que, iniciada en Nueva York en 1929, se extendería en ondas concéntricas hasta abarcar todo el mundo capitalista. En 1930 pocas fincas aptas para el cultivo quedaban en Andalucía entregadas a la caza o a la cría de toros de lidia. Se había iniciado el cultivo del algodón, que podía ser la base de una industria regional. A pesar de todo, las estadísticas nos dicen que la mecanización seguía siendo muy pequeña, y el empleo de abonos químicos inferior al de otras regiones con menor vocación agraria; por ejemplo, en la región cantábrica se empleaban 231 kilos de fertilizantes por hectárea mientras que en la Andalucía oriental eran sólo 63, y esta mínima cifra bajaba a 53 en la occidental.

En el fondo, las cosas habían cambiado poco cuando la proclamación de la República (1931) replanteó el problema agrario andaluz con la máxima agudeza. Mucho se ha discutido sobre las causas del fracaso de la Reforma Agraria planeada en 1932; sin entrar en el fondo de la cuestión, pues éste no es un problema específicamente andaluz, hay que señalar la lentitud, quizá inevitable, de aquel proceso, al que se quería revestir de unas formalidades jurídicas y de un carácter más pequeñoburgués que revolucionario, en contraste con la impaciencia de unas masas que, como en 1918, creyeron que era inminente la llegada del Gran Día, con mesianismo disculpable por su escasa madurez y por la influencia que seguía teniendo el fondo anarquista que impregnaba y contagiaba de violencia y utopía incluso los sindicatos socialistas andaluces.

Una de las dificultades para poner en rápida ejecución la Ley de Reforma Agraria era la falta de información. ¿Qué propietarios, qué fincas caían dentro de los diversos apartados que contemplaba la Ley? La información, obtenida mediante declaraciones juradas, se contiene en los 254 volúmenes, depositados hoy en el archivo del YRIDA, que son una mina para el historiador. Por lo que a Andalucía concierne, del resumen efectuado por el equipo que, bajo la coordinación del profesor Velarde Fuertes, redactó el valiosísimo volumen *Decadencia y crisis en Andalucía,* se deducen las siguientes conclusiones:

1.ª Los propietarios afectados eran 8.393, poseedores de 82.717 fincas con un total de 2.418.084 hectáreas, algo más de la cuarta parte (el 27 por ciento) de la superficie total de Andalucía.

2.ª Los 528 propietarios de más de mil hectáreas poseían 1.384.000 ha, o sea, el 57 por ciento de la superficie expropiable.

3.ª Los propietarios medianos y pequeños (de menos de 100 ha.) se veían también "seriamente afectados", pues eran 5.437, aunque sólo poseían en total 103.293 ha. Habría que entrar en detalladas explicaciones acerca del muy complejo articulado de aquella Ley para explicar por qué tantos propietarios modestos fueron incluidos y, por ello mismo, lanzados al campo de los enemigos de la República.

4.ª Las provincias más afectadas por la reforma fueron las de Sevilla, Córdoba y Cádiz. Las demás, en proporción decreciente hasta llegar a la de Almería, en la que la incidencia fue mínima.

5.ª Entre los mayores propietarios hay que destacar varias sociedades anónimas y un grupo nobiliario de títulos muy conocidos: Medinaceli, Alba, Lerma...

La Ley no se presentaba como una expoliación; se preveía una indemnización para los propietarios expropiados, excepto para los miembros de la Grandeza. Esta excepción tenía fundamentos meramente políticos, pues los grandes no eran, como propietarios, más *asociales* que los otros.

El gobierno Azaña no pasó de las tareas preparatorias, mientras en los campos andaluces crecía el descontento y se multiplicaban los incidentes. Los sangrientos sucesos de Casas Viejas contribuyeron a la caída del ministerio; también el abstencionismo electoral anarcosindicalista contribuyó al triunfo de centristas y derechistas en las elecciones de noviembre de 1933, cuyo resultado fue la formación de un nuevo bloque gubernamental en el que un partido de vieja solera que republicana del que era alma un cordobés, Alejandro Lerroux, avaló, por decirlo así, la entrada en el gobierno de un partido de dudoso republicanismo, la Acción Popular de José María Gil Robles, un político oriundo de Salamanca, tierra con problemas agrarios algo semejantes a los de Andalucía, pero poco sensibilizado hacia ellos. Mejor los conocía don Manuel Giménez Fernández, que continuaba la tradición de multiforme protagonismo político andaluz y, en calidad de ministro de Agricultura, trató de encauzar y sacar adelante el proyecto de Reforma Agraria. Fue desembarcado del equipo gubernamental en la reacción que siguió a la revolución de octubre de 1934, y a partir de entonces, aunque la reforma no fuera expresamente abolida, entró en periodo comatoso. Más aún: hubo propietarios que se aprovecharon de las circunstancias para despedir colonos y rebajar salarios.

Desde las elecciones de febrero de 1936 hasta el pronunciamiento de julio de 1936 transcurrieron unos meses de los más agitados que había conocido el campo andaluz en su milenaria historia. Las posturas, cada vez más radicalizadas y violentas, daban a la región un aire de preguerra civil; era un cuadro complejo, en el que se mezclaban las quejas de los pequeños propietarios y arrendatarios, los asaltos tumultuarios de fincas y los enjambres de parados por las lluvias torrenciales que descargaron entonces. Las ciudades notaban el contragolpe de la inquietud campesina por el aflujo de bandas de mendigos y de gentes (no todos propietarios) que huían atemorizadas de los pueblos. Una extraña pasividad parecía haberse apoderado de los órganos de la gobernación del Estado. Los hombres a quienes incumbía imponer una solución se dejaban arrastrar por los acontecimientos como una paja en aguas turbulentas. No sorprendió demasiado el estallido del conflicto armado, aunque sí el carácter sanguinario que tomó en la retaguardia de ambos bandos. En el franquista, los propietarios se vengaron de los terrores pasados, en el republicano se realizaron unas experiencias de colectivismo agrario que estaban dentro de la línea anarcosindicalista pero en los que también participaron afiliados de otras tendencias políticas. A pesar del interés que han suscitado estos ensayos, pocos trabajos de auténtico rigor científico se les han dedicado, y nunca serán bien conocidos si se deja morir a la generación que los vivió sin recoger su testimonio directo, insustituible. En Andalucía las colectividades agrarias parece que tuvieron poca vitalidad en Almería, quizá por abundar allí la pequeña propiedad; en cambio, se extendieron mucho en la provincia de Jaén, latifundista y proletaria. Del estudio de Garrido González se deduce que las colectividades socialistas y mixtas superaron en número a las cenetistas, lo que va en contra de las opiniones corrientes; pero hay que tener presente que en Andalucía las fronteras ideológicas entre los partidos obreros eran muy difusas, dentro de un clima de radicalización general. El grado de voluntariedad o compulsión que reinara en el interior de aquellas comunas es mal conocido, y es uno de los aspectos que corren peligro de quedar para siempre ignorados. Su fracaso final no resulta concluyente acerca del valor del experimento por haberse realizado en un clima de guerra; y de una guerra perdida. Muchas de las 104 colectividades registradas por Garrido González en la provincia de Jaén estaban abandonadas o en trance de abandono antes del bando de 4 de abril de 1939 que ponía término legal a su existencia: "Todas las fincas rústicas e industrias agrícolas que durante la dominación marxista hubieran sido arrebatadas a sus legítimos propietarios serán devueltas a éstos".

VII. EL FRACASO DE LA INDUSTRIALIZACIÓN EN ANDALUCÍA

Motivo principalísimo del subdesarrollo económico andaluz es el insuficiente grado de industrialización de nuestra tierra. En este punto todos estamos de acuerdo. En lo que no hay unanimidad es en cuanto a las causas y los remedios que pueden aplicarse. Existe bastante concordancia en fechar lo que suele llamarse "el fracaso de la industrialización andaluza" en la primera mitad del pasado siglo. Entonces surgieron una serie de iniciativas que parecía iban a ponernos en línea con los países europeos más avanzados, con los pioneros de la Revolución Industrial, mas, por causas diversas y debatidas, aquellos horizontes se fueron estrechando y naufragaron aquellas expectativas, juntamente con las de otras regiones españolas, quedando al fin sólo dos como hitos de la malograda renovación económica de España: Cataluña y dos provincias vascas, Guipúzcoa y Vizcaya.

Sin pretensiones de abordar en profundidad el tema, vamos a establecer sólo algunas premisas para una consideración total del mismo. La primera, que el retraso industrial de España, incluida Andalucía, es un hecho histórico que tiene antecedentes lejanos.

Se sitúa el "fracaso de la industrialización" en los reinados de Fernando VII e Isabel II, pero hubo antes otros fracasos muy ostensibles, por ejemplo, que Andalucía fuera incapaz de atender la demanda generada por la colonización de América, que la construcción naval fuera poca y de mala calidad, hasta el punto de que disposiciones oficiales de fines del siglo XVI prohibieron que en las flotas y galeones se incluyeran naos fabricadas en nuestros astilleros, los cuales se limitaban a botar pataches, pesqueros, buques de aviso y otros de poco tonelaje. En el siglo XVIII, cuando en la mayor parte de Europa surgían establecimientos industriales, aquí seguíamos reducidos a la artesanía tradicional, y la verdadera industria era casi únicamente estatal: fábricas de tabacos de Sevilla y Cádiz, arsenal de La Carraca, fábrica de lonas de Granada, fundiciones de artillería de Sevilla y Jimena...

Las industrias textiles de Sevilla, Córdoba y otras ciudades, a pesar de los esfuerzos hechos a fines del siglo XVII y luego en la primera mitad del XVIII por iniciativa gubernamental (Junta de Comercio, compañías privilegiadas), no habían recuperado los niveles que tuvieron en el siglo XVI, que, por cierto, nunca fueron tan altos como los pintó la leyenda. La industria sedera de Granada se defendió mejor, sin dejar por ello de estar más cerca de la pura artesanía que de la verdadera industria. Lo mismo se debe decir de las pequeñas industrias rurales, muy diseminadas.

Casi la única iniciativa industrial importante del siglo XVIII de origen privado fue la fábrica de hojalata de Júzcar, cerca de Ronda; comenzada en 1725, completó su ciclo productivo en 1730. Aún se aprecian sobre el terreno los restos de las construcciones; allí estuvo el primer alto horno de Andalucía, sólo precedido en España por los de Liérganes y La Cavada. Medio siglo tuvo de vida la empresa, que, tras prometedores inicios, sólo conoció decepciones: el caudal del río que debía proporcionar fuerza motriz era insuficiente, los ribereños le disputaban su aprovechamiento, la competencia inglesa arruinó la producción de hojalata y la vasca la de útiles de hierro. Pronto los propietarios quisieron traspasar aquella empresa nada rentable al Estado (*nihil novum sub sole*) y el saldo final fue otro de los numerosos *fracasos industriales* andaluces.

Si esta frase se adscribe al siglo XIX es porque en dicha centuria, decisiva para toda la vida económica nacional e internacional, hubo ensayos promisorios que terminaron en desastre. Hubo intentos serios de crear una industria siderúrgica en Málaga y Sevilla (El Pedroso). Heredia y Larios, dos nombres destacados en la vida malagueña del siglo XIX, crearon también una industria textil que a mediados de dicha centuria era la segunda de España. Se acometió también, con entusiasmos que luego quedaron desmentidos, la construcción de una red ferroviaria andaluza. Sería inexacto afirmar que todo aquel movimiento fue infructuoso; se consolidaron importantes industrias, como la corchotaponera o la fábrica de loza de la Cartuja de Sevilla. Sin embargo, es cierto que el balance final, hacia 1900, era decepcionante; los altos hornos se apagaron, mientras se encendían los de Sestao y Baracaldo; los textiles no podían resistir la competencia catalana, el beneficio de las importantísimas riquezas mineras entraba por los cauces que luego indicaremos, la red ferroviaria andaluza, apenas nacida, entraba ya en franco declive, y Andalucía quedaba condenada a ser una región agrícola, una productora de materias primas para ser transformadas en lugares distantes.

Como queda dicho, las interpretaciones acerca de las causas de tal fenómeno son diversas, aunque pueden reducirse a dos líneas básicas de explicación: causas naturales y causas humanas, y entre estas últimas se ha discutido acerca de la falta de espíritu empresarial en el hombre andaluz, falta que, de ser cierta, habría que achacarla a los precedentes históricos y los condicionantes sociales, pues nadie pretenderá que exista en los meridionales una incapacidad racial, genética; tal motivación sería absurda, entre otras razones porque el hombre andaluz es de ascendencia nórdica más o menos remota en la mayoría de los casos.

Para ver claro en un problema muy complejo, en el que intervienen muchos factores, habría que partir de ciertos hechos que parecen incuestionables para después abordar los dudosos. Entre los indudables está el que, como queda dicho, el *fracaso* industrial andaluz en la Edad Contemporánea no fue el primero, aunque sí el más resonante. Tuvo antecedentes, y además se inserta en un fenómeno más general: el retraso de las regiones meridionales respecto a las septentrionales, tan visible en Italia, patente también en Francia y en Estados Unidos, aunque en menores proporciones. Hay, pues, un "problema del sur", que es propio de los países mediterráneos, que tiene hondas raíces y que se ha agravado en nuestros tiempos.

Tampoco es cuestionable que la mayoría de las empresas industriales y mercantiles que han surgido en Andalucía de largo tiempo a esta parte han estado ligadas a nombres foráneos, ya de otras regiones de España (catalanes, vascos, montañeses, riojanos), ya extranjeros. Remisa, Heredia y Larios impulsaron la economía malagueña el pasado siglo; apellidos ingleses aparecen pronto unidos a la industria vinícola jerezana; ingleses eran también Pickman, que hacia 1845 funda la fábrica de la Cartuja, y Armstrong, firma destacada en la industria del corcho; Carbonell llegó a Córdoba procedente de Valencia... La lista es larga, y esto, sin remontarnos a los orígenes de la burguesía gaditana.

Anotemos también, como hechos probados para ulterior discusión, que Andalucía tiene variedad de materias primas y notoria escasez de las fuentes de energía que impulsaron la Revolución Industrial: el carbón primero, la hidroelectricidad y los hidrocarburos después.

Éstos son los hechos. Las comparaciones también pueden servirnos de puntos de apoyo para encontrar la solución. Vasconia y Cataluña se impusieron como adelantadas del progreso industrial español; Cataluña pronto, desde el siglo XVIII; el País Vasco, aunque con antecedentes industriales muy antiguos en la siderurgia y la construcción naval, no llegó a su apogeo hasta finalizar el XIX, retraso que, en parte al menos, puede atribuirse a la desorganización causada por las guerras carlistas. ¿Qué tienen de común estos dos países? ¿Qué tienen que no tenga Andalucía?

En ambos casos se trata de territorios con sistemas agrarios muy distintos del andaluz; más pobres pero más estables. Esto es importante, porque no puede haber una economía sana con una base agraria defectuosa. En ambos territorios era casi imposible colocar los capitales en fincas rústicas por falta de oferta, por falta de mercado, como es normal en países con suelo muy dividido y campesinado muy apegado a la tierra. La burguesía agraria catalana procedente de la Sentencia Arbitral de Guadalupe rara vez abandonaba su masía y el campo circundante. El mismo apego a su parcela mostraba el *casero* vasco, fuera o no propietario del caserío. En esas tierras del norte no había gran diferencia entre el propietario de pleno derecho y el colono, forero o enfiteuta, que pagaba una renta pero tenía el dominio útil y prácticamente indefinido de la finca que cultivaba. Esta situación ayuda a explicar que en aquellas latitudes los capitales buscaran inversiones comerciales e industriales, ya por obra de individuos aislados, ya agrupados en compañías integradas por pequeños ahorradores como las que en Cataluña estudió Pierre Vilar.

En Andalucía también había una burguesía y unas clases medias susceptibles de generar unos ahorros, pero, al contrario que en el norte, sentían la tentación de la inversión rústica, fácil, segura, promotora de prestigio social. No es de extrañar que todos, grandes, medianos y pequeños, cedieran a la tentación. En el siglo XVIII, con el aumento de población y la multiplicación de los mayorazgos, el mercado se estrechó y se elevó el precio de la tierra, pero en el siglo XIX la disolución de los mayorazgos y las desamortizaciones eclesiásticas y civiles propiciaron de nuevo la oferta. Por aquellas fechas ya habían desaparecido los escrúpulos y reservas que la mentalidad del Antiguo Régimen había multiplicado a propósito de las ganancias obtenidas en los sectores secundario y terciario. Unos escrúpulos cuyo alcance no hay que exagerar, porque donde había una ganancia pingüe en perspectiva encopetados señores la aprovechaban, directamente o por medio de testaferros. La calidad nobiliaria de los munícipes de Sevilla y Cádiz no les obstaba para dedicarse a tráficos mercantiles, y puesto que en la etapa borbónica los propios monarcas figuraron con frecuencia como accionistas en las compañías privilegiadas de comercio que entonces se crearon (de Granada, de San Fernando, de Filipinas...) sus vasallos no debían sentirse rebajados por participar en ellas. Lo que sí les impresionó fue ver que aquellas compañías fracasaban, que los negocios mercantiles e industriales eran arriesgados, mientras el comprador de un cortijo podía pasar apuros pero conservaba intacto su capital. Creo, en suma, que en la formación de esa mentalidad antiempresarial de las clases elevadas andaluzas, más que los prejuicios tópicos sobre el *honor* y la *limpieza de oficios* pesó el hecho de que la inversión agraria era la más segura, la más aconsejable. No faltó espíritu emprendedor en la burguesía comerciante de Cádiz y Málaga; basta recorrer las páginas del Madoz para ver la actividad industrial con que Cádiz intentó compensar la pérdida del mercado americano. Y Málaga fue, como hemos visto, la protagonista de las más osadas iniciativas. No por mucho tiempo. Mientras hubo bosques en los alrededores ardieron los altos hornos andaluces; luego se comprobó que la solución no era la madera sino el carbón mineral, que Vizcaya recibía de Inglaterra a menos costo que el sur. Las guerras carlistas supusieron un retraso para el norte, una pausa para el sur. Llegada la Restauración la balanza se desniveló y los altos hornos andaluces se; apagaron. ¿Podía, a pesar de todo, haberse mantenido una siderurgia andaluza? Tal vez, pero muy difícilmente, sobre todo teniendo en cuenta que la exigüidad del mercado nacional no permitía la coexistencia de dos centros siderúrgicos de alguna importancia cuando la total demanda española de hierro y acero no llegaba al medio millón de toneladas.

La ruina del sector textil andaluz se pone, justamente, en relación con la incapacidad de competir con la industria catalana, técnicamente más avanzada. En este caso no cabe hablar de superioridad de abastecimiento, pues Cataluña no era ni es productora de fibras textiles, y su equipamiento energético es muy mediocre, pero esta comparación resulta elocuente en la medida en que demuestra que la inferioridad andaluza, más que en factores naturales, radicaba en los humanos. No hubo en Andalucía ese tránsito de los sectores gremiales más dinámicos hacia la industria, ni la inyección de capitales, ni la experiencia acumulada durante el siglo anterior, ni una red comercial agresiva, todo lo cual estaba latente desde antes de la guerra de la Independencia y produjo pleno efecto al crearse, con los primeros ferrocarriles, un mercado nacional, bien arropado frente al exterior por las medidas proteccionistas. En el interior del espacio así creado la competencia catalana resultó irresistible para las débiles industrias del resto de España.

Claro está que si el choque resultó tan destructor fue por la debilidad de aquellas industrias, diseminadas, descapitalizadas, productoras de géneros de mediana o baja calidad, residuos de una secular artesanía que ya había sido expulsada del consumo de lujo por la competencia extranjera, pero que en muchas ciudades y pueblos se mantenía, sobre todo en el ámbito textil, para el consumo medio e ínfimo. Hacia 1730 Moya Torres señalaba, entre las poblaciones que habían conservado una producción de paños bastos, a Jaén, Baeza, Úbeda, Granada, Antequera, Bujalance, Montoro, Aldea del Río, Écija, Grazalema y algunas otras. En Castro del Río hay calles que llevan nombres como Tintoreros, Cardadores, Cuchilleros y Caldereros, testimonio de artesanías tiempo ha extinguidas. En Antequera había en 1770 cuarenta y ocho telares de seda, seis tenerías y una producción de 6.728 piezas de bayeta. Por la misma fecha, en El Puerto de Santa María quedaba, como reliquia de su antigua fábrica sedera, una Real Fábrica de Sedas que sólo podía subsistir sometiendo a los obreros a jornadas interminables de trabajo. En Úbeda, según relación de su corregidor, había alguna producción de alpargatas, loza y alfarería, 167 telares de lino y cáñamo y algunos otros de lienzo. Las relaciones enviadas por los párrocos a don Tomás López, geógrafo real, en el último cuarto del siglo XVIII también se refieren a la trabajosa pervivencia de las artesanías rurales; nos informan, por ejemplo, de la existencia de una fábrica de papel en Loja, de que en Montilla había seiscientos oficiales de zapatería, cifra, sin duda, exagerada. Las sederías de Priego habían decaído por las exigencias del marqués, señor de la villa. En Écija los 450 telares de seda existentes a mediados de aquel siglo se habían reducido a trece; también se había hundido la producción de tejidos de lana, mientras que los de lino se defendían algo mejor. Se había introducido la fabricación de sombreros (veinte mil anuales) y los franciscanos sostenían una fábrica de sayales para su consumo.

Hasta tiempos relativamente recientes todo pueblo de cierto vecindario tenía las industrias o artesanías más elementales. La mayoría han desaparecido, y también están desapareciendo los comercios locales, absorbidos por los de la capital más cercana. El efecto concentrador que en el siglo pasado ejercieron los ferrocarriles lo ejerce ahora la carretera, ya no en el ámbito nacional sino en el regional o provincial. Son dos fenómenos distintos pero cuyos efectos se superponen y refuerzan, concurriendo a la pérdida de vitalidad de los pequeños núcleos de población.

En contraste con el declive industrial la Andalucía del siglo XIX conoció un avance espectacular en el sector minero. La tradicional riqueza minera que atrajo a los primeros colonizadores y que en el siglo I de nuestra era señalaba el geógrafo Estrabón se fue apocando de manera que en la época islámica las noticias son escasas, y en la moderna tampoco abundan. El complejo onubense, de legendaria riqueza, explotado en tiempos prehistóricos, estaba tan abandonado que la administración española hacía venir el cobre necesario para la fundición de cañones de Europa central y hasta de América, mientras aquellas minas, de propiedad estatal, permanecían inactivas. Mejor aprovechadas estaban las minas de plomo de Linares, donde, en 1734, había 300 vecinos empleados en su laboreo y beneficio, y por ello exentos de ciertos impuestos. Como simple curiosidad apuntaremos que la cuenca carbonífera de Villanueva del Río, cerca de Sevilla, fue objeto de una temprana y mínima explotación en el siglo XVII. Lo que de veras interesaba eran los metales preciosos; por eso produjo gran sensación el descubrimiento de las minas de plata de Guadalcanal, de cuya explotación se encargaron los Fugger o Fúcares, banqueros regios que ya tenían a su cargo las minas de mercurio de Almadén y que disponían de técnicos alemanes, los más expertos de la época en este ramo. Desde 1555 hasta 1576 Guadalcanal produjo cantidades importantes de plata. Después, las vetas más productivas se agotaron, se inundaron los pozos, los Fugger dejaron de considerarlos rentables y, tras varios intentos esporádicos, fueron definitivamente abandonadas.

Si agregamos las salinas de Cádiz y las rudimentarias explotaciones de las minas de hierro de Fiñana y algunas otras localidades almerienses por cuenta de sus señores jurisdiccionales (don Álvaro de Bazán, los marqueses de Cenete) tendremos el cuadro, bien poco alentador, de la minería andaluza al iniciarse la Edad Contemporánea. A esta indiferencia sucedió una actividad febril desde el reinado de Fernando VII; síntoma de este interés fue la publicación del *Registro de minas de la Corona de Castilla* por don Tomás González, archivero de Simancas, con datos retrospectivos de numerosos yacimientos, que fueron incrementados por las prospecciones hechas, ya por aventureros y buscadores sin formación científica, ya por profesionales de una ciencia recién nacida: la Geología. Las razones de este súbito interés se centraban en el gran despliegue industrial que se estaba efectuando en toda Europa y que requería un gran consumo de materias primas. La minería hispana en general, la andaluza en particular, conocieron durante un siglo (de 1830 a 1930, aproximadamente) un auge espectacular, con máximas cotas entre 1875 y 1918. Esta actividad creó puestos de trabajo (un trabajo con frecuencia infrahumano), llevó una pasajera prosperidad a pueblos y comarcas enteras, alivió la situación, siempre precaria, de la balanza de pagos, pero, por estar dominada por el capital extranjero y concebida como actividad exportadora, en vez de planificarse como soporte de una industria propia, presentó un balance final negativo.

Sería largo hacer la historia de esta fiebre minera, señuelo de muchos, basado en el enriquecimiento súbito de unos pocos, con un paradigma idéntico en la mayoría de los casos: un descubrimiento, una multitud de concesiones, una explotación apresurada, minifundista, por medio de labores mal coordinadas y amplio porcentaje de desperdicio, y al cabo de un tiempo más o menos largo el decrecimiento de beneficios y el abandono de la explotación, dejando como recuerdo un panorama lunar, bosques talados, viviendas abandonadas y montañas de escorias. Éste fue, por ejemplo, el caso de la mayoría de las minas de plomo del sureste andaluz: sierras de Gádor y Almagrera, en Almería, que además de plomo contenían una importante cantidad de plata y que hace tiempo están abandonadas. Las ganancias, importantes, sobre todo en las décadas centrales del pasado siglo, se disiparon en adquisiciones no empresariales, en gastos consuntivos que no dejaron impronta permanente en aquellas regiones. La población de la provincia almeriense subió a unos niveles superiores a lo que cabía esperar de su escasa vocación agrícola; cuando sobrevino la depresión minera alimentó una sostenida emigración a Cataluña y a la Argelia francesa.

Apenas derrocada Isabel II por la "Gloriosa" se impusieron ideologías utópicas basadas en un liberalismo económico muy adecuado a países de sólida armadura económico-financiera pero que para el nuestro resultaba de una ingenuidad total. La ley de Minas de 1869 fue inmediatamente aprovechada por el capital inglés y francés que extendió sobre toda la Península, y con predilección sobre sus tierras meridionales, las garras predatorias de un capitalismo que nos reducía a una dependencia semicolonial. No es que el proteccionismo a ultranza preconizado por los manufactureros catalanes fuera la solución ideal; la cooperación internacional resultaba deseable y hasta necesaria para una nación como España, muy necesitada de capitales y tecnología, pero hubieran debido señalarse límites y tomarse precauciones para que su actuación no resultara puramente predatoria. El caso más conocido y lamentable es el de las minas de Riotinto, propiedad del Estado español, que nunca había sido capaz de explotarlas con provecho. Fueron vendidas en 1872 por 87,5 millones de pesetas, cifra verdaderamente ridícula, que no fue precedida por un estudio serio del yacimiento, hasta el punto de que no se cubicó el criadero de San Dionisio, que luego resultó ser el más importante. Hay que reconocer que la *Rio Tinto Company* explotó por primera vez una riqueza inmensa que había permanecido latente durante milenios, y con notable celeridad aseguró la salida del mineral mediante la construcción del ferrocarril a Huelva y el muelle de embarque en este puerto, que es una notable obra de ingeniería industrial, que debería conservarse aunque no tenga ya utilización. Nerva y Riotinto se elevaron de la categoría de aldeas a la de centros laborales de muy nutrido censo, pero el 90 por ciento del beneficio generado fue para la compañía inglesa, para sus directores, dotados de altísimas remuneraciones, para sus accionistas, que percibieron algunos años dividendos del 100 por ciento, para las industrias extranjeras que utilizaron el mineral extraído; poca o nula fue, en cambio, la riqueza creada *in situ*; por el contrario, costó un motín y numerosas víctimas que se prohibiera la calcinación de las piritas al aire libre, cuyos humos sulfurosos atentaban a la salud y destruían la vegetación. Todavía en 1918 se pagaba la jornada durísima del minero de Riotinto con un jornal de 5,25 pesetas, motivo de una sonada huelga. En la misma fecha el sueldo del director general era de 20.000 libras (500.000 pesetas por entonces).

Éste es quizá un caso límite, el más bochornoso, pero no muy diferente de lo que ocurría en Peñarroya, Linares, Alquife y otros grandes cotos mineros, caídos también en manos de empresas extranjeras. La explotación fue tan intensa que los mejores filones quedaron agotados; ahora no somos exportadores sino importadores de cobre; en cuanto al plomo nuestro déficit es ligero pero España ha pasado del primer lugar al decimocuarto. Ni estos minerales ni los de hierro (que nunca alcanzaron tal volumen) produjeron un efecto apreciable en la industrialización andaluza; a lo sumo, el beneficio de los minerales más nobles para separarlos de su ganga; el desplatado de las galenas... y poco más. Los metales, purificados, en barras o lingotes, tomaban el camino del exterior, no pocos desde los muelles de Málaga, Sevilla o Almería. La única ciudad de cierta importancia que ha mantenido su rango después de aplacada la fiebre minera es Linares, que hacia 1900 superaba a Jaén, la capital de la provincia, y que en el censo de 1981 dio 55.000 habitantes, con ganancia de cuatro mil sobre el de 1970, mientras Nerva, en el mismo lapso, retrocedía de once a siete mil, lo que confirma la ley de que la mera actividad extractiva no genera un progreso demográfico notable si no va acompañada de un paralelo desarrollo industrial.

Al comenzar la centuria actual el retraso industrial de España en el conjunto europeo era un hecho claro y consumado. El de Andalucía dentro del conjunto español no, porque si estaba en desventaja respecto a Cataluña y Vasconia y difícilmente mantenía la paridad con Valencia y Asturias, todavía quedaba algo por encima de otras regiones aún menos industriales. La guerra europea, ahora llamada primera guerra mundial (1914-1918) ofreció una oportunidad basada en las facilidades para la exportación a los beligerantes y la necesidad de fabricar artículos cuya importación quedó suspendida. Pocas de las industrias creadas entonces resistieron la crisis siguiente a la guerra y el restablecimiento de un régimen de libre competencia. Un ejemplo puede ser el conjunto de empresas creadas en Sevilla por la firma Lisén, cuyo fulgor momentáneo se desvaneció, arrastrando en su caída una fábrica de sacos de yute.

Se ha estudiado, siguiendo las huellas de Díaz del Moral, la repercusión de la revolución soviética en el agro andaluz. Mucho menos conocida es la reacción del proletariado urbano ante la crisis, que fue de doble signo; primero, en 1917, porque la oligarquía empresarial pretendía capitalizar en su exclusivo provecho el aumento de la demanda exterior y la grieta que se estaba ensanchando entre unos precios en alza y unos salarios casi inmóviles. Luego, desde 1918, a causa de la crisis posbélica. Los centros mineros, el campo y los centros urbanos fueron teatro de una agitación social de intensidad sin precedentes. La Dictadura de don Miguel Primo de Rivera (1923-1930) contó en una primera fase con dos bazas importantes: el cansancio por las luchas sociales, que facilitó la adopción de medidas de pacificación impuestas desde arriba, y la gran era de prosperidad económica, la *Prosperity* que acabó derrumbándose en noviembre de 1929 en unas históricas sesiones de la bolsa neoyorquina cuyos remolinos salpicaron al mundo entero. Entre esos dos hitos se sitúa un sexenio de moderado crecimiento industrial andaluz en el que destaca el sector de la construcción, estimulado por iniciativas particulares y estatales. Despuntaba el turismo, se renovaban las carreteras, había una intensa actividad urbanizadora en las capitales, se terminaban apresuradamente en Sevilla los edificios de la Exposición Iberoamericana y las obras anejas... Todo ello mantenía una fiebre constructora, alimentada con un peonaje muy mal pagado que llegaba de los pueblos. También fue buen momento para las industrias alimentarias y las relacionadas con los transportes, sobre todo con el naciente auge automovilístico. La estampa, tan habitual hoy, del taller de reparaciones al borde de la carretera, fue una novedad de los años veinte.

Toda esta euforia, un poco artificial, se tambaleó bajo el doble impulso, de la crisis económica, que empezó a hacer sentir sus efectos desde 1930, y de la crisis politicosocial que, el siguiente año, desembocó en la proclamación de la Segunda República. A la recesión universal se unieron la fuga de capitales, la contracción del consumo y el tenso ambiente social, con huelgas y atentados que hicieron de Andalucía una región muy conflictiva, con su ápice en Sevilla en cuanto a problemas laborales de tipo urbano, y con la lógica repercusión negativa en el desarrollo industrial. La guerra de 1936-1939 tuvo efectos encontrados: junto a industrias que decaen por falta de mercado, capital y mano de obra otras surgen, ya para hacer frente a la demanda bélica, ya para paliar la escasez de artículos que normalmente se importaban de otras regiones.

La inmediata posguerra fue de penuria en todos los órdenes. El retroceso se hace patente a través del consumo de energía eléctrica, que en 1940 no llegaba al escaso consumo de 1935. La segunda guerra mundial no fue, como la primera, generadora de beneficios. Por el contrario, fue un sumando más en el catálogo de factores negativos, entre los que también figuraron la falta de divisas, las destrucciones originadas por la lucha fratricida y el rechazo casi universal al régimen salido de ella.

Estos factores también estaban en la base de las tentativas autárquicas emprendidas por el régimen franquista, camino duro y de escaso porvenir, aunque en algunos casos concretos sirviera para potenciar recursos propios que estaban abandonados. Citemos la recuperación de los yacimientos de Riotinto, comprados por el Estado en 1954, entre estos logros plausibles, junto a otros intentos fracasados. La década de los cincuenta transcurrió en estos intentos penosos por alcanzar un nivel energético e industrial que sólo registraba lentos progresos, en contraste con la recuperación rapidísima de otras naciones muy castigadas por la última contienda bélica.

La década de los sesenta señaló un giro espectacular en el que colaboraron factores diversos: fin del aislamiento exterior, liberalización relativa, entrada de capitales, llegada a las esferas del poder de un nuevo equipo, propósitos de acabar con la inflación interminable que envenena todo el desarrollo español y, sobre todo, la repercusión en España de la ola de extraordinaria prosperidad que invadía Europa. Se pretende acelerar la industrialización combinando el intervencionismo estatal con la iniciativa privada mediante *planes de desarrollo* siguiendo modelos que con perfiles diversos ya corrían por el ancho mundo. También eran de inspiración extranjera los proyectos de corrección de las diferencias regionales que en Inglaterra habían propiciado los planes de descentralización urbana, creación de ciudades satélites y promoción de áreas deprimidas para evitar o atenuar la tendencia a la aglomeración de toda la población y toda la actividad industrial en unos pocos centros y comarcas mientras otras sufrían una desertización progresiva. La traducción francesa de este desarrollismo planificado fueron los "polos de desarrollo", que en la España del sesenta se presentó como la gran novedad. Crecimiento y redistribución territorial: en estas dos palabras se condensaba la nueva filosofía de expansión industrial.

En total, los tres planes de desarrollo crearon en Andalucía cuatro polos: Sevilla y Huelva en una primera fase; Córdoba y Granada después. Excepto Almería, las otras provincias andaluzas se beneficiaron de otras iniciativas: el Plan Jaén, que fue cronológicamente la primera (1953) y que, si bien se orientaba más bien hacia el desarrollo agrario, ha tenido una vertiente industrial no despreciable, los polígonos industriales de Málaga y en Cádiz, de una parte, la potenciación de la construcción naval y de otra el Programa Especial del Campo de Gibraltar, pensado para paliar los efectos que causaría el cierre de la comunicación terrestre con Gibraltar y que se concretaría en realizaciones tan importantes como Acerinox y la refinería de Algeciras.

Los resultados obtenidos, aunque nada despreciables, no han correspondido a estos esfuerzos. Entre 1955 y 1975, mientras el sector terciario se incrementaba en Andalucía en 362.300 trabajadores el secundario propiamente dicho sólo aumentó en 16.300. Es verdad que en el mismo tiempo la construcción aumentó casi en cien mil. Si integramos esta cifra en el sector secundario obtendríamos una cifra muy estimable, pero prevalece hoy la idea de considerar a la construcción como un sector aparte.

Entre los polos y polígonos citados sólo el de Huelva ha constituido un franco éxito, si bien empañado por la fuerte polución del área urbana onubense por no haberse acertado en la ubicación de unas industrias muy contaminantes. Le sigue en importancia, ya que no en el valor de la producción, en la creación de puestos de trabajo, la zona de

Acción Especial del Campo de Gibraltar, que no ha resuelto el problema de La Línea de la Concepción pero ha hecho de Algeciras una ciudad de casi cien mil habitantes. Mucho menor éxito tuvo el polo sevillano, y casi nulo los creados en Córdoba y Granada. Los polígonos malagueños se debaten en dificultades de las que son máximo exponente las vicisitudes de Intelhorce, la empresa textil cuyas ambiciosas finalidades han sido objeto de sucesivos recortes. El primero de estos planes, el de Jaén, ha dado notables frutos en Linares, ciudad que contaba con una infraestructura y una tradición industrial. En menor medida se beneficiaron de él la capital provincial y La Carolina.

No puede decirse, pues, que el gobierno haya permanecido indiferente a la necesidad de industrializar Andalucía, pero ni sus acciones han tenido la necesaria continuidad ni han encontrado en nuestra región la colaboración y la respuesta adecuadas. Parte de las deficiencias achacadas a los "polos" se deben a la estructura misma de este tipo de acción. Promocionan pero no descongestionan. Más bien son un factor de concentración a nivel regional, coadyuvando a la acción de otros factores que contribuyen al crecimiento desmesurado de las capitales en detrimento de las medianas y pequeñas poblaciones. Hay que contar también con la picaresca de los que se acogieron a los beneficios de los polos y polígonos sin intención de invertir las cantidades necesarias para crear una industria viable y permanente. De modo global puede decirse que han seguido jugando los factores negativos que R. Alcaide (citado por Cazorla) enumeraba así en 1973: "Un sistema financiero inadecuado; una oferta no cualificada de las fuerzas de trabajo; un sistema de transportes, comunicaciones e información obsoleto, ineficiente e inadecuado; una disponibilidad de suelo industrial que no se corresponde en cantidad y calidad con la demanda que del mismo hacen los empresarios, y una oferta insuficiente de escuelas, hospitales y viviendas".

Algunas de estas condiciones sorprenderán a los profanos, a los que creen que para crear una industria basta con reunir un capital, unas materias primas y una mano de obra. Pueden bastar estos elementos para crear unas industrias alimentarias o textiles de calidad común; por eso son industrias propias de países subdesarrollados, industrias en las que pesa mucho la disponibilidad de mano de obra barata y poco exigente. Creando estas industrias y otras similares un país crece pero no se desarrolla. Para que arraiguen industrias con cierto grado de tecnificación, máxime si pretenden ser competitivas, hace falta una infraestructura material y cultural muy complicada, que no se improvisa ni aun derramando millones, porque requiere cuadros con adecuada preparación, mano de obra instruida, responsable, bien pagada, satisfecha con su trabajo, que no aproveche cualquier pretexto para el absentismo y el nomadismo laboral; soporte financiero, redes comerciales, el apoyo de otras industrias subsidiarias, condiciones, en fin, que sólo se dan en regiones de alto nivel de vida y de instrucción, desarrolladas e industrializadas. Es en busca de esas condiciones por lo que los industriales tienden a concentrarse en las comarcas ya industrializadas, y así se cierra el temible círculo vicioso del subdesarrollo: no hay industrias porque no hay desarrollo y no hay desarrollo porque no hay industrias. El círculo se da con toda su fuerza en muchos países, y con bastante en no pocas regiones españolas. Los *polos* han sido un esfuerzo para romperlo, no con mucho éxito pero tampoco para hablar en términos de fracaso. Lo conseguido en Andalucía por este y otros caminos no la ha sacado de su atraso relativo, pero sí le ha facilitado un fuerte avance *absoluto,* pues su producción industrial es hoy mucho más alta que en el inmediato pasado y, por supuesto, más que en cualquier momento de su historia. Unas cuantas cifras aclaran esta situación: en 1900 el porcentaje de población activa industrial en España era del 13,6 por ciento; en Andalucía ligeramente superior: el 14,9. En 1970 el de España creció hasta el 37,4, un salto muy fuerte, pero el de Andalucía se ha quedado en el 28,3, acentuándose la diferencia entre la oriental (23,4) y la occidental (32). La provincia más industrializada, Cádiz, tiene un porcentaje del 36 por ciento que no alcanza a la media española. Mientras ese retraso no se recupere, Andalucía seguirá en situación de inferioridad, a pesar de que los sectores primario (por su riqueza agrícola) y terciario (por la importancia del turismo) mejoren esas cifras. Los salarios industriales son más fuertes, y la insuficiencia del sector industrial es el factor que más influye en la baja renta per cápita andaluza.

La situación actual, reducida a su expresión, más esquemática, es la siguiente: La insuficiencia energética se ha ido agravando con tal rapidez que el autoabastecimiento ha caído del 13,7 al 5,8 por ciento entre 1970 y 1978, es decir, que nuestra región sólo produce poco más de la vigésima parte de la energía que consume. A esta situación se ha llegado por la caída de la producción de carbones, que hoy es casi nula; la producción de hidrocarburos no existe en el momento actual, y para el futuro sólo puede contarse con las reservas de gas de la bahía de Cádiz, que parecen inferiores a lo que en un principio se pensó. La producción de energía hidráulica es la única que tiene cierta importancia; entre seiscientos y mil doscientos millones de kWh según la variabilidad de las precipitaciones, que es muy grande. Tomemos como media 900 millones y hagamos una cuenta muy sencilla para expresar la gravedad del problema: esos 900 millones de kWh equivalen a 310.000 TEC (toneladas equivalentes de carbón), el 3,3 por ciento de los 10.123.000 TEC que consumió Andalucía en 1978, consumo que, dada la crisis que padecemos, habrá aumentado poco desde entonces. O sea, que de la energía hidráulica obtenemos poco y debemos esperar menos, ya que los aumentos posibles habrían de efectuarse con obras muy costosas, construyendo embalses en comarcas que tienen un valor agrícola. Queda la energía nuclear, basada en las existencias no despreciables de uranio que se han descubierto en Sierra Morena, pero no hay en construcción ni en proyecto ninguna central nuclear en Andalucía, por lo que esos minerales se utilizarían en las de Almaraz (Cáceres) y Valdecaballeros (Badajoz) y la electricidad allí producida, como el resto de la que Andalucía importa, pagaría las tasas compensatorias aprobadas recientemente. (Como noticia de última hora anotemos la suspensión *sine die* de las obras de la central de Valdecaballeros, en la que la Compañía Sevillana de Electricidad ha invertido grandes cantidades).

Todo esto ocurre con un consumo energético pequeño, apenas de 1,8 TEC por habitante (España 3, Francia 5) del cual sólo una quinta parte se dirige hacia la industria. En el magnífico volumen *Decadencia y crisis en Andalucía* editado por el Instituto de Desarrollo Regional, al que deben mucho estas páginas, los doctores Domínguez Adame y Fernando Manzanares resumen esta poco halagüeña perspectiva de esta forma: "El consumo anual de un andaluz medio es actualmente inferior a 2 TEC, es decir, una relación de multiplicación del esfuerzo humano de uno a cien aproximadamente, cifra inferior a la media española y manifiestamente menor que la de otros países desarrollados. La región andaluza, que está ocupada por el 17 por ciento de la población española, consume sólo el 11 por ciento de la energía del conjunto nacional, estando actualmente su consumo per cápita en el 60 por ciento del valor medio español".

Las posibilidades de reducir esta dependencia son pocas. Se está incrementando la extracción en la cuenca hullera del Guadiato (Córdoba), única de alguna importancia. A razón de un millón de toneladas anuales tiene una vida de veinte años. Se estudia el aprovechamiento de los lignitos pobres de Padul y Arenas del Rey (Granada) que podrían quemarse en una central térmica; y se especula con las *nuevas energías,* que desde la crisis mundial del petróleo suscitan renovado interés. La maremotriz es inaplicable en nuestras costas por la poca amplitud de las mareas. La eólica sólo es utilizable en algunas comarcas, como el Estrecho, de fuertes y constantes vientos. Queda la energía solar, la más prometedora. Con sólo el aprovechamiento de una milésima de la que incide en nuestro suelo quedaría asegurado el aprovechamiento presente y futuro de Andalucía. Si los ensayos y estudios que se efectúan producen el fruto deseado ésa podría ser la solución.

En todo caso, sería una solución a largo plazo, y la cuestión apremia. Reducir la dependencia energética andaluza es casi imposible. Ahora bien, esto mismo ocurre en Barcelona, Guipúzcoa, Alicante y otras provincias altamente industrializadas. Lo que interesa es tener un suministro barato y seguro, y eso lo tiene Andalucía gracias a su extensa línea de costas. Hay que ampliar sus puertos para que puedan recibir buques carboneros de más de cien mil toneladas, puesto que el carbón extranjero debe, en gran parte, reemplazar al petróleo en las térmicas para diversificar los riesgos. Habrá que construir más térmicas a flor de agua e incrementar la proporción de energía nuclear. La construcción de centrales nucleares en Andalucía, rodeadas de las máximas condiciones de seguridad, no debería en absoluto descartarse, pero actualmente los vientos no soplan en esa dirección.

Un parcial contrapeso a la falta de energía propia lo constituye la disponibilidad de variadas materias primas, sobre todo de minerales metálicos, en los que la situación de Andalucía es relevante, ya que encierra casi la mitad de la producción española: concretamente, el 48,5 por ciento en 1977, aunque con gran desproporción entre unas provincias y otras, pues casi la totalidad de la producción se concentra en las de Huelva (tres cuartas partes), Granada y Jaén. La posición privilegiada de Huelva se debe a la enorme masa de cobre y piritas que, a pesar de tantos años de explotación devastadora, aún guarda la comarca del Andévalo. Hace mucho tiempo que España perdió su posición dominante en el mercado mundial del cobre; hoy produce unas 40.000 toneladas, la mitad de ellas en Huelva, y se hacen planes para aumentar esta producción y reducir el déficit nacional. También se están aprovechando mejor las piritas, de las que hay reservas casi inagotables y de las que se utilizaba sólo el azufre para obtener ácido sulfúrico, y a partir de él los superfosfatos necesarios para nuestra agricultura. La exportación de piritas se ha frenado, y de las más ricas pueden extraerse, además de azufre, cantidades notables de cobre, plomo, cinc y plata. También hay, como subproducto de la refinación, una pequeña producción de oro, única en España desde que se cerraron las minas almerienses de Rodalquilar.

La minería andaluza de plomo representa el 40 por ciento de la nacional. Muy lejana ya la época en que alimentaba una cuantiosa exportación, aún es, sin embargo, muy voluminosa la producción de Jaén (Linares-La Carolina) incrementada con discretas aportaciones de otras provincias. En Almería ya sólo se registra alguna recuperación en las escombreras de Gádor y Sierra Almagrera, siendo más prometedoras las perspectivas en las provincias de Sevilla (Aznalcóllar) y Huelva.

Prescindiendo del cinc, manganeso y otros minerales, nos limitaremos a una mención acerca de la minería del hierro. También en este campo España, tras haber despilfarrado sus riquezas naturales con voluminosas exportaciones de mineral en bruto, se halla hoy ante una situación deficitaria, y si no es más grave es porque el consumo de productos siderúrgicos ha experimentado un frenazo en todos los países. Nos quedan todavía grandes reservas y el autoabastecimiento supera el 80 por ciento. La contribución andaluza en este sector es elevada gracias a los yacimientos de Granada y Almería, a los que vendrán a sumarse los de la zona fronteriza de Huelva y Sevilla con Badajoz, donde, tras una serie de incidencias, parece que se va a enriquecer el mineral con ayuda del gas del golfo gaditano para fabricar unas bolas *(pellets)* en las que la ley inicial del mineral de hierro, que es de 32 a 37 por ciento se duplicará para entregarlo en buenas condiciones a las plantas siderúrgicas asturianas.

Desde el fracaso de los altos hornos de El Pedroso y Marbella no ha vuelto a plantearse la posibilidad de una siderurgia andaluza, ni se planteará en un futuro previsible, teniendo en cuenta la superproducción que hoy existe y la dificultad de mantener en un grado de actividad aceptable las plantas siderúrgicas que con demasiada alegría se crearon o se ampliaron en Asturias, Vizcaya y Sagunto en los años sesenta y setenta. Lo que hay que hacer es defender las acerías de Sevilla y Cádiz, todas ellas modestas, a excepción de Acerinox, que es de dimensiones medias y proporciona ocupación a más de mil personas, y mantener las industrias de transformados metálicos, algunas de las cuales atraviesan una crisis grave, hasta que una mejor coyuntura permita darles dimensiones en consonancia con la riqueza en metales de nuestra región. La más importante y la más amenazada por la crisis es la construcción naval, ubicada en Sevilla y Cádiz. Para esta última ciudad el mantenimiento de sus astilleros es vital, pues casi es la única industria de que dispone, mientras que Sevilla cuenta, dentro del sector, con las Industrias Subsidiarias de Aviación, Fasa-Renault y las fábricas de armamento integradas en la Empresa Nacional Santa Bárbara. En su mejor época, la construcción naval empleó más de trece mil personas, la mitad del censo del sector en Andalucía.

Las industrias alimentarias tienen la difusión natural en una región de tanta importancia agraria, pero, salvo en ciertos casos, se trata de un verdadero minifundio de corte más bien artesanal que auténticamente industrial. Entre las que han alcanzado esta categoría mencionemos las centrales lecheras, algunas modernas azucareras de la Andalucía occidental (las de la oriental son más antiguas y de menor tamaño), ciertas instalaciones de frío industrial, unas pocas harineras de gran dimensión y las fábricas cerveceras, cuya producción supera los dos millones de hectólitros.

Las industrias textiles, de tanta tradición en Andalucía, tras ver la ruina de la mayor parte de sus antiguos establecimientos, conocen ahora un moderado y dificultoso renacer. Nada queda de la industria de la seda y muy poco de la lana; la nueva industria textil andaluza es, en gran parte, producto de iniciativas oficiales para disminuir el paro, se centra en los hilados y tejidos de algodón y se beneficia del abastecimiento *in situ* de esta materia prima, lo que no obsta para que lleven una vida azarosa. Hytasa (Sevilla) e Intelhorce (Málaga) emplean más de la mitad de los ocho mil trabajadores que en toda Andalucía tiene el sector textil, poco más del 4 por ciento de los casi 200.000 que hay en la totalidad de España. Ambas compañías han necesitado enérgicas intervenciones de los poderes públicos para que no cerraran sus puertas, y siguen teniendo problemas estructurales graves. La importancia de los factores humanos se pone de relieve al comparar estos casos con el auge de las industrias de la piel en Ubrique, éxito debido a la profesionalidad y competencia de los empresarios y de su tradicional y acreditada mano de obra.

VIII. LA CULTURA ANDALUZA

Quizá habría que poner el título de este capítulo entre interrogantes y no partir de la existencia indiscutible de una cultura andaluza con especificidad propia, distinta de otras culturas de ámbito más vasto en las que ha estado englobada. En realidad, su existencia no debe tomarse como un punto de partida; es al término de las siguientes páginas cuando el lector debe decidir acerca de una cuestión cuyo planteamiento es reciente, cuyas opciones son diversas y que, en definitiva, comportará un alto grado de voluntariedad en su resolución. Por supuesto no pretendemos hacer un inventario de las manifestaciones culturales que han protagonizado los andaluces y que han tenido Andalucía como escenario; sería una tarea agradable o fastidiosa, según el enfoque, de dimensiones difícilmente abarcables y, en resumidas cuentas, quizá enturbiara más que esclareciera el punto a debatir, que, en esencia, es el siguiente: ¿Debemos considerar la cultura andaluza como un organismo autónomo o como parte de una cultura hispánica más vasta? Cualquiera que sea la respuesta que se le dé, no será incompatible con un intento de definir sus rasgos esenciales, su papel y sus relaciones con otras culturas.

Nos movemos en un terreno resbaladizo, porque el concepto mismo de cultura es de una vaguedad extrema. Podríamos decir de él lo que san Agustín dijo del tiempo como concepto filosófico: "Si no preguntas por él, sé lo que es; si me lo preguntas ya no lo sé." En efecto, hablamos de *cultura* en términos generales, superficiales y parece que todos estamos de acuerdo, todos sabemos de lo que se trata; las perplejidades surgen al querer definir el término y precisar su contenido. Es bastante corriente entender por *cultura* los aspectos brillantes de la actividad humana: el arte, la literatura, la religión... Expresiones como "bárbaro inculto", "hombre cultísimo" y otras análogas revelan el arraigo popular de esta acepción. Pero frente a ésta se ha impuesto en el lenguaje científico otra que define a la cultura como el conjunto de todos los productos de la actividad humana, y en este sentido no hay pueblo, por bajo que sea su nivel de vida y pensamiento, que no tenga una cultura. Lo que define a un ser como humano es, precisamente, que, al contrario que el animal, *añade* algo a la naturaleza: utensilios, lenguaje, creencias, técnicas de preparación de los alimentos...

Entonces, se nos aparece como un contrasentido la expresión "hombre inculto", y otras análogas. Hecha esta aclaración, aún quedan muchos puntos oscuros. Cultura, se dice, es lo que el hombre añade a la naturaleza, ya sea una piel sin curtir o un abrigo de visón, una computadora o una cuchara de palo. Pero él mismo ¿no forma parte también del conjunto cultural en que vive? Resulta difícil admitir que el carácter andaluz no sea también una parte, y de las más importantes, de la cultura andaluza.

No entraremos en la discusión acerca de la diferencia entre *cultura* y *civilización*. Es frecuente atribuir a la segunda palabra un sentido más restrictivo; mientras que todos los pueblos, incluso los más primitivos, tienen una cultura, sólo una parte de ellos accede al nivel de civilización, considerado como más elevado. Pero en otros casos ambas palabras se usan indistintamente, en parte por la dificultad de señalar un criterio separador, un límite. Lo cierto es que esta confusión terminológica delata una falta de claridad en las ideas. Usaremos la palabra *cultura andaluza* en el sentido más amplio, equivalente al de *civilización*.

Después de habernos curado en salud desvelando las trampas del argumento podemos entrar en materia diciendo que una cultura concreta es un gran conjunto de hechos, de productos humanos dotado de cierta homogeneidad interna (similitudes antropológicas, religiosas, tecnológicas...) que muchas veces, pero no siempre, se identifica con un pueblo, con una raza (de nuevo topamos con un concepto de extrema vaguedad), con un espacio geográfico y con una época. En nuestro siglo, concretamente en el período entre las dos guerras mundiales, gozó de gran notoriedad la clasificación de las culturas que, desde puntos de vista exclusivamente históricos, describió Spengler en *La decadencia de Occidente*. Más amplia y detallada es la clasificación desarrollada por Arnold Toynbee en *A study of History*. En total distingue 34, de las cuales sólo la mitad están todavía vivas. Con criterios más bien etnográficos Gordon W. Hewes diseñó un mapa, que después ha sido muy popularizado, de 76 culturas y civilizaciones existentes en el globo en el siglo XVI, de las que algunas ya no subsisten más que en el recuerdo. Se está produciendo una simplificación y homogeneización cultural que está acabando con la rica variedad de siglos anteriores, y algunos temen que, dada la aceleración de este proceso, dentro de poco sólo se distinga un área del ruso y del vodka y otra del inglés básico y el whisky englobadas en una sola *cultura electrónica* mundial. Una visión menos exagerada de lo que parece a simple vista.

Ni Spengler ni Toynbee ni Hewes distinguen, no ya una cultura andaluza, catalana o siciliana sino ni siquiera una cultura española, francesa o inglesa; no por su escaso tamaño a escala mundial, puesto que Hewes individualiza una cultura de Tasmania, por ejemplo, y, como Toynbee, una cultura coreana. En Europa sólo Rusia aparece como nación con cultura propia; las demás, según Spengler y Toynbee, se integran en una *cultura occidental,* "desde el Elba hasta el Guadalquivir", según expresión que el primero repite varias veces. Hewes distingue en ese ámbito una Europa noroccidental y otra cultura propia del Mediterráneo occidental. De manera análoga a como, vistos desde gran altura, se esfuman los accidentes del terreno, consideradas a escala mundial las culturas nacionales de Occidente se funden en una gran unidad en la que los fundamentos y los caracteres comunes preponderan sobre los caracteres diferenciales. Según esto, nosotros, andaluces, somos ante todo miembros de la Humanidad, y después, parte integrante de la comunidad occidental cuyas bases echó Roma hace dos mil años y cuyo relevo tomó la Roma cristiana. Esas raíces tienen tal profundidad que las diferencias geográficas y raciales, las rivalidades nacionales y otros factores de disgregación no han podido destruirlas. Hay que planear más bajo para advertir las diferencias entre un inglés y un alemán, un italiano y un español. Una observación más próxima nos enseña que dentro de esas grandes unidades nacionales o estatales hay grupos humanos con fuerte personalidad cultural, que no es lo mismo un bávaro que un sajón, que hay gran distancia de un piamontés a un siciliano, y, ya en vuelo rasante, aun podríamos apreciar diferencias comarcales no pequeñas, por lo regular en vías de extinción, y más bien en aspectos antropológicos y folklóricos que en los dominios de la alta cultura, porque los estados nacionales, sobre todo a partir de fines del siglo XVIII, han realizado, a través de la alfabetización general, la enseñanza, la moda y otros medios de comunicación una homogeneidad a nivel estatal que ha llevado a un eclipse progresivo las modalidades culturales regionales y comarcales.

Obtenemos, pues, en primera aproximación, la idea de que nuestra postulada cultura andaluza sería una subcultura de la española, que, a su vez, es una provincia de esa cultura occidental a la que, con toda objetividad, podemos conceder el primer lugar en la historia, puesto que ha creado los valores, positivos y negativos, en torno a los cuales se está realizando la unificación del planeta. Desde el viaje de Magallanes-Elcano esa cultura occidental ha mostrado tal capacidad de expansión que puede convertirse en la futura cultura mundial; por ello, y siempre manteniéndonos dentro de una objetividad exenta de chauvinismos, podemos decir que sus divisiones y subdivisiones, las culturas nacionales y regionales, tienen más entidad (no más originalidad) que ciertas culturas autónomas.

Pero el caso andaluz es más complicado, porque en su suelo se han desarrollado varias culturas, que han dejado una herencia. Hubo una cultura tartesia, de la que sabemos poco, mas lo suficiente para asegurar que descolló por su intensidad y temprano brillo entre todas las peninsulares; luego, el área tartésica, convertida en provincia Bética, se integró en la cultura romana y romano-cristiana, en la que tuvo lugar muy destacado. ¿Fue ésta ya una *cultura andaluza?* Lo sería si hubiera existido una continuidad humana y no meramente geográfica. En este punto las opiniones están divididas, aunque toman ventaja los seguidores de Américo Castro sobre los de Menéndez Pidal y Sánchez Albornoz. Nos agradaría mucho contar como *españoles* y *andaluces* a Trajano y Adriano, a los dos Sénecas, a Lucano, a Pomponio Mela, Moderato de Gades, el agrónomo Columela, el obispo Osio de Córdoba y los constructores de Itálica... Es un elenco glorioso, al que cuesta trabajo renunciar, de cuyo paisanaje podríamos sentir orgullo. Pero para admitir que aquellos personajes eran andaluces, que sus creaciones fueron una fase de la cultura andaluza habría que pasar por alto muchas cosas; habría que olvidar que aquélla fue una cultura trasplantada, probablemente limitada a una capa superior, a una clase social brillante pero de poco espesor formada, en su mayoría, por colonos llegados de Italia, de donde trajeron su lengua, su arquitectura, sus dioses, sus espectáculos públicos. Luego llegó el Cristianismo, de origen semítico, judaico pero siguiendo la red de vías romanas, asentándose en las ciudades romanizadas, infiltrándose en las comunidades latinas tras el rechazo sufrido en las sinagogas, y, desde el siglo IV, aceptado y patrocinado por el Estado romano.

Toda esa cultura tiene, pues, un aire exótico, importado. No se asimiló a la cultura indígena (como ocurrió en situaciones análogas en siglos posteriores) porque venía acompañada de la fuerza, tenía el prestigio de la autoridad y un nivel más elevado. La masa siguió largo tiempo adorando a sus rústicos dioses y hablando un idioma del que nada sabemos. Lo que proporcionó a los vencedores la cultura autóctona, prerromana, no debió ser mucho: las bailarinas de Cádiz, que debían tener la gracia de las hijas de esta tierra y encandilaban a los caballeros y patricios de la urbe romana; el *garum,* salsa obtenida de pescados capturados en el Estrecho; y poco más. Lo que en la cultura andaluza moderna conservamos de la romana es mucho: la lengua, el arte, la religión; pero no nos llegó directamente, sino a través de un rodeo. Esos elementos desaparecieron y fueron reintroducidos en virtud de una conquista y por gentes llegadas de fuera. En esas condiciones es difícil hacer remontar el origen de la cultura andaluza a la romano-bética, a pesar de esos elementos póstumos, reimplantados.

Esa cultura romano-bética resultó muy poco alterada por la dominación visigótica; apenas hubo mezcla de sangre germánica, apenas se incorporaron al léxico habitual unas docenas de palabras; ninguna difusión alcanzó el arrianismo, religión de los invasores. Por el contrario, un prelado hispalense, san Leandro, tuvo parte principalísima en la conversión de Recaredo con casi todo su pueblo al catolicismo en el III concilio de Toledo (589). Otro prelado hispalense, san Isidoro, recogió los menguados restos de la cultura clásica en las *Etimologías,* uno de los libros más leídos en Occidente durante los siglos oscuros de la Alta Edad Media. En aquel momento, Hispalis, juntamente con Toledo y con Roma, tremendamente decaída, formaban la trilogía urbana en la que ardían llamitas de saber en medio de espesas tinieblas. En los vastos espacios rurales, una red de monasterios con sus *scriptoria* donde trabajaban algunos copistas, sus bibliotecas que rara vez tenían más de unas decenas de volúmenes (la Biblia, los Santos Padres, los concilios, algún que otro autor clásico). En suma, era la misma cultura romana, empobrecida, desnivelada por la preponderancia del saber eclesiástico, más deteriorada que enriquecida por la escasa aportación germánica, mirando con envidia a su hermana mayor, la cultura bizantina, mucho más lozana. La Bética permaneció en gran parte bajo la influencia bizantina, que llegó a materializarse en una ocupación militar. Pero aquél era un sol muy remoto, cuyos rayos apenas caldeaban.

En la Bética y en toda la Hispania la cultura hubiese evolucionado con una continuidad interna, como en el resto de Europa, de no haberse producido la invasión árabe, un acontecimiento cuya influencia en los destinos de nuestro pueblo nunca será bastante ponderada. Su consecuencia inmediata no fue la desaparición de la cultura anterior sino la coexistencia de las dos. Pronto hubo entre ambas fenómenos de contaminación; incluso muchos debieron pensar en las primeras etapas que podría producirse una simbiosis; no debía parecer a muchos el Islam tan distinto del Cristianismo; había puntos comunes, raíces semejantes y desarrollos paralelos. Pero muy pocas veces se da en la historia una convivencia armoniosa de culturas; por lo común, hay una dominante y otra dominada. La anterior, la hispanorromana, convertida en mozárabe, sufrió un empobrecimiento progresivo; a lo largo de tres siglos sus elementos más vitales abandonaron de grado o por fuerza su patria, enriquecieron las ciudades norteafricanas o poblaron los campos yermos de la cuenca del Duero. Sus monjes alentaron la resistencia antiislámica de los pueblos del norte, convirtieron la escaramuza de Covadonga en una epopeya, en la cuna de una Hispania restaurada por la cruz, confirieron a los reyezuelos asturianos el carisma de representantes divinos, dieron sentido espiritual a la eterna marcha de los hombres del norte hacia el sur, dieron forma al mito de la Reconquista. Se vengaban así de los oprobios sufridos en Al-Andalus. La precaria convivencia tocó a su fin con las invasiones bereberes de los siglos XI y XII en las que sucumbió el mozarabismo. Hubo una ruptura humana y cultural. Después se produjo el fenómeno inverso: la población y la cultura islámica, tras breve ensayo de convivencia, fueron destruidas; en la Andalucía occidental en el siglo XIII; en la oriental en los siglos XV-XVI. Atrás quedó una brillante cultura que combinaba elementos islámicos, judíos y cristianos. Una civilización que produjo historiadores, filósofos, poetas, que edificó la Giralda, la Mezquita de Córdoba y la Alhambra. Los andaluces nos sentimos orgullosos de esa herencia porque, a pesar de todos los avatares, parte de ella sobrevivió y nos fue transmitida por los mecanismos ya señalados en otro capítulo de este libro. También porque existe un cierto patriotismo territorial que nos hace sentirnos solidarios con todos los que habitaron con anterioridad esta tierra, aunque su sangre no corra por nuestras venas. Pero aquella no fue propiamente una cultura andaluza sino *andalusí,* porque la formación de Andalucía es más reciente. Andalucía nace en los siglos XIII-XV y desde entonces conoce un desarrollo paulatino, sin cortes bruscos.

Andalucía es el producto de la conquista y castellanización; éste es el rasgo básico, aunque se haya enriquecido con supervivencias y aportaciones de diverso origen. Ese fenómeno que, para abreviar, llamamos castellanización, fue muy complejo; juntamente con castellanos llegaron gentes de otras procedencias, incluso judíos y extranjeros. Algunos descenderían de los mozárabes emigrados en siglos pasados; otros, de los musulmanes o mudéjares, autóctonos o residentes en Castilla. Por un largo rodeo volvían a estas tierras meridionales elementos culturales que en otros tiempos habían emigrado. No hubo reconquista propiamente dicha pero si re-cristianización, porque la Iglesia es muy conservadora, y el Cristianismo del siglo XIII era, en esencia, el mismo de los primeros siglos; cuando fue restaurada la sede hispalense veneró como prelados suyos a san Isidoro y san Leandro, y los más ilustres pinceles y gubias fueron contratados para inmortalizar sus imágenes. Evidentemente, en tan largo tiempo muchas cosas habían cambiado; la misa ya no se celebraba según el rito mozárabe, sino según el romano; se habían introducido nuevos santos, nuevas devociones, incluida la de Santiago, matamoros y acogedor de peregrinos, que los mozárabes de Al-Andalus habían ignorado, pero el Credo era el mismo que mil años antes había recitado en Nicea Osio de Córdoba.

El lenguaje de los conquistadores también era, en lo esencial, el que en otros tiempos se habló en amplios sectores andalusíes; un idioma neolatino, con muchos préstamos del árabe y algunos pocos de otros idiomas y bastante diferenciado de otros idiomas neolatinos peninsulares. En aquellos siglos la unidad lingüística peninsular se había roto en beneficio del castellano, una modalidad de formación más reciente que el gallegoportugués, el leonés, los dialectos asturianos, el aragonés, el catalán..., pero dotado de una fuerza expansiva extraordinaria, que sólo en parte se puede atribuir a razones políticas, pues en los siglos XV y XVI escritores de todas las regiones y países de la Península, incluido Portugal, elegían de forma espontánea el castellano como medio habitual de expresión. Entretanto, el idioma mozárabe, que fue como una forma dialectal del idioma común a los españoles cristianos en la Alta Edad Media, había desaparecido, víctima de las persecuciones de que fue objeto el pueblo que lo habló; pero sus diferencias con el castellano introducido por los conquistadores no impiden reconocer su identidad de origen.

De esta forma, a través de largas vicisitudes y mediante un proceso quizá único en Europa, un tardío retoño de la cultura dominada en los siglos IX y X pasó a ser la cultura dominante en los siglos XV y XVI. Y no sólo dominante: única, porque de la anterior, exterminada, desaparecida, sólo conservó préstamos en dominios muy concretos: nada en religión, poco en la etnia, bastante en el léxico y en ciertas artesanías. Por eso, aunque a primera vista la cultura andaluza parece un simple trasplante de la castellana, la realidad es más compleja; fue un trasplante en dos tiempos muy separados entre sí, de donde brotaron apreciables diferencias entre las instituciones introducidas en la Andalucía Baja y en la Alta; fue, en buena parte, una reinstauración de algo que ya antes había allí existido; y, por su carácter de frontera, Andalucía dio un aire nuevo a instituciones viejas, dinamizándolas, contaminándolas con otros elementos de diversa procedencia y de libre creación, de manera que la especificidad andaluza fue advertida muy pronto, tanto por los de fuera como por los de dentro.

Veamos, por ejemplo, lo que ocurrió con el habla, cuyo papel para la identificación de una cultura es fundamental. Dejémonos de exageraciones y falsedades que hoy se explotan con fines interesados y no pretendamos hacer coincidir los límites lingüísticos con los nacionales porque multitud de ejemplos demuestran que ello no es así; ni los irlandeses son ingleses porque hablen inglés ni los chilenos son españoles porque se expresen en castellano. Pero en estos casos y en todos los casos análogos el uso de un lenguaje común introduce afinidades y crea vínculos que es inútil negar. En la Andalucía cristiana se introdujo, como lengua preponderante, el castellano, con variedades debidas a la varia procedencia de los repobladores y que, acentuadas con el tiempo, han dado lugar a esa infinidad de matices que hoy percibimos y que, de modo científico, ha plasmado en una cartografía espléndida el *Atlas Lingüístico de Andalucía* confeccionado con paciencia y sabiduría admirables por los profesores Alvar y Llorente. Esas diferencias no impiden que haya ciertas notas comunes a todos los andaluces. Ya en el siglo XV el poeta Juan de Padilla, monje en la sevillana cartuja de las Cuevas, decía que a los andaluces se les distinguía por el habla. Con las rápidas transformaciones acaecidas desde el principio de la Edad Moderna el habla (o hablas) de Andalucía también acentuó su evolución, su variedad interna, sus modalidades diferenciadoras. Como ya dije en *Orto y ocaso de Sevilla,* Arias Montano, que se titulaba *Hispalensis* porque su patria chica, Fregenal de la Sierra, formaba parte del reino de Sevilla, hizo constar que había notado una diferencia perceptible entre la fonética sevillana, tal como la había escuchado en su juventud, y la que prevalecía en su edad madura. Yo entonces di una explicación de este fenómeno (el aflujo de campesinos poco castellanizados) que hoy me parece insostenible. Pero el hecho permanece: en la Andalucía del Renacimiento, sobre todo en la occidental, el habla, por lo menos en su expresión fonética, estaba en rápida evolución.

También es interesante hacer constar que los andaluces no sentían entonces ningún complejo de inferioridad por usar su *castellano andaluz* y no el *castellano de Castilla* que en tiempos muy posteriores se estimó superior o modélico. Al contrario, se percibe en el siglo XVI un sentimiento de autosatisfacción, visible, por ejemplo, cuando el autor del *Retrato de la lozana andaluza* escribe que lo compuso "en el común hablar de la polida Andalucía" o en la desdeñosa réplica de Fernando de Herrera al crítico chirle que había osado contradecir sus *Anotaciones* a la obra poética de Garcilaso de la Vega: "¿Pensáis que es tan estrecha la Andalucía como el condado de Burgos? ¿O que no podemos usar y desusar vocablos en toda la grandeza desta provincia, sin estar atenidos al lenguaje de los condes de Carrión y de los Siete Infantes de Lara?".

No hay que entender estas palabras en el sentido de que Herrera propugnara una guerra lingüística (andaluz contra castellano), precisamente él, admirador y comentador del toledano Garcilaso. Lo que esas palabras nos enseñan es que, lejanos aún los tiempos de la *Academia española* y el Diccionario académico, aún no se había producido en España, ni en ninguna otra gran nación europea, la rígida uniformidad lingüística que imperó más tarde. Herrera tenía la convicción de que el andaluz y el castellano eran dos variantes de la misma lengua, y lo mismo se expresa en un curioso pasaje de Juan de Robles, autor de las *Tardes del Alcázar* y en 1612 de otra obra que hubo de esperar hasta 1883 hasta merecer los honores de la impresión: *El culto sevillano*. Se refiere en un pasaje a la conveniencia de que haya un catedrático de Ortografía que enseñe a escribir y pronunciar con propiedad; el cual, "ha de tener noticia de lenguas, especialmente de la latina y de la nuestra con toda la posible perfección; para lo cual ha de haber hecho dos cosas: la primera, haber andado toda Castilla y Andalucía, y asistido en los mejores lugares de ella, especialmente en Madrid, Toledo y Sevilla, estudiando en advertir los modos de hablar y pronunciar de todos ellos, y las diferencias del pueblo común y los políticos y doctos". Se reconoce en este curioso texto la existencia de variedades en el habla común, no se menciona ninguna ciudad de Castilla la Vieja como venero de la más pura tradición lingüística y sí, en cambio, a dos de Castilla la Nueva y una de Andalucía, con criterio ecléctico y sincretista, sin preferencias excluyentes. El academicismo del siglo XVIII, la escolarización del XIX-XX, la unificación ortográfica, la universalización de los medios de comunicación y otros fenómenos comunes a nuestro tiempo han producido, en comunidades plurilingües, tensiones agudas, dolorosas. En Andalucía no, porque las diferencias con el castellano *oficial* no son grandes, porque tenemos la convicción de que son sólo variedades de una misma lengua, porque los maestros nunca abusaron de la palmeta para exigir de sus alumnos la emisión de unos fonemas teóricamente perfectos, porque los más eminentes oradores andaluces se conformaban con atenuar un poquito los *rasgos diferenciales* cuando hablaban en público, en el parlamento, en el foro, en el aula. Y muchas veces ni eso: un viejo profesor mío, no andaluz, me contó una vez su asombro cuando al recibir, en los años finales del pasado siglo, su primera lección universitaria en el caserón de la calle San Bernardo, oyó que el catedrático comenzaba, con voz de trueno: "Dise Gormayo [Golmayo, conocido jurista] y con erró por sierto...".

No había, ni hay, ninguna agresividad hacia la fonética oficial castellana. Nos complace oír hablar a un castellano auténtico; en cambio, siempre se acogió con sorna al andaluz empeñado en pronunciar "a lo finoli", porque eso carece de autenticidad. La unidad léxica está asegurada porque la Academia la consagra, con amplitud de criterio que la honra, y que es necesaria tratándose de un idioma que se extiende por dos continentes. Hay que respetar la unidad ortográfica por razones obvias lo que escapa a toda norma es la variedad prosódica, y yo no veo ni las vías prácticas para llegar a una unificación ni la conveniencia de adoptar unas medidas que tenderían al encorsetamiento, que intentarían (sin éxito, seguramente) acabar con esa espontaneidad un poco anárquica que es uno de los rasgos de nuestra habla andaluza.

No vamos a estudiar aquí las características de esa habla: hay trabajos recientes de Alvar, de Bustos, Mondéjar, Diego Catalán, Gregorio Salvador, Vaz de Soto y otros eminentes especialistas donde hallará cumplida información el curioso lector. Aquí me limitaré a traer dos citas de Alvar por la relación que tienen con el tema que estamos estudiando: una se refiere a los orígenes: "En el léxico andaluz —dice— hay palabras viejas, a veces muy viejas; junto a los términos traídos por los reconquistadores o repobladores han persistido mozarabismos y arabismos". Yo, aunque profano, me atrevo a dirigir una pregunta al maestro: Esos arabismos y mozarabismos ¿los encontraron los repobladores o los traían ya de su lugar de origen? Otra observación, pero esta vez no en el terreno del léxico, sino de la fonética: el origen de la hache aspirada, tan característica del andaluz y el extremeño ("el que no dice *jacha, jigo y jiguera* no es de mi tierra") es un arcaísmo; es la persistencia en Andalucía (y no sólo en Andalucía) de un rasgo muy antiguo, común a toda Castilla, donde empezó a perderse en el siglo XV. Compárese con lo que antes dijimos de la reinserción de elementos anteriores o concomitantes con la islamización y se tendrá un elemento más para configurar esa extraordinaria mezcla de arcaísmo y modernidad que es la cultura andaluza.

La segunda cita de Alvar concierne a la variedad interna de Andalucía, patente en la lengua como en todos los otros factores culturales. "Suele hablarse de dos Andalucías: la Alta y la Baja... pero nos vamos a enfrentar con realidades que van a destruir hipótesis incomprobables". En efecto, Andalucía aparece, desde el punto de vista lingüístico no como un mosaico sino como un calidoscopio: sus imágenes, sus líneas divisorias varían según los puntos de perspectiva; en el método de formación de plurales la provincia de Córdoba se alinea con las de Jaén, Granada y Almería. La jota, en su sonido castellano, se limita a Jaén y Almería; el resto es el dominio de la jota aspirada o articulaciones intermedias. La pérdida de la ele y erre en fin de palabra es rasgo general en Occidente, en contra de lo que ocurre en Oriente; ahora bien, el límite pasa no por el de la provincia de Córdoba sino por su centro *(Estudios Regionales,* III*)*.

Seseo y *ceceo,* y confusión de *ll* y *ye* suelen también adjudicarse como rasgos muy típicos del andaluz. Sobre ambos ha arrojado también mucha luz la investigación reciente, y a la vez que ha destruido no pocos mitos, ha vuelto a reafirmar la inmensa complicación del mapa lingüístico andaluz. *Ceceo* y *seseo* son dos variantes del mismo fenómeno: la confusión operada entre fines del siglo XV y principios del XVI y resuelta con criterios muy fluidos, de tal manera que Sevilla, donde parece que se inició el *ceceo* ha pasado luego a ser centro de *seseo*. Pero, en realidad, en la urbe andaluza se cecea también bastante, y en el conjunto de Andalucía es difícil trazar zonas definidas. El *yeísmo* se ha generalizado en casi toda España, no es rasgo típicamente andaluz y, lo que es más curioso, existen islotes *lleístas* muy definidos, pueblos enteros que distinguen el *poyo* de la cocina del *pollo* del corral. No ha sido posible averiguar el origen de estas anomalías fonéticas.

Una pregunta surge ante esta situación: Si toda la fuerza de un Estado centralizado no impidió que las modalidades del habla andaluza prosiguieran su evolución incontrolada con todo vigor, ¿qué probabilidad existe de que un gobierno andaluz consiguiera imponer una norma unitaria? Seguramente ninguna, y además iría contra el espíritu mismo de nuestras aspiraciones hacia la conservación de nuestra identidad el efectuar una construcción lingüística artificial, al estilo de la que realizó, con más base, pero con procedimientos discutibles, Pompeu Fabra, personaje que ha excitado la imaginación de algunos (poquísimos) que avivan su encendido andalucismo con ejemplos catalanistas.

El problema es un seudoproblema. El habla andaluza, con sus proyecciones canarias y americanas, es simplemente el castellano, el español, y siempre se ha considerado así. Fue un andaluz de pura cepa, Antonio de Nebrija, el autor de la primera *Gramática* castellana. Aquel idioma se llamaba *castellano* por su remoto origen, pero en su construcción colaboraron todos los peninsulares; fue usado por castellanos, por supuesto (Garcilaso, los Valdés), pero también montañeses (Guevara), portugueses (Gregorio Silvestre), algún catalán (Boscán) y gran número de andaluces, entre ellos los integrantes de la escuela poética más importante de nuestro siglo XVI. El cultivo de ese idioma común no ha impedido que los andaluces desarrollasen su propia modalidad. Ante el escaso eco obtenido por ciertas posiciones radicales y muy minoritarias, todo hace prever que el andaluz no será nunca una lengua paralela ni concurrente con el castellano; seguirá siendo lo que siempre ha sido: un laboratorio de ensayos, un taller de pruebas en el que el castellano, el español, libre de trabas académicas, seguirá su evolución natural, marcando el rumbo de la lengua.

Puesto que no existe una *raza andaluza,* y en el dominio de la religiosidad tampoco cabe hablar más que de modalidades rituales y acentos populares, colectivos, que no afectan a la sustancia íntima de las grandes religiones que se han sucedido en nuestra tierra, las divagaciones sobre la esencia de la cultura andaluza se han centrado en dos aspectos: el carácter del pueblo andaluz y sus creaciones artísticas y literarias, tanto en el ámbito popular como en el erudito. La importancia de la creatividad popular fue una respuesta a la insuficiencia de los instrumentos de propagación de cultura. Andalucía, rica y culta, tuvo, sin embargo, en todas épocas un nivel de alfabetización inferior al de otras regiones, y éste es un hecho en cuyas causas habría que profundizar. Lo que podríamos llamar *Enseñanza Media* recibió un notable refuerzo cuando, a partir de la segunda mitad del siglo XVI, la Compañía de Jesús empezó a crear colegios en todas las ciudades andaluzas de alguna importancia. En el momento de su expulsión (1767) ascendían a veintiocho, algunos de ellos situados en poblaciones pequeñas, como Trigueros, Montilla, Arcos, Fiñana y Pocurna, los cuales, junto con los prestigiosos de Cádiz, Granada, Córdoba, El Puerto de Santa María, San Hermenegildo de Sevilla y otros, formaban una espesa red que abarcaba todo el territorio andaluz. El secreto del éxito de estos colegios jesuísticos estaba en la superior calidad de la enseñanza que impartían, comparada con la que dispensaban los malfamados *dómines* en sus colegios de latinidad. Los jesuitas introdujeron sistemas educativos que para su tiempo eran avanzados, confiaban más en la emulación y los premios que en la palmeta y las disciplinas para estimular a los alumnos, y aunque hicieron del latín el centro de su enseñanza, como era entonces obligado, no lo redujeron a mera rutina sino que lo completaron con nociones de otras ciencias, ejercicios poéticos y un teatro escolar mal conocido pero de mucho interés. Su alumnado no era tan elitista como se ha afirmado; bastantes estudiantes pobres se codearon con los hijos de hidalgos y de ricos mercaderes que formaban el grueso de su clientela, y esta amplia base social robustecía, a su vez, la posición de los padres, que parecía inexpugnable cuando Carlos III, por motivos complejos, que no vamos a analizar aquí, decidió su expulsión.

El panorama universitario de Andalucía en el Antiguo Régimen también vale la pena de que nos detenga durante unos momentos. Andalucía contaba con cuatro universidades, las cuatro creadas en el siglo XVI, cada una de ellas con un propósito determinado y una imagen propia, de acuerdo con la variedad que en este punto reinaba en aquellos tiempos, en los que la autonomía universitaria era una realidad. La primera, la Universidad de Sevilla, tuvo como base el colegio de Santa María de Jesús, modesto y clerical, fundado por Rodrigo Fernández de Santaella, arcediano del cabildo catedralicio. Aunque luego el ayuntamiento prohijó, en cierto modo, este centro universitario y recibió facultades de Derecho y Medicina su prestigio no fue nunca grande; los padres adinerados, deseosos de dar a sus hijos una formación universitaria más prestigiosa, los enviaban a Salamanca, e incluso a universidades extranjeras, a pesar de la prohibición dictada por Felipe II en 1559.

La de Granada fue fundación real, ligada a la estancia que Carlos V hizo en dicha ciudad el año 1526, y aunque abarcaba diversas facultades, las de Teología y Cánones tuvieron amplia preeminencia, no sólo porque este rasgo era común en una época en la que el clero era numeroso y carecía de centros de formación específicos, sino porque en el reino granadino existía un problema, el morisco, que se esperaba poder resolver con medios de evangelización. La universidad fracasó en esta tarea, y tampoco gozó de gran prestigio en las facultades seculares, como lo evidencia el escaso número de alumnos. Como ocurría a la de Sevilla, a la insuficiente dotación económica se añadía la competencia de otros centros puramente eclesiásticos, como la abadía del Sacro Monte de Granada y el colegio-universidad de Santo Tomás que mantenían los dominicos en Sevilla.

Otras dos ciudades andaluzas, hoy decaídas pero de gran significación en nuestro pasado cultural, tuvieron también universidades: Baeza y Osuna. La primera, fundada por discípulos de san Juan de Ávila y enmarcada en el edificio que después, convertido en Instituto de Enseñanza Media, albergó la figura señera de Antonio Machado. La fundación de aquella universidad encerraba un propósito más ambicioso que el de la mera formación de clérigos; quería ser, y lo consiguió durante algún tiempo, un centro de espiritualidad, lo que le valió suspicacias, persecuciones incluso, y, a la postre, una indisimulable decadencia. El caso de la Universidad de Osuna es muy singular. Fue la única universidad señorial de los reinos de Castilla, y aun de toda España si prescindimos del establecimiento de Gandía, cuyo carácter universitario es dudoso. La fundó en 1548 don Juan Téllez de Girón, dotándola de rentas que para la época eran adecuadas y después resultaron insuficientes. Los posteriores duques, atraídos por los altos puestos cortesanos, se olvidaron de su universidad, que vegetó modestamente, llegando en ocasiones a conferir grados simplemente previo el pago de unos derechos. No es extraño que quedara descalificada como otras *universidades menores*. Cervantes, al describir al burlesco doctor Pedro Recio de Tirteafuera, lo hizo "graduado en la Universidad de Osuna". Salieron, a pesar de todo, de ella, algunos individuos meritorios, como recuerda Rodríguez Marín. Pero subsiste la impresión de que la universidad clásica no fue el motor principal de la cultura andaluza, y que sus fallos tuvieron que ser compensados por una serie de instituciones extrauniversitarias: tertulias, academias, talleres artesanales, y, en fechas más recientes, las sociedades económicas, producto de una iniciativa de don Pedro Rodríguez de Campomanes, el más típico gobernante *ilustrado* de nuestro siglo XVIII. Iniciativa que en Andalucía fue acogida con interés. Del centenar de establecimientos de este género que se crearon en toda España más de la cuarta parte tuvieron su sede en poblaciones andaluzas. Concebidas con criterios paternalistas, como un medio de desterrar la ociosidad y elevar la productividad de las clases más modestas mediante enseñanzas de tipo profesional, sin ningún propósito, no ya revolucionario pero ni siquiera renovador, estas sociedades no suscitaron más que un pasajero interés en los miembros de la aristocracia, el clero y la burguesía. Pocas fueron las que persistieron y llevaron a cabo una labor de cierto interés.

Los cambios que en el siglo XIX se produjeron en los centros educativos y culturales de Andalucía fueron profundos y de diverso signo. La enseñanza primaria siguió siendo la más desatendida. El analfabetismo siempre ha sido una lacra de nuestra región y una de las causas de su subdesarrollo. No tenemos estadísticas de conjunto para los siglos pasados; sólo podemos decir que eran minoría los que sabían leer y escribir, con porcentajes muy divergentes, que eran reflejo de las grandes desigualdades sociales; era mucho más elevado el número de analfabetos entre los pobres que entre los ricos, entre los campesinos que entre los habitantes de las ciudades, entre las mujeres que entre los hombres. Entre los pocos datos concretos que tenemos resumiré los que Bartolomé Bennassar halló para la población de Andújar en el siglo XVII: entre treinta caballeros no había ningún analfabeto, pero sí lo eran bastantes de sus hijas o mujeres. La alfabetización era también total entre los sacerdotes y burócratas, pero sólo sabían primeras letras 15 artesanos de 27, cuatro campesinos de trece, un criado de trece. Aunque la muestra sea corta, aunque se refiera a una sola ciudad, creo que refleja bastante bien la realidad.

En el siglo XVIII, a pesar de llamarse el Siglo Ilustrado, a pesar de algunas disposiciones legislativas, no parece que cambiaran mucho las cosas. En todo caso, si hubo progresos desaparecieron con los desastres que señalaron los comienzos de nuestra Edad Contemporánea. El panorama era desolador en toda España, pero las provincias andaluzas figuraban entre las más desfavorecidas. En 1843 la de Cádiz era la más alfabetizada, con un 25 por ciento, seguida de Sevilla, con el 20. Los últimos lugares los ocupaban Granada (13 por ciento) y Almería (10). La situación fue mejorando con enorme lentitud; en 1920 las provincias con más analfabetos eran Badajoz, Córdoba, Ciudad Real, Canarias, Murcia, Alicante, Almería, Granada, Málaga y Jaén. Todas en la mitad sur de España, lo que indica que, a más de las carencias gubernamentales había otras sociológicas. En pueblos pequeños, en aldeas míseras de Castilla la Vieja y León, si no había escuelas, las familias procuraban suministrar directamente a sus hijos este instrumento imprescindible que es la alfabetización.

El panorama actual es muy distinto; el analfabetismo está en vías de total desaparición, limitado a ciertos sectores marginales, de preferencia adultos. Pero no nos apresuremos a cantar victoria porque todavía la tarea a realizar es mucha; ni el analfabeto de otros tiempos era un ser desprovisto de cultura ni el *alfabeto* de nuestros días utiliza, en muchos casos, los conocimientos que se le suministran. Aquellos analfabetos eran, con gran frecuencia, personas de gran humanidad, dotados de la viveza propia de la raza, de un sentido de los hechos y las circunstancias (lo que suele llamarse *sentido común*) y de un caudal no despreciable de conocimientos prácticos y de experiencias adquiridos a través de la *literatura oral,* de los refranes, sermones, coplas, romances de ciego... La lectura en corro hecha por algún *letrado* en beneficio de sus compañeros iletrados era frecuente, y en el siglo XIX se extendió mucho con el incremento de las novelas por entregas y de la prensa política. En contraste, podemos comprobar hoy que un gran número de los que adquieren el conocimiento del alfabeto no lo usan, no compran jamás un libro y son por ello unos analfabetos prácticos. En este sentido se puede decir que la *cultura por la ima*gen, tan enriquecedora de suyo, se convierte en elemento deformante cuando pierde contacto con el vehículo de la palabra escrita, con las ideas puras, con la capacidad de abstracción.

Dejemos estas divagaciones, que nos llevarían muy lejos, y volvamos a la realidad de la cultura andaluza de los dos últimos siglos. A pesar de los enormes cambios, el peso de la tradición, bueno o malo, según los casos, desafía el ritmo cada vez más acelerado de la historia. Vivió el siglo XIX bajo el mito de la panacea culturalista, entendida en el sentido positivista que le dieron los admiradores de la ciencia; según ellos, los conocimientos, a más de impulsar la riqueza y las comodidades, ejercerían una influencia moral saludable, mientras que la ignorancia sería una fuente de inmoralidad y delitos. En el clásico *Diccionario* de Madoz se encuentra reiteradamente expresada esta idea; por ejemplo, en el artículo que dedica a la audiencia de Granada escribe: "Sólo una cuarta parte de los acusados saben leer y escribir, careciendo de toda instrucción 2.842 procesados. Volveríamos a reproducir aquí el profundo sentimiento que nos afecta cuando vemos tan marcado descuido en la instrucción pública, *origen indudable* [el subrayado es nuestro], del exceso de atentados que se nota en la mayor parte de las provincias". Sentado este principio no era difícil ver una relación entre los caracteres negativos que se atribuían al andaluz de la clase popular, vago y pendenciero, con el más alto índice de analfabetismo de la región andaluza.

Por supuesto, no todos cayeron en esta trampa; no cayó la Iglesia, que no confundía educación e instrucción, ética y sabiduría, pero su papel en la instrucción sufrió un acusado eclipse tras la disolución de las órdenes religiosas. Tampoco los que siguieron a Sanz del Río en su aventura krausista; por discutible que sea la importación de una escuela filosófica sin raíces en nuestro pensamiento no se le puede negar el mérito de haber conjuntado a una débil metafísica un hondo sentido moral, y esto es lo que hace la grandeza de hombres que merecen el mayor respeto aunque como pensadores puros sean de segundo orden. Hubo entre ellos docentes nacidos en nuestra región o implantados en ella que, a pesar de su escaso número ejercieron hondo influjo: Nicolás Salmerón, catedrático de Metafísica, uno de los presidentes del poder ejecutivo de la Primera República; Francisco Fernández y González (1833-1917) catedrático de Griego y Árabe en la Universidad de Granada; su contemporáneo Federico de Castro Fernández, rector de la Universidad de Sevilla. De este movimiento renovador surgió la Institución Libre de Enseñanza (Giner de los Ríos, Castillejo); eran mesetarios, como lo había sido Sanz del Río, pero encontraron eco en Andalucía, como lo demuestran nombres harto conocidos: Sales y Ferré, los Machado, Juan Ramón Jiménez, Fernando de los Ríos...

Estas tendencias se desarrollaban a la vez dentro de la universidad y al margen de ella, no en gesto de lucha o desafío sino de complemento y superación de sus evidentes deficiencias. Fue una de las instituciones que experimentó mayores cambios en todos los sentidos; la tendencia a la uniformidad, patente ya en los planes de 1807 y 1824, culmina en el de 1845 que, completado con la Ley Moyano, marcaría las directrices de la política docente española casi hasta nuestros días; las universidades, completamente secularizadas, absolutamente dependientes del Estado, se reducían a diez, dos de ellas en Andalucía: las de Sevilla y Granada; las de Baeza y Osuna decayeron al rango de Institutos de Segunda Enseñanza, otra creación del Estado liberal. Esta nueva universidad era tan elitista como la anterior; no estaba pensada para los aspirantes al sacerdocio, que contaban ya con centros especiales; no se reconocían privilegios a los hidalgos, pero, de hecho, sólo las clases alta y media alta enviaban a ella a sus hijos, porque sólo ella podía costear los desplazamientos, los estudios y los grados; de dos a tres mil reales, según las facultades, costaba graduarse en el siglo pasado, cuando el jornal de un obrero era de ocho reales, y no ganaban mucho más los empleados de inferior categoría. El reflejo de este hecho era el bajo número de matriculados; en el curso 1867-1868 sólo cursaban estudios universitarios 12.269 estudiantes en toda España, y de ese número la universidad central acaparaba casi la mitad, pues una parte de la burguesía prefería enviar a estudiar a sus hijos a Madrid; era un nuevo aspecto del centralismo. Entre los aristócratas de la sangre y del dinero había también (aunque en corto número) quienes hacían estudios en el extranjero. En el mencionado curso la Universidad de Sevilla reunía, en total, 780 estudiantes, y la de Granada 811. No era poco si se considera que la de Zaragoza sólo alcanzaba 345 y pocos más la de Santiago.

La Segunda Enseñanza presentaba un aspecto parecido en cuanto a uniformidad y centralización. Difería, en cambio, de la universitaria en que admitía unos centros privados, aunque subordinados a los estatales. El vacío que dejaron en este aspecto las órdenes religiosas no lo llenaron hasta que regresaron durante la Restauración. En el curso 1867-1868 los alumnos de los institutos nacionales triplicaban a los de centros privados. Después esta proporción se invirtió. Era también una enseñanza clasista aunque el listón estuviera situado más bajo. En principio sólo se preveía un instituto en cada capital de provincia; se le concedió también a Jerez, en atención a su importancia; Baeza y Osuna los tuvieron al decaer de rango sus universidades; fue, en cambio, una promoción la que confirió carácter oficial al colegio que el presbítero Aguilar y Eslava había fundado en la localidad cordobesa de Cabra en 1677.

Las instituciones extrauniversitarias de cultura se beneficiaron de la desaparición del régimen absoluto, que veía con gran recelo toda forma de asociación espontánea. Superadas aquellas trabas, se crearon "una prodigiosa muchedumbre de ateneos, casinos, sociedades, academias y centros de discusión" que Menéndez Pelayo, con su apasionamiento juvenil, calificó de "verdaderas mancebías intelectuales", simplemente porque allí se hablaba sin reparos de todo lo divino y lo humano. Aunque las mesas de billar y tresillo estuvieran más frecuentadas que la biblioteca no se puede negar a tales centros cierto ambiente cultural, que en algunos de ellos fue muy marcado. Aguilar Piñal cita con elogio el Liceo de Málaga, inaugurado en 1842, promotor de conmemoraciones literarias y centro de contraste ideológico; el Ateneo de Cádiz, fundado en 1859, el de Almería, el de Sevilla, muy activo, nacido en 1879 por iniciativa de don Federico de Castro, en el que tomaron parte destacada Sales y Ferré y Machado y Núñez.

Mención especial merecen también el Liceo y el Centro Artístico de Granada y el Círculo de la Amistad de Córdoba. También habría que agregar las sociedades de Amigos del País, que continuaban, aunque con diverso estilo y fines, las sociedades económicas del XVIII. Y señalaríamos, si nos fuera posible extendernos en una materia que es prácticamente ilimitada, la restauración del teatro en Andalucía como uno de los hechos culturales destacados de nuestra Edad Contemporánea. Habría que citar también como novedad la difusión de la prensa periódica, y digo novedad porque los precedentes anteriores al siglo XIX son tan pobres, removieron el ambiente intelectual en tan escasa medida que no dan idea de lo que ha significado la prensa en el mundo actual.

Todos estos factores configuraban un cuadro sumamente rico y variado, en el que permaneciendo el sistema de clases como un cuadro no legal, pero sí efectivo, se efectuaba una interpenetración, limitada pero eficaz; había burgueses que se afiliaban a partidos o tendencias libertarias, como el médico García Viñas o el comerciante Salvoechea; había hijos del pueblo que hacían una carrera militar política o literaria. El panorama intelectual abarcaba todos los matices, desde el integrismo de Ortí y Lara al socialismo federalista de Eduardo Benot o a los prohombres del krausismo, ya mencionados, sin que faltaran aquellos que, como don Emilio Castelar, libaran el contenido de diversas ideologías sin afincarse claramente en ninguna.

El *populismo,* superficial si se quiere, ineficaz como medio de transformación de la sociedad, tenía, sin embargo, el valor de limar las asperezas y acercar las clases; siempre hubo en Andalucía una tendencia a utilizar elementos populares en los ambientes cultos, y el caso más notorio, pero no el único es el de Góngora, que con igual maestría cincelaba poemas esotéricos como las *Soledades,* aptas sólo para estetas refinados de vasta cultura, que escribía deliciosos romances y letrillas. Esta capacidad de simbiosis no se manifestó sólo en la relación entre la literatura culta y la popular, en la imitación por las clases altas de usos, modismos, cantares y otros elementos culturales de las modestas; también se produjeron fenómenos de ósmosis relacionados con los más marginados de todos los grupos; concretamente, la *gitanería,* quizá ya desde el siglo XVIII, en gran proporción en el XIX y XX, se mezcló con rasgos típicamente andaluces en un proceso de préstamos recíprocos para engendrar ese fenómeno del *flamenquismo,* cuyo interés es innegable, a pesar de cuanto se le ha exagerado y desnaturalizado. Entre todas las teorías acerca de sus oscuros orígenes parece la más plausible la que le atribuye un fondo andaluz-morisco con infiltraciones gitanas. Según eso, no sería demasiado representativo del hombre andaluz actual, en el que aquellos elementos raciales son claramente minoritarios, pero no hay que olvidar su capacidad de asimilación y transformación de elementos culturales de variada procedencia. En su forma actual es un fenómeno moderno; no hay datos seguros para hacerlo remontar más allá del siglo XVIII, pero si por un azar imposible pudiéramos escuchar aquellas zambras moriscas que el arzobispo Talavera permitió a los moriscos en las funciones litúrgicas, los cantos con los que coros de albaicineras saludaron la llegada de Carlos V a la ciudad del Darro o las quejas desesperadas de los gitanos deportados a los arsenales por el marqués de la Ensenada seguramente nos recordarían la música de los *tablaos* o de las cuevas del Sacro Monte. A falta de documentos acústicos, los dibujos que realizó en Granada el año 1529 el viajero alemán Weidiz nos proporcionan un testimonio gráfico del más alto interés: en uno de ellos, una pareja morisca baila "como lo harían después los gitanos, ella con un movimiento de muñeca y dedos característico, él con una flexión de piernas muy personal luego en la danza calé, y jugando con las puntas de su capisayo, como hoy lo hacen con los amplios pañuelos de seda. La segunda ilustración refleja sólo a una morisca que, aunque no está en la zambra, está en ella jaleando, excitando con palmas acompasadas a los que bailan" (E. Molina Fajardo). Desaparecidos de nuestra tierra los moriscos, algo de su arte y de su espíritu queda en esas danzas y cantos que, tras larga gestación a niveles inferiores, salieron a la superficie en el Romanticismo para convertirse en hecho popular andaluz, pronto traspasado al ámbito nacional y hoy de dimensiones internacionales.

Parece innegable que el declive económico andaluz, que ya apuntaba a mediados del siglo XIX y que resultaba claro al finalizar el mismo, no impidió que la cultura andaluza siguiera brillando en el área peninsular como estrella de primera magnitud y en todos los órdenes de la vida, del arte y del pensamiento, y lo más sorprendente es que no sólo se manifestara en altos niveles, con figuras de la política, la economía y las letras, sino que Andalucía como tal, como pueblo portador de una cultura popular ocupara un primer puesto en la escena que creemos que aún conserva. El testimonio de los extranjeros en este punto se ha recusado con el pretexto de que venían a buscar sólo una España pintoresca, anecdótica y, en el fondo, falsa. Esto es verdad, pero no toda la verdad; los extranjeros no han hecho más que agrandar y mitificar un *hecho diferencial* que percibía todo el que atravesaba Sierra Morena.

La imagen "andaluza" que se dio de España desde el exterior es, sin duda, tan tópica y falsa como la "castellana", con la diferencia de que ésta insistía en los aspectos lúgubres y la personificaba en figuras sanguinarias (Torquemada, Felipe II, el gran duque de Alba), depravadas (Felipe IV) o incapaces (Carlos II y su entorno), y la primera, la andaluza, de formación más reciente, expresada en formas literarias y musicales, con frecuencia impregnada de un orientalismo puesto de moda por Goethe, Hugo y tantos otros, aunque en ocasiones se expresó en formas trágicas (sangre, amor y celos), con más frecuencia revistió formas coloristas y amables. No puede negarse que la interpretación trágica de Andalucía, encarnada con la máxima intensidad en Don Juan, nació en la propia España, pero aparece también muy cultivada en la ópera extranjera, en las diversas versiones del Burlador, en el *Fidelio* de Beethoven y *La fuerza del destino* de Verdi. Sin embargo, más popular, más o divulgada, fue la versión costumbrista, de ribetes cómicos y ambiente de despreocupación y alegría, tal como aparece en *El barbero de Sevilla*. Algo más cercana a la realidad, dentro de la radical inautenticidad de estas interpretaciones, es la *Carmen* de Bizet, a la que debemos reconocer el mérito de haber sabido combinar los elementos trágicos y amables, como en la realidad sucede.

No debemos relegar al catálogo de curiosidades literarias estas imágenes del pueblo andaluz por arbitrarias que nos parezcan. Aun dejando de lado que los extraños captan a veces detalles que a nosotros nos pasan desapercibidos, no es negable que suele producirse una acomodación de la realidad humana a la imagen deformada que de ellos se ofrece. No pasa de la categoría de *boutade* la de Oscar Wilde al decir que la Naturaleza imita al arte, pero es verdad que el hombre sí lo imita. Se ha dicho que el casticismo madrileño fue una creación de Arniches, y hay una parte de verdad en ello, y es igualmente cierto que el comportamiento actual de los andaluces está bastante influido por esas imágenes tópicas, que por estar centradas en Sevilla, patria de Don Juan, de Fígaro y de Carmen, escenario del sombrío drama de amor de Fidelio, está conduciendo a una *sevillanización* de Andalucía tan arbitraria como la *andalucización* de España. Me parece muy bien que se potencie la romería del Rocío, siempre que no decaigan la de la Virgen de la Cabeza y otras romerías tradicionales. Es un gusto escuchar sevillanas en la feria de Granada, siempre que no olviden sus propias danzas, porque esa tendencia puede resultar, si se la extrema, empobrecedora. Junto a la unidad básica de la cultura andaluza tenemos que defender su variedad interna, que es uno de sus distintivos. Y esto nos vuelve al punto de partida, a la consideración de los caracteres esenciales de la cultura andaluza.

El autor del artículo *Cultura andaluza* de la *Enciclopedia de Andalucía,* notable, aunque no se compartan todas sus afirmaciones, señala en ella tres constantes, y la primera es, precisamente, la complejidad, lógica en un país de tan gran tamaño y de tan largas, ricas y variadas tradiciones. Todos los rasgos culturales de cualquiera de sus provincias y comarcas tienen derecho a ser considerados como parte integrante de la *cultura andaluza.* La diferencia se marca en el terreno de las más altas realizaciones, y así es corriente señalar los caracteres distintivos de las escuelas sevillana y granadina de poesía o de pintura; pero más profundas y detalladas se manifiestan cuando abordamos los estratos más modestos, la llamada *cultura popular,* tal como aparece en el reciente libro de Salvador Rodríguez Becerra, a quien, por cierto, se ha criticado por no haber recogido la totalidad de las festividades, romerías y otras costumbres y celebraciones. Son omisiones explicables por esa misma abundancia que supera la capacidad de una sola persona y exige una serie de encuestas llevadas por el personal necesario hasta los últimos rincones de nuestra tierra. En el dominio lingüístico ya se ha llevado a cabo esta ingente tarea. Otros aspectos de parecida importancia son mal conocidos, cuando no totalmente vírgenes de un tratamiento científico.

Otras dos constantes señala el artículo antes aludido: la universalidad y el carácter popular de la cultura andaluza. En cuanto a la primera no hay duda, en tanto que la segunda requiere algunas matizaciones. La universalidad es un rasgo derivado de su posición geográfica y de su evolución histórica, que han hecho de Andalucía una tierra de frontera, una encrucijada de razas y civilizaciones. En párrafos anteriores aludíamos a los prototipos que Andalucía ha proporcionado a la Música y la Literatura universales; hemos señalado también que el habla andaluza ha suministrado los rasgos esenciales del español hablado en Canarias y en América, de igual modo que ciertos rasgos del Corpus y otras celebraciones litúrgicas y profanas. Ciertamente, éste es un terreno resbaladizo, porque con frecuencia es difícil separar lo estrictamente andaluz de lo que tiene en común con otros pueblos de España. Veamos, por ejemplo, el caso de las fiestas de *Moros y Cristianos,* representaciones dramáticas populares, celebradas con ocasión de las fiestas del patrón del pueblo y en las que se evoca de forma pintoresca la rivalidad secular de ambas culturas, con el desenlace lógico de la victoria de los cristianos pero sin acentuar las notas humillantes o peyorativas para los vencidos. Estas fiestas se encuentran hoy en muchos lugares de la América hispana; es un caso de aculturación muy curioso porque, llevadas por los conquistadores, han sido incorporadas a su patrimonio cultural por los vencidos, unas veces manteniendo a los *moros,* a pesar del flagrante anacronismo, otras veces sustituyéndolos por salvajes de inexplicada identidad. ¿Quiénes llevaron esas fiestas a las Indias? Hoy las encontramos en pueblos del reino de Granada, e incluso algunos de Jaén y Cádiz que en otros tiempos fueron fronterizos, pero en todas partes en franca regresión. Es una fiesta que se extingue en Andalucía mientras se mantiene pujante en muchas poblaciones del reino de Valencia, sin duda porque allí fue mayor la presencia morisca hasta principios del siglo XVII y porque ha sido objeto de promoción reciente, constituyendo una atracción turística. Parece lo más probable que la fiesta la llevaran los andaluces, pero no se puede descartar que contenga rasgos de Murcia y Valencia, aunque la participación de esas regiones en la Conquista fuera pequeña.

El *populismo* de la cultura andaluza es un rasgo más discutible, no porque no exista, sino porque es común a toda cultura la mayor especificidad de los elementos populares que la de los cultos. En este punto, Andalucía no es una excepción, pero podría decirse que no es de aquellos países en los que es más evidente el desarraigo de los representantes cultos. Hemos mencionado antes a Góngora; no fue una excepción; el número de los poetas y novelistas que se han inspirado en temas populares siempre ha sido muy elevado, incluso prescindiendo de las más recientes promociones, en las que el hecho es tan evidente que no precisa demostración. Trasladándonos a las épocas renacentista y barroca, a las tertulias palaciegas y humanistas, en las que se apreciaban las lenguas clásicas, los libros doctos y eruditos y los sonetos hechos "al itálico modo", topamos con lo que, en apariencia, era el polo opuesto: la vida picaresca, de la que Andalucía era el centro y resumen, y los autores que la describen, auténticos clásicos del idioma, que manejan con garbo y soltura tomados del contacto directo con el pueblo, sin que en ningún momento den la sensación de manejar una lengua no propia sino prestada, como algún crítico, por otra parte meritorio, parece dar a entender. En ese mundo literario de la picaresca no sólo incluiríamos a Delicado por su *Retrato de la lozana andaluza,* al *Guzmán de Alfarache* que Mateo Alemán subtituló *Atalaya de la vida humana* por ese afán, cierto o fingido, de los escritores de ambientes escabrosos, de dar una finalidad moral a sus obras, a Espinel y su *Marcos de Obregón.* Incluiríamos también al propio Miguel de Cervantes, más que por su lejana prosapia andaluza, por su irrefrenable simpatía por todo lo andaluz, que debería merecerle el honor póstumo de hijo adoptivo de esta tierra cuya gracia, sabor y medios populares captó y describió como nadie. La relación entre literatura culta y popular se debilitó en los tiempos del clasicismo dieciochesco y resurgió con fuerza de manos de Fernán Caballero, Fernández y González, Bécquer, Alarcón, Valera y demás representantes del Romanticismo y el realismo costumbrista para encauzarse en una corriente cuyo caudal no ha cesado de crecer hasta nuestros días. Y paralelamente, alimentándose en gran parte de las briznas desgajadas de la obra de autores consagrados, producto otra de vates populares y narradores anónimos, se desarrolló una literatura popular, *de cordel,* que, según el testimonio autorizado de Pío Baroja, fue la más rica y la de mayor fuerza de irradiación de España.

De modo análogo, hubo en todo tiempo en la música andaluza dos corrientes, culta y popular, que con frecuencia mezclaron sus aguas. (Y aquí una referencia a don Manuel de Falla parece inexcusable, porque nadie como él ha sabido expresar en las formas del arte *culto* temas populares andaluces con tan suprema elegancia y sin quitarles nada de su sabor original.) Sabemos que danzas de gitanos y moriscos figuraban en ciertas fiestas, en especial en la del Corpus, y que resultaban tan sugestivas para el público, sin distinción de clases, que estuvo a punto de estallar un motín en la Sevilla del siglo XVII cuando el arzobispo Palafox pretendió suprimirlas. De modo genérico, la *fiesta* tiene un sentido interclasista e igualatorio... hasta cierto punto, porque entonces, como hoy, había quienes presenciaban el espectáculo a pie y otros lo hacían en lujoso estrado. Éste es un fenómeno general; lo particular de Andalucía es la acentuación del sentido orgiástico de la fiesta, con el momentáneo y superficial acercamiento de clases que se produce, por ejemplo, en las romerías multitudinarias.

Quizá el caso más patente de contaminación de un fenómeno aristocrático por otro paralelo de índole popular sea la fiesta de los toros. En todos tiempos y en todas partes se ha jugado en España con los toros en las suertes más diversas, desde el pacífico y litúrgico *toro de San Marcos,* que estuvo en uso en algunos pueblos extremeños, a los brutales despeñamientos de reses, las trágicas capeas y los ignominiosos *toros del aguardiente.* Junto a estos desahogos populares se desarrollaba, con ritmo de fiesta aristocrática, el toreo a caballo, en el que competían caballeros en el escenario que formaba la plaza principal de una ciudad. En el siglo XVIII la actitud de la sociedad y de los gobernantes fue contradictoria en muchos aspectos, y éste entre ellos. Al paso que decaía la tradición caballeresca del toreo ganaba popularidad el toreo profesional ejecutado a pie por los que antes eran considerados meros comparsas y ayudantes del espectáculo, y éste atraía ahora por igual a todas las clases sociales, incluida la nobleza, y con tal fuerza, que los esfuerzos de los ministros de Carlos IV por prohibirlo no resultaron más eficaces que en otros tiempos los de algunos papas que consideraban aquella fiesta como bárbara y pagana. Fue en Andalucía donde se dieron los pasos decisivos en la transformación y dignificación del toreo; desde Pepe-Hillo y el rondeño Pedro Romero, el predominio de los andaluces fue indiscutible, sin obstar su origen popular y el carácter sangriento de la fiesta para que la elevaran a la categoría de arte.

Un cuarto carácter añadiríamos a los tres señalados: el dinamismo de la cultura andaluza, que está perpetuamente *in fieri,* en evolución constante. Verdad es que esta característica la comparte con toda otra cultura viva, pero en la andaluza resulta especialmente acusada, por su vitalidad interna y por ser el producto de mezclas y encuentros culturales y raciales.

IX. ANDALUCÍA PARA SÍ MISMA Y PARA ESPAÑA

En los últimos años ha crecido la reflexión de los andaluces sobre su propio ser, su pasado, su papel futuro dentro de la comunidad hispana. En esta reflexión intervienen hombres de todas las tendencias, de todas las procedencias: literatos, artistas, historiadores, antropólogos, cada uno según su formación, aportando sus propios puntos de vista. No es un fenómeno exclusivamente andaluz, ni meramente español; forma parte de una tendencia muy honda que después de la última guerra mundial se ha intensificado, incluso en estados de apariencia tan monolítica como Francia. Es como una reedición de aquel movimiento romántico que hace siglo y medio descubría bajo la costra sólida de formaciones políticas muchas veces artificiosas realidades humanas más profundas. Es un movimiento espontáneo, y como tal, sano, legítimo, digno de ser estimulado. La política se ha apoderado de él y trata de explotarlo para sus propios fines. Frente a esta explotación interesada conviene mantener la pureza de intención, la asepsia científica, la determinación de buscar y ofrecer toda la verdad y sólo la verdad, aun sabiendo que en casos tan complejos la verdad no es algo que nos sea dado de una vez para todas, sino algo que vamos haciendo entre todos, que puede cambiar sin perder por ello su identidad.

¡La identidad! Hay palabras que hacen fortuna hasta que a fuerza de sobarlas pierden su brillo y se convierten en tópico desvaído. Aplicándola a comunidades nacionales o regionales comenzó a hacer fortuna al comenzar el decenio de los setenta. Cuando recibí el doctorado "honoris causa" en la Universidad de Granada compuse un discursito breve al que una mano anónima rotuló "La identidad de Andalucía". En realidad no aspiraba a tanto, pero no por ello puedo calificar el rótulo de infiel, ya que en breves páginas intentaba caracterizar Andalucía como una entidad que a lo largo de los siglos ha mantenido ciertas constantes. Después han aparecido otros trabajos de distinto signo y valor que han profundizado la cuestión. Yo mismo he vuelto sobre el tema y, gracias a reflexiones propias y ajenas, creo que he llegado a comprender mejor el "hecho andaluz". En los anteriores capítulos he procurado dar la versión que creo se ajusta más a la realidad sobre algunos temas vitales que atañen a nuestra región y a sus hombres. Aunque la tarea de divulgación que se está llevando a cabo es, en conjunto, muy estimable, todavía reina no poca confusión en ciertas mentes, cosa muy explicable si se tiene en cuenta que se han puesto a discusión términos acerca de los cuales los más eminentes especialistas no están de acuerdo: estado, nación, región, nacionalidad... Y precisamente, con el sadismo involuntario de quien busca lo sensacionalista, son estos términos ambiguos, difíciles, indefinibles, los que con más frecuencia utilizan entrevistadores y reporteros en sus preguntas a bocajarro: "¿Andalucía es nación o región?". "¿Es nación o nacionalidad?" Y siempre hay algún ingenuo o malintencionado que piensa que el andalucismo del entrevistado está en función de la presunta radicalidad de la respuesta. Justo es añadir que esta fiebre "identificadora" está remitiendo, en la medida en que circunstancias coyunturales la habían desorbitado. Pero queda un fondo muy serio por esclarecer y una larga serie de cuestiones por aclarar. Por eso he creído oportuno rematar este libro evocando esas cuestiones y tratando de avanzar hacia su solución, no con investigaciones profundas que estarían fuera de lugar sino por medio de un simple "estado de la cuestión".

Todos los grandes estados europeos, sin excepción, se han formado por la unión de células preexistentes, de organismos más pequeños, más homogéneos, pero bastante diferenciados, con tradiciones de autogobierno y de cultura propia. Una tendencia irresistible a la concentración los ha englobado en los últimos cuatro siglos en otros organismos más complejos, sin perder por ello su identidad profunda. Siglos de centralismo no han podido destruirla. Cuando la presión centralista ha sido desconsiderada se han originado fenómenos separatistas, de los que Irlanda es el ejemplo más acabado, pero, por lo común, los habitantes de esas comunidades han aceptado sin dificultad un doble o mejor, un triple patriotismo: el local, el regional y el nacional o estatal. Uno se siente a la vez muniqués, bávaro y alemán, marsellés, provenzal y francés, o bien orensano, gallego y español. No hay ninguna incompatibilidad cuando estos patriotismos son bien entendidos. El patriotismo europeo, o bien no existe, o es demasiado vago; no ha calado aún lo suficiente. De ahí las decepciones de los que, además de todo eso, nos sentimos europeos. De ahí, las dificultades presentes para llegar a una integración. Hoy no hay europeos sino europeístas, lo cual es tan falso como ser andalucista o españolista.

De lo antedicho, que es el abecé de la historia, deducen algunos (voy a tratar de ahorrar nombres propios en este capítulo) que la agrupación de las comunidades primarias en entidades estatales más vastas ha sido producto del azar, de conquistas, enlaces dinásticos y otros avatares históricos, y así ha sido en parte; añadiría que en pequeña parte, pues tales combinaciones han resultado efímeras cuando no ha existido un marco más profundo que los caprichos de la historia *evenemencial* o episódica. Cuando el resultado contradice ciertas reglas profundas la combinación resulta inestable, se desintegra; es lo que le sucedió a la antigua Lotaringia y a la subsiguiente formación de los duques de Borgoña; al Imperio turco de Europa; a la Gran Polonia y a la Gran Suecia; al Imperio austrohúngaro.

En cambio, otras formaciones estatales europeas son tan resistentes que aun deshechas tienden a rehacerse dentro de iguales o parecidos límites. El papel de Roma parece haber sido de gran importancia; la huella romana pervivió después de la desaparición del Imperio; no sólo fue la lengua sino el Derecho, las relaciones sociales, las creencias, un estilo de vida. También, sin duda, se debió a que Roma, al planificar las divisiones administrativas de un inmenso imperio, se plegó a las realidades objetivas, humanas y geográficas; no trazó fronteras arbitrarias. La combinación de esas realidades profundas con la política y cultural impronta de Roma fue tan fuerte que las grandes divisiones administrativas, tras el desmenuzamiento feudal, resucitaron como entidades políticas: Germania, Britania, Galia, Italia, Hispania.

Fijémonos en esta última, pues el "caso" de Andalucía es inseparable del "caso" de España. Hispania quedó muy pronto prefigurada como una gran unidad dividida en otras menores, las *provincias*. La fatalidad quiso que el Imperio romano alcanzara su perfección administrativa justo en vísperas de su ruina total. En el siglo IV d. J.C. la provincia Bética no era la más meridional; estaba franqueada al sur por la Mauritania Tingitana, que abarcaba el norte del Marruecos actual. Juntamente con estas dos formaban la diócesis de Hispania las provincias de Lusitania, Gallaecia, Cartaginense, Tarraconense y Baleárica. La diócesis de Hispania, integrada en la prefectura de las Galias, estaba regida por un vicario con el personal administrativo correspondiente. Hispania era una realidad cuyo recuerdo no se perdió.

Es difícil decir si existió un *patriotismo bético*. Probablemente no. En los escritos, en las lápidas conmemorativas o funerarias sus habitantes se definen como romanos en general, como hispanos a veces, como naturales de un municipio casi siempre, rara vez o nunca como *béticos*. Entre los dos polos extremos, es decir, la conciencia de pertenecer a un orbe romano de una parte, y a una ciudad determinada de otra, las gradaciones intermedias quedaron difuminadas. Era a la ciudad a la que dotaban de monumentos los ciudadanos ricos; era a sus conciudadanos a los que gratificaban con fiestas, de los que esperaban el elogio y el busto o la inscripción que inmortalizara su nombre como benefactores de la comunidad, y esta solidaridad ciudadana la encontraremos siempre, a través de los siglos, como característica general, no exclusivamente andaluza. Por otra parte, a la Bética romana no se la puede identificar sin más con la Andalucía moderna. Su eje era el mismo: el gran río de la que tomaba el nombre, pero se extendía mucho hacia el norte por tierras extremeñas, hasta el Guadiana, mientras por el este la mayor parte de la actual provincia de Almería y el norte de la de Granada estaban integradas en la Cartaginense, con la que esas tierras esteparias tienen afinidades indudables.

De los tres siglos de historia visigótica, tan mal conocidos, sólo podemos decir que la personalidad de la región meridional de España se afirmaría por la persistencia de las tradiciones hispanorromanas, la casi total ausencia de implantación racial germánica, la continuidad, aunque fuese en condiciones precarias, de una vida urbana que en todas partes estaba en trances de desmoronarse y la continuidad también de unas relaciones con el norte de África, aunque de la Mauritania romana sólo algunas plazas permanecieran en poder del estado visigodo. No hay que silenciar la transitoria ocupación del sureste español, incluyendo una parte mal definida de la Bética, por los soldados de Bizancio, la metrópoli que, en el pensamiento eclesiástico, había sucedido a Roma en el papel de rectora del mundo cristiano y civilizado. La rebelión de san Hermenegildo en Sevilla contra su padre Leovigildo puede considerarse, dentro de lo que permite la pobreza de nuestras fuentes de información, como una manifestación de la resistencia de los hispanorromanos al poder visigótico, arriano. Y quizá en alguna medida como testimonio y protesta del particularismo bético envuelto en las formas religiosas que son las que entonces revestían estos movimientos. Todavía a mediados del siglo VIII, ya en plena ocupación islámica, un mozárabe, quizá cordobés, tomaba como hilo conductor de su crónica la serie de emperadores bizantinos. Unos miraban a La Meca, otros a Bizancio. En resumen, todos a Oriente; al Occidente sólo estaba el Mar Tenebroso, al Norte, también se espesaban las tinieblas, y al Sur el delgado sedimento que Roma había depositado sobre la Berbería estaba en trance de desaparecer.

Como en los tiempos romanos, el emirato y el califato insertaron el sur de España en un amplísimo contexto cultural cuyo polo ahora se situaba en Oriente. Hispania se convierte en Al-Andalus, y su centro de gravedad se sitúa en el sur, en las tierras béticas. Córdoba, antigua capital provincial, asciende al rango de capital de un brillante extenso estado que sólo entre fines del siglo XII y comienzos del XIII se reducirá a lo que hoy es Andalucía, con extensas prolongaciones hacia el este (Murcia), el oeste (Extremadura y Algarbe) y al norte, en las disputadas llanuras de la Mancha. Luego irrumpió la conquista cristiana y en pocos años, brutalmente, Al-Andalus se quedó reducido al reino de Granada. No hubo un momento en que se individualizara el territorio situado al sur de la Sierra Morena.

Sin embargo, esa enorme extensión de jarales y encinares que es Sierra Morena nunca ha dejado de desempeñar su papel de elemento aislador. España entera, hasta el gran crecimiento de población de la Edad Moderna y las roturaciones que trajo consigo, ha sido un país de oasis separados por extensiones semidesiertas de monte, matorral o alta montaña dominio de cazadores y carboneros, refugio de prófugos y anacoretas. Quizá ninguna de estas manchas de soledad es tan extensa como la Sierra Morena; por ello su papel aislante ha sido muy efectivo y ha salvaguardado la personalidad de las tierras del extremo sur de la Península a pesar de los trasiegos humanos de que ha sido escenario. Dentro de la unidad del valle Bético también hay una alternativa, menos marcada pero efectiva, de comarcas fértiles y pobladas, señoreadas por una gran ciudad, y territorios muy poco habitados que hacían el papel de marcas fronterizas; estas zonas de sombra se han atenuado después, con los progresos de las comunicaciones y los cultivos, pero sus huellas son aún visibles; en *el Itinerario* de Hernando Colón se señalan amplias zonas de palmitares; las nuevas poblaciones creadas por Carlos III tuvieron como una de sus finalidades colmar ciertos peligrosos vacíos, y todavía hoy las Marismas del Guadalquivir son un espacio domado sólo en parte. En la Andalucía oriental las condiciones geográficas han creado compartimentos aún más acusados.

Esta circunstancia explica cómo, a través de nuestra historia, se manifiesta con la fuerza de una constante estructural un localismo que se identifica con un *comarcalismo* o *provincialismo,* porque cada ciudad crea en torno suyo una zona de influencia más o menos grande, cuya periferia entra en contacto, hostil o amistoso, según los casos, con las de las ciudades vecinas. Bajo poderes fuertes estas tendencias permanecen reprimidas; si se debilitan, las fuerzas disgregadoras reaparecen con toda su potencia. Desde los reinos de taifas al cantonalismo y a otras manifestaciones más recientes hay un hilo conductor que aflora en determinados momentos de la vida española y andaluza. Los grupos resultantes de estas tendencias localistas son fluidos, cambiantes, pero sus centros muestran una notable persistencia porque corresponden a núcleos geográficos vitales. En las revueltas contra los emires del siglo IX, en los reinos de taifas del siglo XI, en los que siguen al derrumbamiento del poder almorávide, en las veleidades comuneras del XVI, en los pronunciamientos del XIX, en todas las épocas de crisis de poder, hay unos nombres que siempre surgen: Sevilla, Córdoba, Málaga, Granada, Almería... En otras comarcas en las que el centro, la capitalidad, no está tan definida, hay fluctuaciones: Cádiz-Jerez o Jaén-Úbeda-Baeza.

La Reconquista, realizada de norte a sur, dividió el territorio peninsular en bandas según la dirección de los meridianos, núcleos de otros tantos estados: Portugal, León, Castilla, Navarra, Aragón, Cataluña... Sierra Morena se extiende de este a oeste en el sentido de los paralelos. Cuando la atravesó la marea cristiana, ésta ya se había concentrado en un solo gran estado, Castilla, que había confinado a los otros a las zonas periféricas. Parecía que la conquista de lo que restaba de Al-Andalus se haría de golpe, respetando su unidad geográfica. Sabemos, sin embargo, que no fue así, que una vez más se impuso la división meridiana porque Castilla no quiso emplearse a fondo de aquel estado residual del este, el reino de Granada. Incluso la porción conquistada fue dividida en tres reinos, cuyas capitalidades se fijaron sin vacilación en dos de ellos: Sevilla y Córdoba, y con menos claridad en el caso de Jaén, que tuvo dos capitales eclesiásticas, pues Baeza también tuvo catedral y cabildo. La autonomía eclesiástica (tan importante entonces) de la zona conquistada no fue plenamente reconocida porque tanto la diócesis de Córdoba como la de Jaén dependieron de Toledo. Las ambiciones de la Sede Primada iban más allá, abarcaban el dominio temporal, como lo demuestra su señorío sobre el Adelantamiento de Cazorla. Solamente Sevilla mantuvo su independencia plena de Castilla en el orden eclesiástico, e incluso hizo sentir su influencia en la mitad sur de Extremadura.

Don Manuel Nieto Cumplido, con su habitual competencia y erudición, ha recogido las que pueden considerarse primeras manifestaciones de regionalismo andaluz en los siglos XIII-XIV. Anotemos entre estos indicios la petición del infante don Juan a su padre Alfonso X de que le nombrase rey de Sevilla y Badajoz, la creación por el susodicho rey de una gran circunscripción territorial con el nombre de Adelantamiento de la Frontera o de Andalucía (primera vez que aparece este nombre aplicado a un espacio político-administrativo), las Hermandades concertadas por municipios andaluces en diversas ocasiones para suplir carencias del poder central, defenderse de los granadinos o mantener el orden interno en la región, reuniéndose en juntas generales o parciales para debatir los asuntos comunes en Andújar, Peñaflor o Palma del Río, "centros del andalucismo medieval donde... los concejos de las ciudades y villas tomaron las más cualificadas decisiones en favor de los intereses de Andalucía" en reuniones a las que no duda en calificar de una especie de "parlamento andaluz" *(Orígenes del regionalismo andaluz,* p. 67), calificativo que no hay que desorbitar. La asistencia a estas juntas era corta, irregular y variable; por ejemplo, a la celebrada en Palma del Río el 8 de mayo de 1313 asistieron dos procuradores de Sevilla, nueve de Córdoba, dos de Jaén, tres de Úbeda, dos de Baeza, cuatro de Carmona, tres de Écija, dos de Niebla, dos de Jerez, tres de Andújar, dos de Arjona y una de Santisteban del Puerto. La defensa, la justicia y el justo reparto de las contribuciones son los temas que con mayor frecuencia aparecen en las actas de estas juntas, y es de notar el acuerdo de que los dineros recaudados en la Frontera no se extraigan de la región sino que sirvan para su defensa.

Los tres reinos andaluces apoyaron al rey Sancho IV en su lucha contra los infantes de la Cerda, y por ello recibieron del monarca mercedes en las cortes de Valladolid de 1293, dadas en favor "de todos los concejos del Andalucía". Queda, pues, muy claro que desde fecha tan temprana se reconocía la individualidad de la Andalucía cristiana, aunque su unidad interna se debilitara a consecuencia del reforzamiento de las oligarquías urbanas, que predominaron, con sus tendencias egoístas e insolidarias, a partir de la segunda mitad del siglo XIV. En adelante, raras serán las ocasiones en las que se considere el conjunto de Andalucía como un espacio político; una de esas excepciones fue el nombramiento hecho en 1466 por el antirrey Alfonso, en lucha contra Enrique IV, de virrey de Andalucía en favor del ambicioso maestre de Calatrava don Pedro Girón.

A más del reforzamiento de las oligarquías locales, plasmado en el carácter hereditario que adquieren los cargos de regidores o veinticuatros, la restauración del poder real por los Reyes Católicos hacía innecesarios los acuerdos privados entre concejos para defensa mutua, pero esto no significa ni que el sentimiento localista disminuyera ni que la conciencia de pertenecer a una región muy definida de España desapareciera. La importancia de Andalucía dentro del conjunto de reinos de Castilla era tan grande que apenas desembarazados Fernando e Isabel de los primeros cuidados y apuros que les produjeron la azarosa coronación y la guerra con Portugal fueron a Sevilla para resolver los problemas más apremiantes. Allí tomaron conciencia de la gravedad del problema converso, allí tomaron la resolución de ensayar una medida parcial: la expulsión de los judíos del espacio andaluz que más tarde se convirtió en expulsión general. Las ambiciones de las grandes casas nobiliarias en ninguna parte eran tan amenazadoras; la necesidad de terminar la conquista para acabar con la sangría que exigía la frontera terrestre la resolución final sobre la ayuda a prestar a Colón, y tantas otras medidas decisivas se tomaron sobre el terreno y teniendo en cuenta las circunstancias andaluzas, aunque sus repercusiones fueran de ámbito nacional y, en algunos casos, mundial. En Granada se firmó el tratado con Francia sobre conquista y reparto del reino de Nápoles; en las cortes de Córdoba se dictaron las normas por las que habían de regirse las pruebas de hidalguía. De Córdoba salió para Italia el Gran Capitán, y de Lebrija Elio Antonio, el autor de la primera *Gramática* castellana, el colaborador en la empresa de la Biblia políglota, el que había de ser maestro de latín para muchas generaciones de españoles. El protagonismo de Andalucía había comenzado y no cesaría en varios siglos.

Nace o se refuerza también entre los andaluces, en estos comienzos de la Edad Moderna, un sentimiento de autosatisfacción que los contemporáneos comprenden y comparten, que no es insolidario ni agresivo, que se manifiesta, por ejemplo, cuando, en la Junta de La Rambla, reunidas las ciudades andaluzas en enero de 1521, declaran que no deben ir a remolque de las ciudades comuneras de Castilla porque "muy mejores ciudades y de mayor autoridad hay en Andalucía". La personalidad de Andalucía en el siglo XVI es un hecho, aunque no a nivel político; continuaba la división administrativa en los cuatro reinos, cuyos representantes en Cortes rara vez se ponían de acuerdo para tratar temas de interés común. La personalidad, la identidad se la conferían el renombre de riqueza, de prosperidad, la realidad de esa prosperidad, que atraía gentes de todas partes a sus puertos, a sus centros urbanos, desde pícaros y mendigos hasta renombrados artistas, escritores y grandes mercaderes. Ser andaluz resultaba prestigioso. "A algunos les parece lo andaluz aumento, y siendo de Ribadavia dicen que son de Sevilla" (Ramiro de Navarra: *Los peligros de Madrid)*. A través de los textos literarios puede reconstruirse la *imagen pública* del andaluz en la Edad Moderna: expansivo, locuaz, inteligente, hospitalario, generoso, y también jaranero, pendenciero, inconstante... Los acostumbrados estereotipos nacionales y regionales, en los cuales, entre muchas falsedades y exageraciones, siempre subyace algo de verdad; en todo caso, de lo que los observadores creen ser la verdad. Cervantes, que nos conocía bien, puso en boca de la celestinesca dueña de *La tía fingida* las conocidas advertencias para tratar con los naturales de las diversas regiones españolas: "Para los andaluces, hija, hay necesidad de tener quince sentidos, que no cinco, porque son agudos y perspicaces de ingenio, astutos, sagaces y no nada miserables".

Poco importa que el retrato corresponda o no a la realidad. Lo que aquí nos interesa es comprobar que la peculiaridad andaluza era sentida, por encima de divisiones administrativas, lo mismo que más tarde Quevedo se refirió al "noble reino andaluz", aunque tal reino estuviera ausente en la interminable titulación de los reyes de España; allí se llamaban reyes de Sevilla, de Córdoba, de Jaén y de Granada. De los cuatro, sólo el último tenía el privilegio de figurar en el escudo nacional. En un sentido muy amplio, la Corona de Castilla abarcaba desde el Cantábrico al Estrecho. Todos los reinos y provincias en ella incluidos formaban un ámbito económico separado de Navarra, Vascongadas y la Corona de Aragón por barreras aduaneras, y también un ámbito político propio manifestado en las Cortes, la legislación, la moneda y otras instituciones comunes. Dentro de ese gran espacio la división en reinos y provincias tenía entidad variable; por ejemplo, Galicia y Asturias tuvieron Juntas propias, mientras que en los reinos andaluces el grado de institucionalidad fue pequeño. Quizá Granada destacaba más, gracias a su Chancillería y a su Capitanía General de la costa mediterránea, distinta de la del Océano, que se identificaba con la costa de Andalucía o de Sevilla (ambos términos se usaron a veces indistintamente). La contraposición Andalucía-Granada que aparece en bastantes documentos oficiales refleja la realidad indiscutible de la dualidad andaluza, pero de cara al exterior ese dualismo desaparecía, como desaparecían más allá de los Pirineos las profundas diferencias entre los naturales de las diversas regiones españolas. Lo mismo en los bandos y reyertas estudiantiles de Salamanca y Alcalá que en los campos de batalla de Europa, los andaluces eran andaluces, de cualquier lugar que procedieran. Lo acabamos de ver en algunos textos que podrían multiplicarse hasta lo infinito. No resisto a la tentación de copiar el siguiente párrafo del historiador de Carlos V fray Prudencio de Sandoval, porque sirve también para disipar otro tópico: el de una Andalucía blanda, sensual, fácil presa de cualquier invasor, cuando lo cierto es que la historia está llena de gestas guerreras de andaluces. Dice, pues, el citado historiador: "Como las escaramuzas eran unas veces con italianos, otras con españoles, y de los españoles unos eran castellanos y otros andaluces, y según les iba así se juzgaba de ellos, comenzó la emulación o competencia sobre si los castellanos o andaluces eran más animosos y mejores soldados. Don Pedro de Guzmán dijo que el nacer en Castilla o en Andalucía no hacía al hombre valiente, sino la vergüenza y la estimación de la honra y fama perpetua" (lib. XXI, cap. 18).

Comenzó el siglo XVIII con la guerra de Sucesión de España, que conmovió a toda Europa. En Andalucía se produjo una situación parecida a la del tiempo de las Comunidades: eclipse del poder central y necesidad de atender a la defensa de la región por sus propios medios. El peligro a que había que hacer frente era doble: de una parte, los merodeos de los ingleses, siempre ansiosos de apoderarse de Cádiz, puerto de entrada de los tesoros de América. Fracasaron en Cádiz pero se apoderaron de Gibraltar, creando ahí una llaga que aún sangra. El otro peligro surgió por tierra; en 1706 el pretendiente austríaco entraba en Madrid y Toledo; la invasión de Andalucía parecía inminente; en aquel trance, las autoridades y representantes de las ciudades andaluzas arbitraron recursos y levantaron tropas para defender los pasos de Sierra Morena. Luego cambió el curso de la guerra, no llegó a producirse la invasión pero el esfuerzo bélico de Andalucía fue decisivo para el triunfo de Felipe V.

En el siglo XVIII las cosas cambiaron poco para la definición de Andalucía como entidad propia. Hubo proyectos, hubo incluso ligeras remodelaciones en otras regiones de España. En 1762 Ward, en su *Proyecto económico,* criticaba la división vigente y proponía otra, de toda España, en trece departamentos en la cual Andalucía se reduciría a los tres reinos béticos y Granada se uniría a Murcia. La inercia administrativa mantuvo la situación existente con la única innovación de crear un departamento especial para administrar las nuevas poblaciones de Sierra Morena. En contraste con este anquilosamiento, la imagen tópica de Andalucía se mantenía unitaria y se enriquecía con nuevas pinceladas: el torero, la bailaora, el contrabandista (este último tipo surgido por la presencia del cáncer gibraltareño y la creciente afición al tabaco). Fuerzas soterradas se preparaban para su futura aparición; fermentaba en Andalucía, y con más fuerza que en otras partes, un ansia de renovación intelectual que no dejaría fuera de su ámbito de interés ningún aspecto de la vida humana. Se empieza a meditar sobre el patriotismo, el nacionalismo, el regionalismo. El espíritu de la Ilustración era cosmopolita, por consiguiente, adverso. En el siglo anterior, el conde-duque de Olivares, lo expresó claramente: "No soy nacional [sic], que es cosa de niños". No imaginaba las hecatombes que esa niñería del nacionalismo iba a producir. Y ya en los umbrales de la Ilustración Feijoo se manifestó adverso también al espíritu nacionalista.

Pero ese sentimiento no privaba a los más perspicaces de percibir las realidades profundas, cuya vitalidad era enorme aunque la ciencia oficial las ignorase. En la segunda de sus *Cartas marruecas,* el gaditano Cadalso, muerto en uno de los asedios a Gibraltar, escribía: "Dentro de la nación española hay una variedad increíble en el carácter de sus provincias. Un andaluz en nada se parece a un vizcaíno; un catalán es totalmente distinto de un gallego, y lo mismo sucede entre un valenciano y un montañés. Esta Península, dividida tantos siglos en diferentes reinos, ha tenido siempre variedad de trajes, leyes, idioma y moneda". Estas palabras no eran sino el eco de otras análogas que ya se habían pronunciado en el siglo anterior, advirtiendo los peligros que corría la unidad de España precisamente por querer confundir esa unidad con la uniformidad y el centralismo; el famoso obispo de Puebla de los Ángeles don Juan de Palafox encontraba que una de las causas de su decadencia fue "intentar que estas naciones que son tan diversas se hicieran unas en la forma de gobierno, leyes y obediencia, olvidando que Dios las ha hecho distintas, y que pues en Vizcaya hay castañas y ninguna naranja y en Valencia naranjas y ninguna castaña no deben ser gobernadas por igual".

En aquellos siglos la palabra *nación* designaba una realidad sociocultural, no política; más bien un grupo humano que un territorio; el significado biológico de *nación* (de *nacer,* es decir, los que pertenecían a una misma estirpe). Fue en el siglo XIX cuando el nacionalismo, tras unos laboriosos preliminares en los que trabajaron historiadores, folkloristas, lingüistas... que no eran sino la punta de un iceberg de gran profundidad, fue en el segundo tercio de dicho siglo, repito, cuando el nacionalismo europeo irrumpió en la escena política, que no ha dejado de dominar hasta nuestros días.

Las reacciones suscitadas por las guerras napoleónicas tuvieron mucha parte en la gestación del nacionalismo. Es un hecho reconocido para toda Europa, y España no fue una excepción, aunque, curiosamente, más que la generación que vivió aquellos años de dolor y de gloria fueron las siguientes, las generaciones de hijos y nietos las que cincelaron monumentos, odas y epitafios en honor a los héroes de la Independencia; los madrileños, a los del Dos de Mayo, los catalanes a los protagonistas de la batalla del Bruch, los aragoneses a los legendarios sitios de Zaragoza; los andaluces celebraron una gesta militar y otra política: Bailén y Cádiz; la defensa de Cádiz y las Cortes de Cádiz, hechos que tuvieron una dimensión no regional, ni siquiera española, sino europea. Bailén fue el toque de llamada a la insurrección contra un poder que parecía incontrastable. La Constitución de Cádiz fue el santo y seña de todo el liberalismo europeo durante los siglos de reacción que siguieron al Congreso de Viena y la Santa Alianza.

No hay por qué ocultar que aquellos acontecimientos memorables no los protagonizaron solamente los andaluces; en la defensa de Cádiz y en las deliberaciones de sus Cortes intervinieron españoles de todas las regiones, pero no fue un mero azar que ello ocurriera en suelo andaluz. La Historia suele tener una lógica, una coherencia íntima, en la que la casualidad interviene de modo limitado. Cádiz había sido el puerto más codiciado y por eso fue el más fortificado; aquellas fortificaciones inexpugnables sirvieron luego para un objeto completamente distinto; no defendieron a la plaza contra los ingleses sino contra los franceses; no sirvieron para amparar galeones de plata sino para albergar a la representación nacional. El pueblo español, al suceder la invasión, al encontrarse sin sus autoridades tradicionales, dio al mundo un gran ejemplo de civismo; organizó su propio gobierno frente al usurpador, un gobierno que recogía las tradiciones regionales y autonómicas por medio de sus Juntas Provinciales y a la vez garantizaba la unidad nacional por medio de una Junta Suprema, y luego de una Regencia y de unas Cortes, que son las que se reunieron en Cádiz en 1810 y allí elaboraron la Constitución de 1812. Era justo que Andalucía fuera la sede de esta transformación nacional, puesto que durante el siglo XVIII fue el más activo laboratorio ideológico, desde la constitución, en sus albores, de la Regia Sociedad Médica de Sevilla, hasta la tertulia de Olavide y las furiosas polémicas en las que se enzarzaron, en sus años finales, hombres de diversas ideologías, desde las más liberales

(Cadalso, Blanco White, Lista, Marchena) a las más reaccionarias (Ceballos, fray Diego de Cádiz).

El código gaditano, junto a sus grandes aciertos tuvo también notorios fallos, y uno de ellos fue haber llevado la uniformidad mucho más allá de lo que la había llevado la monarquía absoluta. En este punto no hubo discusión; mientras las leyes sobre libertad de imprenta, Inquisición, señoríos, etc., levantaban fuertes polémicas, todos, catalanes, castellanos, asturianos, andaluces, todos estaban de acuerdo en suprimir la antigua organización administrativa, que, por arcaica que fuera, reflejaba una realidad puesta de relieve en la conmoción que había sufrido España: su íntima diversidad. La Constitución suprimía los reinos, provincias, principados y señoríos, los restos de los fueros y peculiaridades regionales. Todo el territorio nacional se dividiría en provincias cortadas por el mismo patrón y gobernadas de la misma forma. El liberalismo se mostraba decididamente centralizador. Todo el siglo XIX vería la pugna entre estas dos concepciones distintas: un Estado que refuerza sin cesar sus poderes y un sentimiento regionalista, y a veces nacionalista, que pugna por defender la identidad propia de cada parte de la Monarquía.

Andalucía, que ya había sido dividida por los franceses en departamentos durante la ocupación, que durante el Trienio se proyectó encajar en un reajuste territorial que no tuvo tiempo de funcionar, fue objeto en 1833 de la famosa división provincial realizada precisamente por un andaluz, el motrileño Javier de Burgos. Esta división ha sido muy criticada, pero algunas virtudes debía tener cuando ha resistido el paso del tiempo y ha engendrado un fuerte sentido provincialista. Concretándonos a nuestra Andalucía comprobamos que no es tan artificiosa como se dice. La provincia de Córdoba es, simplemente, el antiguo reino de Córdoba, con la sola adición de los pueblos de Belalcázar e Hinojosa del Duque, pertenecientes antes a la provincia de Extremadura. La nueva provincia de Jaén también coincidía con el antiguo reino, eliminando la situación ambigua de algunos pueblos de su ángulo nordeste (Segura, Orcera, Santiago de la Espada) que en algunos aspectos se consideraban murcianos. Del reino de Sevilla, demasiado extenso, se segregaban dos provincias: la de Cádiz, cuya personalidad era indiscutible y la de Huelva, que tardó más en afirmarse. Del reino de Granada también se separaron, con toda lógica, las provincias de Málaga y Almería. En esta última se hicieron algunos ajustes en la zona norte; los pueblos del marquesado de Vélez quedaron unidos a la nueva provincia aunque desde el punto de vista eclesiástico siguieran dependiendo del obispado de Cartagena-Murcia. El conjunto de las ocho provincias reproducía, pues, el de los cuatro reinos, el de la Andalucía tradicional, eliminando cualquier ambigüedad fronteriza. Precisamente el hecho de que la división provincial fuese recibida con reticencias favoreció la continuidad del sentimiento unitario que ya viene impuesto por la cultura de la Andalucía moderna, y en este sentido me parece muy acertada la observación de A. Gallego Morell: "No hay que buscar a Platero exclusivamente en Moguer. Lo vemos también en Puente Genil o en la misma sierra de Laujar".

Las tendencias profundas de la sociedad hallan siempre su reflejo en la historiografía, y la de nuestra época romántica nos muestra un sentimiento andaluz presente pero debilitado entre otras dos grandes corrientes: la del nacionalismo español, que encontró su paradigma en la historia de España de don Modesto Lafuente, la obra histórica más leída en nuestro siglo XIX, y el patriotismo local, que se mantenía muy fuerte y se manifestaba en la nunca interrumpida serie de historias locales de diversa calidad. Algunas de ellas pretendían abarcar el ámbito provincial, pero quien haya leído, aunque sea someramente, la *Historia de Málaga y su provincia,* de Guillén Robles (1874) o la *Historia de Granada y sus cuatro provincias* de Lafuente Alcántara habrá comprobado que lo esencial del relato histórico se circunscribe a las respectivas capitales. Hubo que esperar hasta el Sexenio para que apareciese, solitaria, la *Historia de Andalucía* de Joaquín Guichot, de inferior calidad que la *Historia de Sevilla* que publicó a continuación. Entretanto aparecían la *Historia de Cataluña* de Víctor Balaguer, la de Galicia de Vicetto y algunas otras, de un carácter nacionalista bastante acusado, de un tono polémico e incluso agresivo que falta por completo en la historiografía andaluza.

¿Sería oportuno buscar en la estratificación social la explicación del fenómeno? Posiblemente nos daría, si no todas las claves, algunas de las que conducen a la solución. No olvidemos que la burguesía, en sentido amplio, incluyendo los miembros de la mayoría de las antiguas clases privilegiadas, que también aceptaron la ideología burguesa, no tenía en Andalucía la más mínima tradición nacionalista. Sí la tenía en Cataluña (y en algunas otras regiones periféricas) y aunque soterrada, revivió a partir de mediados del XIX, siendo una de sus manifestaciones los Juegos Florales que en Andalucía fueron meramente acontecimientos sociales y de exaltación local. En éstas y otras fiestas se ensalzaban las glorias de Sevilla, de Córdoba, de Granada, de Cádiz... rara vez las de Andalucía entera. Cada una de estas ciudades arrastraba tras sí la masa inerte de una población rural en la que los contados notables sólo aspiraban a parecerse lo más posible en atuendo, lectura y costumbres a la clase distinguida de la capital. Las corrientes políticas también reforzaban la tendencia al provincianismo; en épocas *normales,* el caciquismo era una verdadera institución, admitida sin tapujos ni disfraces, en la que los caciques de la capital de provincia servían de intermediarios entre los caciques rurales y los altos jefes radicados en Madrid. Hasta qué punto consolidó este sistema la organización provincial y el papel dominante de las capitales es cosa que merecería detenido estudio.

En épocas *anormales*, políticamente hablando, los dirigentes provinciales se independizan de Madrid de forma provisional; su finalidad siempre es reconstruir un poder central en el que se reconozca el peso de la capital o provincia respectiva, no el de Andalucía en conjunto; en cierto modo, es la prolongación, bajo otra forma y con otras personas, del protagonismo de las oligarquías urbanas del Antiguo Régimen, con la diferencia (importante) de que aquéllas sólo se atrevían a oponer una resistencia pasiva a las órdenes molestas que emanaban de Madrid, mientras que ahora puede llegarse a la actitud insurreccional. Un factor nuevo se introduce con la aparición en la escena de unas masas urbanas y rurales cada vez más insatisfechas, descontentas con el papel de comparsas que habían jugado en los movimientos revolucionarios burgueses y que a partir de 1868 quieren hacer oír sus propias aspiraciones. Aquel movimiento se planeó, como los anteriores, a base de una serie de alzamientos locales. La agitación de estos grupos llegó a su grado más extremo con el movimiento cantonal de 1873, episodio de brevísima duración pero de muy hondo contenido. En él se puso de manifiesto la contradicción entre una burguesía radical que sólo quería reformas políticas que asegurasen su influencia, a más de un anticlericalismo infantil que parecía cifrar sus aspiraciones en derribar el mayor número de iglesias en el menor tiempo posible; y de otra parte, unas masas obreras que, aun conociendo apenas el federalismo pimargalliano, se sentían atraídos por su contenido social. Partiendo de tal equívoco inicial, el cantonalismo andaluz no tenía la menor viabilidad; a los choques internos dentro de cada cantón, a los choques grotescos entre unos cantones y otros se unió la represión gubernamental, que en lugares como la sierra de Ubrique alcanzó unas cotas tremendas; nunca se sabrá cuántos campesinos perecieron allí cazados como fieras a tiros y bayonetazos. "En las cortezas de los árboles, grandes cruces blancas, trazadas con cal señalaron muchos años el lugar donde fueron ejecutados y enterrados". El episodio cantonal sancionó para muchos años la división y la impotencia de los republicanos. De los cuatro presidentes que tuvo la Primera República dos fueron andaluces; Salmerón, almeriense, militó en las filas unitarias. Castelar, gaditano, en teoría federal, gobernó en la práctica como unitario y quedó tan mal impresionado de sus experiencias gubernamentales que se apartó de la política activa. Debe añadirse que aunque las posibilidades de triunfo de la República federal eran prácticamente nulas, de haberse puesto en vigor la constitución de 1873 la unidad de Andalucía se hubiera roto, puesto que preveía la formación de dos estados: la Alta y la Baja Andalucía.

Lo que no pudieron o quisieron hacer los políticos de izquierda o de derecha, republicanos o monárquicos, ahondar en el ser de Andalucía, dar de ella una imagen coherente dentro de su rica diversidad, lo hicieron los escritores y los intelectuales. No fue un movimiento unitario sino multiforme, en el que colaboraron, con propósitos diversos, gentes de diversas procedencias; enumeremos rápidamente algunos de estos grupos: los arabistas granadinos: Simonet, Lafuente Alcántara, Gaspar Remiro, que con una base científica se ocuparon de ese pasado semítico andaluz que tentó la imaginación de los extranjeros y que en el foco sevillano se aceptó también como ingrediente del andalucismo aunque de forma más literaria que científica. La literatura costumbrista, lo que Valera llamó *regionalismo literario,* que contaba con precedentes tan destacados como las *Cartas españolas* de Blanco White y las obras de Böhl de Faber, el padre de Fernán Caballero, forma una masa considerable desde las *Escenas andaluzas,* de Serafín Estébanez Calderón (1847) a la novelística de Valera, el teatro de los Quintero, los ensayos de Izquierdo, Mas y Prat y Cansinos Asens. Lo que la política no pudo hacer lo hicieron con más eficacia las letras.

El punto de contacto entre el andalucismo literario y el político se produjo en un grupo muy restringido de krausistas, folkloristas y literatos sevillanos después de las experiencias y desengaños del Sexenio. La Sociedad del Folklore Andaluz consiguió lo que antes nunca se había intentado: crear una publicación periódica de ámbito regional, que con ese mismo nombre salió en 1882-1883, y al año siguiente con el de *Folklore Bético-Extremeño.* En su fundación y dirección intervino activamente Antonio Machado Álvarez, "Demófilo", hijo de Machado Núñez y padre de la excelsa pareja de poetas. En torno a este centro de interés trabajaron también Luis Montoto, Juan A. de la Torre, "Micrófilo" y el incansable investigador y rebuscador de tradiciones orales don Francisco Rodríguez Marín. Algunas de estas personas estaban muy alejadas de la política, o profesaban ideas muy diversas de las que luego prevalecieron, pero iban "haciendo camino al andar" en la búsqueda de las raíces populares de Andalucía. Tenían aquellos folkloristas algo de los modernos ecologistas, pues se esforzaban por salvar cosas, hechos, fenómenos culturales que, víctimas de olvidos o agresiones, estaban en peligro de perecer. Algunos querían salvar los monumentos, los rincones, los entornos urbanos, tan maltratados en el pasado siglo; recordemos, más por su valor testimonial que por su eficacia la *Breve reseña de los monumentos y obras de arte que ha perdido Granada en lo que va de siglo* (1884) y la colección de artículos que Ángel Ganivet publicó en *El Defensor de Granada* y que luego aparecieron agrupados bajo el título *Granada la bella.* Como en *La Ciudad de la Gracia,* de Izquierdo, volvemos a encontrar el andalucismo concretado, encarnado en la apología de sus ciudades más representativas.

Este movimiento, de contornos muy amplios y muy vagos, pero con un núcleo común bien definido, era, por la condición personal de sus intérpretes, reducido, elitista, en el buen sentido de la palabra. Siempre quiso acercarse al pueblo, aunque a veces lo hiciera de forma paternalista; su problema consistía en que no ya en el pueblo, trabajado por corrientes sociales que con dificultad relacionaba con un programa andalucista, incluso en la burguesía que leía sus obras, el mensaje que intentaba transmitir suscitaba poco entusiasmo. Ni los ideales del 98, ni el Regeneracionismo, ni los movimientos nacionalistas tuvieron mucho eco en la Andalucía de comienzos de este siglo. Incluso la radicalización de los nacionalismos catalanista y vasco suscitó repulsa, e indirectamente dañó al regionalismo andaluz, a pesar de que sus jefes eran, no por oportunismo, sino con toda sinceridad, hombres que estaban convencidos de la identidad de los destinos de Andalucía y de España. En este sentido hay textos de claridad meridiana de Blas Infante, el más conspicuo representante del andalucismo.

A Blas Infante le ha ocurrido lo peor que puede ocurrirle a una figura histórica: ser objeto de mitificación por parte de indiscretos entusiastas. Serenadas ya las aguas, podemos apreciar con objetividad su perfil humano, la fecundidad de su carrera, truncada por un asesinato político condenable desde todos los puntos de vista, y la intensidad de su influencia en la generación actual. Nació en el pueblecito malagueño de Casares, en el seno de una familia de labradores acomodados. Más tarde, su profesión de notario le permitió seguir en contacto con los problemas sociales del campo andaluz. Su plaza estaba muy cerca de Sevilla; podía residir en esta ciudad y recibir, desde 1910, la influencia de los grupos andalucistas, singularmente del centrado en el Ateneo. En este centro fue donde presentó, en 1915, una memoria titulada *El ideal andaluz*, completada con artículos aparecidos en la revista *Bética* y en *El Liberal* de Sevilla.

Cuando Blas Infante comenzó su andadura el sistema político de la Restauración, en completa crisis, tocaba a su fin, al par que el problema agrario andaluz se agudizaba. Dentro de este contexto se comprende mejor la actitud de Infante: sacar el andalucismo de los celajes dorados de la lucubración poética, acercarlo a la cruda realidad, formar un plan de acción, que para ser eficaz tenía que ser político. Durante un siglo Andalucía había proporcionado una altísima proporción del personal gobernante en España: Martínez de la Rosa, Narváez, Salamanca, Martos, Rivero, Castelar, Cánovas, Romero Robledo, Moret, Lerroux... La lista completa sería interminable. Todos ellos habían militado en partidos políticos de ámbito nacional de las más variadas ideologías; todos ellos habían gobernado con el pensamiento puesto en el bien general de España, lo cual es loable; pero se explica menos que, al contemplar el deterioro creciente de la vida y de la economía andaluza, no aunaran sus esfuerzos para remediar su situación. La indiferencia de los grandes partidos estatales hacia los problemas específicos de Andalucía; éste pudo ser el punto de partida del pensamiento de Blas Infante hacia el intento de formar un partido andalucista. Sin la menor concesión al separatismo. Tal ideología "es tan extraña al sentimiento de los andaluces que ni puede llegar a ser por éstos comprendida ni, en caso de serlo, dejaría de ser rechazada con el horror que a las almas grandes y sencillas inspiran los repugnantes sacrilegios". Pero esta condena tajante no es incompatible con el sentimiento regionalista, porque "no se puede pedir en nombre de España que se deje de ser catalán, gallego o andaluz; por la misma razón que en nombre de la Humanidad no se puede pedir que se deje de ser español o francés. Hay que restaurar las *patrias regionales* y despertar el patriotismo correspondiente como estímulo de vida de las regiones, antecedente del patriotismo nacional y base de engrandecimiento de la patria española". Fortalecer Andalucía es fortalecer España "porque el alma española no es otra que el resultado de la convergencia, la suma, de las energías regionales. Cuando éstas sean fuertes aquélla reobrará con aliento poderoso sobre las regiones y se impondrá el imperativo de la conciencia nacional dentro y fuera de España. Las regiones, por tanto, no han de esperar a ser redimidas por la nación, sino que, al contrario, por ellas ha de ascender la fuerza inicial por cuya virtud se redimirá la patria".

Infante debió intuir que el fracaso cantonalista ocurrió por la desconexión entre las ambiciones político-autonómicas de un reducido sector burgués y el ansia de los proletarios por mejorar su situación. En sus escritos se ve cómo desde el primer momento advierte que ambos movimientos tendrían que apoyarse, ir unidos de alguna manera, no por mero oportunismo sino porque la situación del campesino andaluz, sobre todo en los latifundios occidentales era injusta, insostenible. "Yo tengo clavada en la conciencia, desde mi infancia, la visión sombría del jornalero. Yo le he visto pasear su hambre por las calles del pueblo, confundiendo su agonía con la agonía triste de las tardes invernales; he presenciado cómo son repartidos entre los vecinos acomodados para que éstos les otorguen una limosna de trabajo, tan sólo por fueros de caridad; los he contemplado en los cortijos, desarrollando una vida que se confunde con la de las bestias; les he visto dormir hacinados en las sucias gañanías, comer el negro pan de los esclavos, esponjado en el gazpacho maloliente y servido, como a manadas de siervos, en el dornillo común; trabajar de sol a sol, empapados por la lluvia en el invierno, caldeados en la siega por los ardores de la canícula, y he sentido indignación al ver que sus mujeres se deforman consumidas por la miseria en las rudas faenas del campo; al contemplar cómo sus hijos perecen faltos de higiene y de pan; cómo sus inteligencias se pierden, atrofiadas por una bárbara pedagogía que tiene un templo digno en escuelas como cuadras o permaneciendo totalmente incultas".

Si el análisis era correcto, la solución que preconizaba por aquellas fechas (1915-1920) era inadecuada: el georgismo, que había tenido en España algún predicamento (incluso se celebró por entonces un Congreso Internacional Georgista en Ronda), fue aceptado por Blas Infante en su versión moderada. Luego pasó a opciones más radicales, pero de todas formas, su ideología adolece, en este punto como en otros, de vaguedad, de falta de sistematización. Más coherente era el pensamiento de otro notario progresista, Gastalver, propietario de *El Noticiero Sevillano,* cuya solución se aproximaba a la que hoy muchos creen la más factible: constitución de empresas agrarias de grandes dimensiones y alta productividad que permitieran una adecuada retribución al capital y al trabajo.

Tras el paréntesis de la Dictadura, Blas Infante volvió a la política, más radicalizado, tanto en el sentido autonómico como en el social.

En las primeras elecciones que celebró la República se presentó con Pascual Carrión y otros en una candidatura Republicana Revolucionaria Federal Andalucista obteniendo una pobre votación. Ya por aquellas fechas (1931) el andalucismo político había cubierto varias etapas en una marcha discontinua y zigzagueante: Proyecto de Constitución para Andalucía, de sentido federalista (1883), Manifiesto del Centro Andaluz de Sevilla (1916) que expresaba la aspiración a armonizar la *patria regional* (Andalucía) con la *patria nacional* (España), Asamblea Regionalista de Ronda (1918), en la que se creó la bandera, el escudo y el himno de Andalucía, Asamblea de Córdoba...

Con la proclamación de la Segunda República este movimiento, hasta entonces reducido a pequeños grupos y con muy escasa resonancia, tomaría más vigor. Se crean unas *Juntas Liberalistas* cuya actuación y principios resume don Manuel Ruiz Lagos en cuatro puntos: fortalecer el espíritu andaluz, elevar el nivel económico y social de Andalucía, obtener para ella transferencias en materia de Hacienda, Obras Públicas, Instrucción Beneficencia y otros sectores; finalmente, "fortalecer la conciencia colectivo-municipal, reclamando la autonomía del municipio; el referéndum local sobre asuntos de capital importancia; el cabildo abierto y la devolución a los mismos de sus bienes de propios" *(País Andaluz,* 249).

La Constitución de la República abría sendas .hacia la consecución de la autonomía. Las Juntas Liberalistas redactaron un proyecto autonómico basado en ideas pimargallianas, arcaizantes, que no tuvo ningún eco. No hubo ningún intento serio de constituir un partido regionalista. Algunos partidos estatales, como el Socialista, mostraron cierto interés por la idea, y tras enconadas disputas a nivel de diputaciones provinciales, una asamblea reunida en Córdoba en 1933 redactó un Anteproyecto. Luego, con el triunfo de las derechas y el bienio radicalcedista todo quedó paralizado. Los andaluces concedían a los proyectos autonómicos muy poco espacio en sus preocupaciones, centradas en otros temas, políticos, religiosos y sociales. Con el triunfo del Frente Popular, en febrero de 1936, de nuevo volvieron a reproducirse planes sobre el Estatuto Andaluz en medio de una indiferencia casi general.

No hubo una resistencia, ni menos un exilio de signo andalucista durante los cuarenta años de franquismo. Sin embargo, la idea renació con mucho empuje tras el restablecimiento de las libertades democráticas; se esparció una copiosa literatura, en buena parte tendenciosa y de escasa calidad, incurriendo a veces en claros errores y deformaciones de la historia; se trató de crear un clima de tensión con el resto de España basándose en argumentos, unas veces ciertos y otras menos ciertos pero a los que las circunstancias socioeconómicas reinantes en Andalucía prestaban apoyo, en especial la copiosa emigración, y las noticias que llegaban de que esos emigrantes no encontraban una acogida tan cordial como la que Andalucía siempre dispensó a los hombres que a ella llegaron en busca de trabajo y oportunidades. En esta atmósfera se formaron varios grupos y grupúsculos entre los que emergió un partido que llegó a ser la tercera fuerza política de Andalucía. Por fin, la idea andalucista había calado, hasta el punto de aprobarse con clara mayoría, el 20 de octubre de 1981, un Estatuto que concede a nuestra región una alta cota de autogobierno. Estamos en plena singladura y es prematuro adivinar el rumbo de la autonomía andaluza; sin embargo, dos cosas me parecen indudables: la adhesión de los andaluces a la idea autonómica en nada atañe a su medular españolismo ni comporta ninguna agresividad o insolidaridad con los demás pueblos que conviven en la piel de toro. La segunda es que esa adhesión ha sido dictada a la vez por razones sentimentales y de eficacia. De la capacidad autonómica para resolver los graves problemas de Andalucía dependerá en gran medida su definitivo anclaje en la conciencia andaluza.

BIBLIOGRAFÍA SUMARIA

La bibliografía andaluza comprende millares de títulos que abarcan todos los aspectos físicos y humanos de la región, a pesar de lo cual existen todavía grandes lagunas en nuestro conocimiento. En los últimos años el número y calidad de los trabajos ha aumentado de forma considerable. A título de orientación diremos que el número de trabajos aparecidos entre 1940 y 1980 y reseñados en el *Índice histórico andaluz,* dirigido por María del Carmen Martínez Hernández y publicado por la diputación de Córdoba es de 1.637, y se refieren sólo a la historia de Andalucía en la Edad Moderna.

Teniendo en cuenta la índole de este libro y la ausencia deliberada de notas y aparato crítico sería improcedente ofrecer una bibliografía copiosa, pero una lista corta y selecta de obras generales acerca de los temas abordados en ella creo que puede ser útil e incluso indispensable a quien desee profundizar en los mismos. Ésta es la finalidad que ha presidido la redacción del siguiente elenco.

Actas del I Congreso de Historia de Andalucía (celebrado en Córdoba en 1976), 8 volúmenes. Las numerosas ponencias y comunicaciones presentadas a este congreso iluminan todos los aspectos del pasado andaluz, y también del presente, puesto que uno de los volúmenes está dedicado a *Andalucía hoy.*

Como prolongación del movimiento suscitado por este congreso pueden considerarse los dos coloquios sobre Historia Medieval Andaluza, celebrados en Córdoba (1979) y Sevilla (1981) y los celebrados en Córdoba sobre Historia Moderna e Historia Contemporánea, patrocinados por el Monte de Piedad y Caja de Ahorros de Córdoba.

Andalucía, dos tomos de la colección "Tierras de España" de la Fundación Juan March. Espléndidamente ilustrados. Con atención preferente al arte y además capítulos sobre la historia y la literatura de la región.

Atlas de Andalucía, Editorial Diáfora, Barcelona. Mapas de alta calidad, referentes a los fenómenos más variados y acompañados de comentarios valiosos.

Decadencia y crisis en Andalucía, obra colectiva dirigida por Juan VELARDE FUERTES, Instituto de Desarrollo Regional, Sevilla, 1982. Obra de gran aliento, en la que han intervenido cerca de cincuenta especialistas en los diversos aspectos económicos; incluye también capítulos sobre Geografía, Historia, población y cultura.

Enciclopedia de Andalucía, Ediciones Argantonio, Sevilla. Comprende siete volúmenes de artículos por orden alfabético y tres de complementos. Desigual, como todas las obras de su género; desproporcionado también, pero utilísima por el caudal de datos y material gráfico que contiene.

Los andaluces, obra colectiva publicada por Ediciones Istmo, Madrid, 1980. Abarca una gran variedad de temas redactados por competentes especialistas.

ORTEGA Y GASSET, José: *Teoría de Andalucía.* Serie de artículos publicados en *El Sol* el año 1927 y recogidos luego como obra independiente. Con el respeto debido a la memoria del ilustre filósofo hay que decir que ésta no es de las mejores producciones que salieron de su pluma. Sencillamente, Ortega no entendió a Andalucía ni estaba preparado para entenderla.

La gran cantidad de material nuevo contenido en estas publicaciones, en las numerosas revistas y en las publicaciones sobre temas locales requerían obras de síntesis histórica, entre las cuales mencionamos:

Aproximación a la historia de Andalucía, serie de conferencias, dirigida por J. A. LACOMBA, que en conjunto abarcan toda la historia del pueblo andaluz, Barcelona, 1979.

CUENCA TORIBIO, José Manuel: *Andalucía. Historia de un pueblo,* Madrid, 1982. Amena y bien informada.

Historia de Andalucía, editada por Planeta, 8 volúmenes, confiada a numerosos y acreditados especialistas. Nueva edición aumentada en 9 volúmenes (1983).

MORENO ALONSO, Manuel: *Historia de Andalucía,* Sevilla, 1981. Primera historia general de Andalucía escrita después de la centenaria de Joaquín Guichot, plenamente sobrepasada. Buena síntesis, con bibliografía casi exhaustiva, a la que remitimos a quien desee ampliar estas noticias.

Entre las historias de Andalucía de tipo escolar debe mencionarse en primer lugar la que actualmente está en curso de publicación por la Junta de Andalucía con el concurso de numerosos especialistas.

Las inquietudes generadas por la consecución de la autonomía se han concretado en una serie de obras de valor desigual. Citamos, como más documentadas:

Andalucía. Reconstrucción de una identidad y la lucha contra el centralismo, *de José ACOSTA SÁNCHEZ, Barcelona, 1978.*
País andaluz, de Manuel RUIZ LAGOS, Jerez, 1978.

Las obras de BLAS INFANTE no se han editado aún de modo completo y crítico. La Junta de Andalucía ha publicado:

El ideal andaluz (completado con una serie de trece artículos sobre el regionalismo andaluz), Sevilla, 1982.

Dos biografías recientes, aunque no agota el tema:

ORTIZ DE LANZAGORTA, J. L.: *Blas Infante,* Sevilla, 1979.
LACOMBA, J. A.: *Blas Infante, la forja de un ideal andaluz.*

Los estudios lingüísticos cuentan con una obra fundamental:

Atlas lingüístico y etnográfico de Andalucía, por el profesor M. ALVAR LÓPEZ, con la colaboración de A. LLORENTE y G. SALVADOR, 1961.
VAZ DE SOTO, José María: *Defensa del habla andaluza,* Sevilla, 1981.

Entre los muchos estudios de temas economicosocial seleccionamos:

BERNAL, Antonio M.: *La propiedad de la tierra y las luchas agrarias* andaluzas, Barcelona, 1974. Y en colaboración con M. ARTOLA y J. CONTRERAS: *El latifundio. Propiedad y explotación. Siglos XVIII-XX,* Ministerio de Agricultura, Madrid, 1978.

BOSQUE MAUREL, Joaquín: *Andalucía. Estudios de geografía agraria,* Granada, 1979.

CALERO, Antonio M.: *Movimientos sociales en Andalucía (1820-1936),* Madrid, 1976.

CÁMARA, G., y TERRÓN, J.: *Bibliografía socioeconómica de Andalucía,* Granada, 1980.

HERMET, Guy: *Problemas del sur de España,* Madrid, 1966.

Instituto de Desarrollo Económico: *Estudio socioeconómico de Andalucía,* 3 volúmenes (varios autores).

JIMÉNEZ NÚÑEZ, Alfredo: *Biografía de un campesino andaluz,* Sevilla, 1979.

MORENO, Isidoro: *Propiedad, clases sociales y hermandades en la Baja Andalucía,* Madrid, 1973.

TITOS MARTÍNEZ, M.: *Bancos y banqueros en la historiografía andaluza,* Granada, 1980.

En el volumen II (1980) de la *Revista de Estudios Regionales* se publicaron las ponencias de las III Jornadas de Estudios Andaluces sobre "Las autonomías", y en el extra III (1981) las de las IV Jornadas acerca de "Las raíces culturales de Andalucía".

ÍNDICE ONOMÁSTICO

Abdalá: 88.
Abderramán II: 88.
Abderramán III: 78, 89.
Acosta, José de: 117.
Acosta Sánchez, José: 219.
Adriano, Publio Elio: 99, 172.
Aguilar y Eslava: 186.
Aguilar Piñal, Francisco: 186.
Agustín, san: 97, 169.
Alarcón, Pedro Antonio de: 77, 78, 192.
Alba, Fernando Álvarez de Toledo, duque de: 189.
Alba, casa de: 73.
Albotodo, padre: 94.
Alcaide, R.: 163.
Alcalá Zamora, J.: 76.
Alemán, Mateo: 191.
Alfonso I el Batallador: 42.
Alfonso X el Sabio: 91, 126, 201.
Alfonso XI el Justiciero: 87.
Alguzel, Abu Hamid ibn Muhammad al-Gazzali, conocido como: 95.
Alhakem: 87.
Almacari: 79.
Almanzor, Abu 'Amir Muhammad ibn Abi 'Amir al-Ma-afiri, llamado: 87.
Almonaster y Roxas, Andrés: 108.
Alonso Barba, Álvaro: 121.
Alonso Niño, Pedro: 101.
Alvar López, Manuel: 44, 107, 176, 178, 179, 219.
Álvarez Quintero, Joaquín: 210.
Álvarez Quintero, Serafín: 210.

Angulo, Diego: 122.
Arana, Beatriz de: 120.
Arcos, duques de: 57.
Arias Montano, Benito: 176.
Armstrong, los: 153.
Arniches, Carlos: 189.
Arnoldsson, S.: 119.
Artola, M.: 219.
Asín Palacios, Miguel: 92.
Astrandi, Jorge: 64.
Azaña, Manuel: 149.

Balaguer, Víctor: 208.
Bambel: 114.
Baroja, Pío: 192.
Bastidas, Rodrigo de: 101.
Bazán, Álvaro de: 157.
Bécquer, Gustavo Adolfo: 192.
Beethoven, Ludwig van: 189.
Béjar, duques de: 129.
Bejarano: 62.
Benalúa, conde de: 144.
Benlliure, Mariano: 65.
Bennassar, Bartolomé: 59, 183.
Benot, Eduardo: 187.
Berardi, los: 101.
Bernal, Antonio Miguel: 126, 137, 139, 140, 219.
Bizet, Georges: 189.
Blanco White, José María Blanco Crespo, llamado José María: 207, 210.
Blázquez, Antonio: 125.

221

Böhl de Faber, Juan Nicolás: 210.
Bonaplata: 65.
Borrego, Andrés: 141.
Boscán y Almogáver, Juan: 180.
Bosque Maurel, Joaquín: 219.
Bosch, Jacinto: 42, 86.
Boyd-Bowman, Peter: 105.
Bruna: 138.
Bucareli y Ursúa, Antonio María: 109.
Burgos, Javier de: 207.
Bustos, José J.: 107, 178.

Caballero, Cecilia Böhl de Faber, llamada Fernán: 192, 210.
Cadalso, José: 205, 207.
Cádiz, Diego de: 207.
Calderón de la Barca, Pedro: 76.
Calderón Quijano, José Antonio: 105.
Calero Amor, Antonio María: 140, 220.
Cámara, G.: 220.
Cánovas del Castillo, Antonio: 144, 212.
Cansino Assens, Rafael: 210.
Cantillana, condes de: 134.
Capelo Martínez, Manuel: 140.
Carbonell, los: 153.
Carlos II: 189.
Carlos III: 62, 95, 121, 137, 181, 199.
Carlos IV: 62, 193.
Carlos V: 94, 134, 181, 188, 204.
Carrión, Pascual: 147, 214.
Carrión, condes de: 177.
Casas, Bartolomé de Las: 118, 119.
Castelar, Emilio: 187, 210, 212.
Castellanos, Juan de: 120.
Castillejo, Cristóbal de: 185.
Castillo, Alonso del: 94.
Castro, Américo: 172.
Castro Fernández, Federico de: 185, 186.
Catalán, Diego: 178.
Caulin, Antonio: 121.

Cazorla Pérez, José: 163.
Ceballos, Pedro de: 207.
Cenete, marqueses de: 157.
Centuriones, los: 114.
Cervantes Saavedra, Miguel de:182, 192, 203.
Cobo, Bernabé: 120.
Cobos, Francisco de los: 134.
Colón, Cristóbal: 100, 120, 202.
Colón, Fernando: 111.
Colón, Hernando: 120, 199.
Columela, Lucio: 172.
Collantes, A.: 43.
Concha, marqués del Duero, Juan Gutiérrez de la: 144.
Conde, Juan Antonio: 78.
Contreras, J.: 219.
Cortés, Hernán: 117.
Cosa, Juan de la: 101.
Creus, Jaime: 144.
Croce, Benedetto: 119.
Cromberger, Juan: 117.
Cuenca Toribio, José Manuel: 218.

Chateaubriand, François René de: 77.
Chaves, Jerónimo de: 117.
Chaunu, Pierre: 110.
Chica, La: 144.

Dante Alighieri: 92.
Delicado, Francisco: 191.
Díaz del Moral, José: 146, 147, 160.
Díaz de Vivar y Mendoza, Rodrigo (1º marqués de Cenete): véase Mendoza, Rodrigo de:
Domínguez Adame: 165.
Doria, los: 114.
Dozy, Reinhart: 78.

Eguilaz, Leopoldo: 79.
Elcano, Juan Sebastián: 20, 172.
Enrique IV: 93, 201.
Ensenada, marqués de la: 188.
Espinel, Vicente: 192.
Espinosa, Antonio de: 117.
Esquilache, Leopoldo de Gregorio, marqués de Vallesantoro y de Squillace: 137.
Estébanez Calderón, Serafín: 210.
Estepa, marqueses de: 134.
Estopiñán, Pedro de: 37.
Estrabón: 157.
Everaert: 116.
Ezra, Abraham ibn: 97.

Fabra, Pompeu: 180.
Falla, Manuel de: 192.
Feijoo, Benito Jerónimo: 205.
Felipe II: 103, 106, 132, 134, 181, 189.
Felipe IV: 94, 136, 189.
Felipe V: 136, 204.
Fernán Caballero, Cecilia Böhl de Faber, llamada: 192, 210.
Fernández de Córdoba, Gonzalo: 59, 129, 132, 202.
Fernández de Enciso, Martín: 117.
Fernández y González, Francisco: 77, 78, 185, 192.
Fernández de Oviedo, Gonzalo: 117.
Fernández de Santaella, Rodrigo: 181.
Fernando II de Aragón: 15, 45, 55, 59, 101, 129, 202.
Fernando III el Santo: 84, 90, 126.
Fernando VI: 136.
Fernando VII: 140, 151, 157.
Flórez Estrada, Álvaro: 141.
Fortea, José I.: 112.
Fuentes, Francisco: 145, 146.
Fugger, los: 157.

Gallego Morell, A.: 208.
Ganivet, Ángel: 211.
García Baquero, Antonio: 110, 112.
García Fuentes, L.: 110.
García Gómez, Emilio: 90.
García de Sevilla: 114.
García Viñas: 187.
Garcilaso de la Vega: 177, 180.
Garcilaso de la Vega, llamado el Inca: 121
Garrido González, Luis:, 150.
Gastalver: 213.
Gay Armenteros, Juan C.: 12, 140.
Gayangos, Pascual de: 79.
Gerbet: 131.
Gil Robles y Quiñones, José María: 149.
Giménez Fernández, Manuel: 149.
Giner de los Ríos, Francisco: 185.
Giovio, Paulo: 120.
Girón, Pedro: 201.
Goethe, Johann Wolfgang: 76, 189.
Golmayo: 178.
Góngora y Argote, Luis de: 187, 191.
González, Aníbal: 74.
González, Manuel: 126.
González, Tomás: 157.
González Arteaga, J.: 142.
González Escobar, José Luis: 106.
Gudiel, Luis: 136.
Guevara, Luis Vélez de: 57, 180.
Guichard, Pierre: 42, 84, 86.
Guichot, Joaquín: 19, 208, 218.
Guillén, Felipe: 118.
Gutenberg, Johann Gensfleisch, llamado: 117.
Guzmán, Pedro de: 204.

Hafsun, Umar ibn (Samuel): 89.
Hamilton, Earl Jefferson: 111.
Havet: 114.

Hazañas, J.: 117.
Heers, Jacques: 114.
Heredia, los: 65, 152, 153.
Hermenegildo, san: 82, 198.
Hermet, Guy: 220.
Hernández Pacheco, Eduardo: 30.
Herrera, Fernando de: 177.
Hewes, Gordon W.: 170, 171.
Homero: 25.
Hugo, Victor: 77, 189.

Infante, Blas: 14, 17, 79, 147, 211, 212, 213, 219.
Irwing, Washington: 77.
Isabel I de Castilla: 15, 45, 55, 59, 101, 129, 202.
Isabel II: 143, 151, 158.
Isidoro de Sevilla, san: 54, 173, 175.
Izquierdo, José María: 210, 211.

Jaime I el Conquistador: 90.
Jatib, ibn al-: 92.
Jerez, Pedro de: 114.
Jerónimo de la Concepción: 120.
Jiménez, Juan Ramón: 185.
Jiménez Núñez, Alfredo: 220.
Jiménez de Quesada, Gonzalo: 120.
Juan, infante: 201.
Juan de Ávila, san: 182.
Juan de la Cruz, san: 92.
Juan y Santacilia, Jorge: 95, 119.
Julián, conde Don: 37.

Lacomba, J. A.: 218, 219.
Lafuente, Modesto: 208.
Lafuente Alcántara, Emilio: 78, 208, 210.
Lapeyre, Henry: 114.

Larios, los: 65, 152, 153.
Lazo, Alfonso: 140.
Leandro, san: 173, 175.
Lebrija, Elio Antonio: véase Nebrija, Elio Antonio de:
Leovigildo: 198.
Lepe, Diego de: 101.
Lerroux, Alejandro: 149, 212.
Lista, Alberto: 207.
Lizárraga, Reginaldo de: 114.
López, Tomás: 156.
López de Arenas, Diego: 94.
López Estrada, Francisco: 107.
López Pintado: 109.
López Rubio: 144.
Lorenzo, E.: 110.
Lorenzo, Anselmo: 143.
Lucano, Marco Anneo: 172.

Llorente, A.: 176, 219.

Machado Álvarez 'Demófilo', Antº: 210.
Machado Núñez: 186, 210.
Machado Ruiz, Antonio: 6, 182, 185, 210.
Machado Ruiz, Manuel: 185, 210.
Madoz, Pascual: 141, 155, 184.
Magallanes, Fernando de: 172.
Mahoma: 88.
Maimónides: 97.
Malpica Cuello, Antonio: 135.
Manzanares, Fernando: 165.
Mañara, Miguel de: 109.
Marcos Dorta, Enrique: 122.
Marchena, José: 207.
María Cristina de Borbón: 140.
Mármol Carvajal, Luis de: 86.
Márquez Villanueva, Francisco: 94.

Martínez Hernández, María del Carmen: 217.
Martínez de la Mata, Francisco: 113.
Martínez de Mazas: 63.
Martínez Montañés, Juan: 108.
Martínez de la Rosa, Fco.: 77, 78, 212.
Martínez Shaw, Carlos: 18, 102.
Martos, Cristino: 212.
Mas y Prat: 210.
Medina, Pedro de: 117.
Medina Sidonia, duque de: 37, 101.
Medinaceli, duques de: 73.
Mena, Juan de: 120.
Mendizábal, Juan Álvarez: 140, 141.
Mendoza, Rodrigo de: 57, 128.
Menéndez Pelayo, Marcelino: 186.
Menéndez Pidal, Ramón: 12, 90, 91, 107, 172.
Mercado, Tomás de: 114.
Meyer Lübke: 107.
Moderato de Gades: 172.
Molina Fajardo, E.: 188.
Monardes, Nicolás: 111, 117.
Mondéjar Cumpián, José: 178.
Montesdoca (impresor): 134.
Montoto, Luis: 210.
Moreno, Isidoro: 121, 220.
Moreno Alonso, Manuel: 218.
Moret, Segismundo: 212.
Morga: 114.
Moya Torres: 156.
Moyano, Claudio: 141.
Murillo, Bartolomé Esteban: 106.
Mu´tadid, Abu ´Amr ´Abbad ibn Muhammad, llamado al-: 78.
Mu´tamid, Muhammad ibn 'Abbad al-: 78.
Mutis, José Celestino: 120.
Muza ibn Nusayr: 81, 83, 86.

Napoleón I Bonaparte: 20, 60.
Narváez, Ramón María de: 212.
Navarra, Ramiro de: 203.
Nebrija, Antonio Martínez de Cala, llamado Elio Antonio de: 180, 202.
Nieto Cumplido, Manuel: 201.
Ojeda, Diego de Lope: 101.
Olagüe, Ignacio: 20, 84, 85.
Olavide, Pablo: 68, 137, 138, 206.
Olivares, Gaspar de Guzmán, conde duque de: 134, 205.
Orígenes: 97.
Ortega, Margarita: 137, 138.
Ortega y Gasset, José: 218.
Ortí y Lara, Juan Manuel: 187.
Ortiz de Lanzagorta, J. L.: 219.
Osio, obispo de Córdoba: 172, 175.
Ossorio y Gallardo, Ángel: 147.
Osuna, duque de: véase Téllez Girón Mariano.
Otte: 110, 114.

Pablos, Juan: 117.
Padilla, Juan de: 176.
Palafox y Mendoza, Juan de: 192, 205.
Pedro I el Cruel: 93.
Pepe-Hillo, José Delgado, llamado: 193.
Pérez del Álamo, Rafael: 143.
Pérez de Hita, Ginés: 76.
Pickman, los: 65, 153.
Pinzón, Vicente Yáñez: 101.
Pomponio Mela: 172.
Ponsot, profesor: 134, 137.
Ponz, Antonio: 63.
Priego, marqués de: 128.
Primo de Rivera y Orbaneja, Miguel: 70, 147, 160.
Quevedo y Villegas, Francisco de: 203.
Quintanilla, María Carmen: 128.

Qutiyya, ibn al-: 82, 83, 125.
Quzman, Muhammad ibn Ábd al-Malik ibn: 90.

Recaredo: 173.
Remiro, Mariano Gaspar: 79, 210.
Remisa, los: 153.
Reyes Católicos: véase Fernando II de Aragón e Isabel I de Castilla.
Ríos, Fernando de los: 147, 185.
Rivero, Nicolás María: 212.
Robles, Guillén: 78, 208.
Robles, Juan de: 177.
Rodrigo, Don: 81, 82.
Rodríguez Acosta, los: 144.
Rodríguez Becerra, Salvador: 121, 190.
Rodríguez de Campomanes, Pedro: 182.
Rodríguez Marín, Francisco: 182, 211.
Romero, Pedro: 193.
Romero Robledo, Francisco: 212.
Ruiz Lagos, Manuel: 214, 219.

Salamanca, José de: 212.
Sales y Ferré: 185, 186.
Salmerón, Nicolás: 185, 210.
Salvador, Gregorio: 178, 219.
Salvoechea, Fermín: 187.
Sánchez Albornoz, Claudio: 172.
Sancho IV: 201.
Sandoval, Prudencio de: 204.
Sandoval, Alonso de: 119.
Santa Cruz, Alonso de: 118.
Santiago (apóstol): 175.
Sanz del Río, Julián: 185.
Sanz Serrano, María Jesús: 106.
Segura, Simón: 140.
Séneca (padre): 172.

Séneca, Lucio Anneo: 172.
Sermet, J: 34.
Silvestre, Gregorio: 180.
Simonet, Francisco Javier: 78, 79, 210.
Spengler, Oswald: 170, 171.

Talavera, Hernando de: 188.
Tarik: 81, 83, 85, 86, 97.
Téllez de Girón, Juan: 182.
Téllez de Girón, Mariano, 142.
Terrón, J.: 220.
Tertuliano: 97.
Thurriegel, Gaspar de: 47.
Titos Martínez, M.: 220.
Tomás y Valiente, Francisco: 141.
Torquemada, Tomás de: 189.
Torre, Juan A. de la Torre 'Micrófilo':210.
Torres Cabrera, conde de: 144.
Torres Lanzas, Pedro: 122.
Toynbee, Arnold: 170, 171.
Trajano, Marco Ulpio: 99, 172.
Tuñón de Lara, Manuel: 147.

Ulloa, Antonio de: 119.

Valdés, los: 180.
Valera y Alcalá Galiano, Juan: 192, 210.
Vaz de Soto, José María: 178, 219.
Vega y Carpio, Félix Lope de: 76.
Velarde Fuertes, Juan: 148, 218.
Vélez de Guevara, Juan Crisóstomo: 57.
Verdi, Giuseppe: 189.
Vespucci, Amerigo: 101.
Vicetto: 208.
Vilar, Pierre: 154.
Villaespesa, Francisco: 77, 78.
Vincent, Bernard: 44, 85, 132.

Viñas, Carmelo: 110.
Vivaldi, los: 114.
Vizarrón, Juan A.: 108.
Voltaire, François M. Arouet, llamado: 68.

Weidiz: 188.
Wilde, Oscar: 189.
Witiza: 82.

Wagner, Klaus: 134.
Ward, Bernardo: 204.

Zumárraga, Juan de: 117.

ÍNDICE

Página

Estudio introductorio 5
Unas palabras preliminares 19

I.   El marco natural 27
II.   Las gentes 41
III.   Andalucía, país de ciudades 53
IV.   Andalucía y el Islam 75
V.   La vocación americana de Andalucía 99
VI.   Orígenes del problema agrario andaluz 125
VII.   El fracaso de la industrialización en Andalucía 151
VIII. La cultura andaluza 169
IX.   Andalucía para sí misma y para España 195

Bibliografía sumaria 217
Índice onomástico 221